Die Kräfte des Lichts sammeln sich
Ufos und ihr spiritueller Auftrag

Die Kräfte des Lichts sammeln sich

Ufos und ihr spiritueller Auftrag

Benjamin Creme

Share International Deutschland

Titel der englischen Originalausgabe:
The Gathering of the Forces of Light
UFOs and their Spiritual Mission
by Benjamin Creme
First Edition, July 2010
Share International Foundation
Amsterdam • London

Das Bild auf der Umschlagseite ist eine Reproduktion des Gemäldes *Pluto routed* (Pluto umkreist) aus dem Jahr 2003 von Benjamin Creme.

Bibliografische Informationen der Deutschen Bibliothek
Die Deutsche Bibliothek verzeichnet diese Publikation in der Deutschen Nationalbibliografie; detaillierte bibliografische Daten sind im Internet unter <http://dnb.ddb.de> abrufbar.

ISBN 978-3-932400-15-5
© by Benjamin Creme, London
© für deutschsprachige Ausgaben:
Share International Deutschland e. V.
1. Auflage: Dezember 2017
Alle Rechte vorbehalten.
Druck: Offset Druckerei Pohland, Augsburg

*Dieses Buch ist einem mutigen Mann und Kollegen,
George Adamski (1891–1965), gewidmet.*

Inhalt

Vorwort   9

Teil eins
Ufos und ihr spiritueller Auftrag

Zeit der Offenbarung   13
   (von Benjamin Cremes Meister)
Ufos und ihr spiritueller Auftrag   14
   (Vortrag von Benjamin Creme)
Die Kräfte des Lichts sammeln sich   31
   (von Benjamin Cremes Meister)
   Die Arbeit der Weltraumbrüder auf der Erde   34
   Kontakt mit den Weltraumbrüdern   40
   Evolution der Planeten   49
   Negative Ufo-Propaganda   53
   George Adamski und andere Kontaktpersonen   58
   Begegnungen mit Raumschiffen   61
   Benjamin Cremes Zusammenarbeit mit   65
   den Weltraumbrüdern
Unsichtbare Gefahr   68
   (von Benjamin Cremes Meister)
   Ätherische Materie und die heutige Wissenschaft   69
   Umweltverschutzung und radioaktive Strahlung   73
   Rettung unseres Planeten   77
Der „Stern", der Maitreyas Ankunft ankündigt   83
Maitreyas erstes Interview   83
   (von Benjamin Cremes Meister)
Die Wiederherstellung der Welt   89
   (von Benjamin Cremes Meister)
   Den „Stern" bekannt machen   91
   Das Verhalten des „Sterns"   97
   Maitreyas Lichtschiff   101
Fotoseiten

Teil zwei
Erziehung und Bildung im neuen Zeitalter

Die neue Erziehung	112
(von Benjamin Cremes Meister)	
Die Familie	113
(von Benjamin Cremes Meister)	
Das Zeitalter des Lichts	115
(von Benjamin Cremes Meister)	
Erziehung und Bildung im neuen Zeitalter	117
(Vortrag von Benjamin Creme)	
Wir wissen nicht, wer wir sind	134
Intuition und Kreativität	141
Kindererziehung	149
Erziehung von Jugendlichen	155
Wandel in Bildungsprogrammen und bei Lehrern und Erziehern	160
Erzieherische Rolle der Gruppen	167
Familie und Karma	172
Die Schädlichkeit der Umweltverschmutzung bekannt machen	178
Die Technologie des Lichts	182
Kornkreise	185
Lichtmuster	191
Erziehung im neuen Zeitalter	193
(Interview mit Benjamin Creme von George Catlin)	
Gebet für das neue Zeitalter	212
Bücher von Benjamin Creme	213
Über den Autor	216

Vorwort

Seit Jahrhunderten sind Regierungen dafür bekannt, dass sie vielfach Informationen (gewöhnlich unangenehmer Art) von ihrer Bevölkerung fernhalten, um ihre Regierungsmacht abzusichern. Doch ist es nicht trotz alledem verwunderlich, dass moderne Regierungen seit über sechzig Jahren, unter Beistand und begünstigt von zynischen Medien, der Öffentlichkeit mehr oder weniger erfolgreich ihre eindeutige Kenntnis von der Existenz der Ufos und deren offensichtlich friedfertigen Aktivitäten vorenthalten haben? Darüber hinaus haben einige Regierungen die Insassen dieser „nicht existenten" Raumschiffe als „Aliens" (Außerirdische) bezeichnet und sie jeder Art von Abscheulichkeiten gegenüber Menschen dieser Erde bezichtigt. In diesem Buch werden die Gründe dieses unaufrichtigen und undemokratischen Verhaltens erörtert sowie erstmalig auch die enge Zusammenarbeit zwischen den „Bewohnern der Ufos" (unseren Weltraumbrüdern) und den Mitgliedern unserer eigenen Geistigen Hierarchie der Meister der Weisheit klargestellt.

Das Buch besteht aus zwei Teilen: Der erste Teil – „Ufos und ihr spiritueller Auftrag" – beschäftigt sich mit der Arbeit unserer Weltraumbrüder zugunsten der Menschheit; im zweiten Teil – „Erziehung und Bildung im neuen Zeitalter" – geht es um die Veränderungen, die im Erziehungs- und Bildungswesen in der kommenden Zeit notwendig sein werden, da wir neue – von den Weltraumbrüdern eingeführte – Technologien anwenden und uns gleichzeitig der bisher verborgenen Kräfte, die unserem Leben zugrunde liegen, zunehmend bewusster werden.

Teil 1: Ufos und ihr spiritueller Auftrag
Der spirituelle Auftrag der Ufos wird für jeden nachvollziehbar anschaulich und verständlich dargestellt: Der ständige, unserem Wohlergehen dienende Kampf unserer Weltraumbrüder gegen die Auswirkungen der von uns verursachten Verschmutzung des Planeten, vor allem aber diejenigen, die aus den höheren – ätherischen – Ebenen der Radioaktivität resultieren, von denen unsere Wissenschaftler bisher noch keine Kenntnis haben; ebenso dargelegt werden die Vorbereitungen für die Anfänge unserer Wissenschaft der Zukunft – der Wissenschaft des Lichts. In ihrem selbstlosen Dienst an der Menschheit haben die Weltraumbrüder darüber hinaus auch an den Vorbereitungen für den Weltlehrer Maitreya sowie den Grundlagen der kommenden neuen Zivilisation mitgewirkt.

Am 12. Dezember 2008 teilte *Share International* über die internationalen Medien mit, dass ein „sternähnliches Licht" von ungewöhnlicher Leuchtkraft sehr bald weltweit zu sehen sein werde. Der Voraussage gemäß trafen zur Weihnachtszeit die ersten Berichte über den „Stern" aus aller Welt ein. In unserer Mitteilung verwiesen wir auch auf ein ähnliches historisches Ereignis, auf den biblischen „Stern", der die drei Weisen (Meister der Weisheit) aus dem Osten nach Bethlehem zur Geburt von Jesus geführt hatte. Weiterhin erklärten wir, dass es sich bei dem gegenwärtigen „Stern" und dem vor 2000 Jahren um Raumschiffe handelt und der heutige „Stern" jeweils eines von insgesamt vier Raumschiffen ist, die um die Erde herum – im Norden, Süden, Osten und Westen – so positioniert sind, dass immer eines von jedem Ort der Welt aus zu sehen ist; der „Stern", schrieben wir, sei ein Zeichen, der die unmittelbar bevorstehende Ankunft von Maitreya, dem Weltlehrer und Leiter der Geistigen Hierarchie unseres Planeten, ankündige, der in Kürze, vorerst noch inkognito, im Fernsehen auftreten werde. Die vier „Sterne" sind gigantisch große Raumschiffe, die von Planeten unseres Sonnensystems stammen.

Unsere Wissenschaftler behaupten, dass menschliches Leben auf anderen Planeten wie Mars, Venus, Jupiter und anderen nicht existiert. Diese Annahme ergibt sich jedoch aus ihrer Unkenntnis hinsichtlich der ätherischen Ebenen der Materie. Ihre gegenwärtigen Technologien sind bislang noch unzureichend, um den vollen Umfang der Materie-Ebenen erfassen und messen zu können. Verfügten sie über ein ätherisches Sehvermögen, wüssten sie, dass alle Planeten unseres Sonnensystems bewohnt sind und viele dieser Bewohner in ihrer Evolution wesentlich weiter fortgeschritten sind als wir auf der Erde. Schon sehr bald wird aber eine aufgeschlossenere Sichtweise des Lebens und seiner Mysterien die arrogante, auf Unwissenheit beruhende Haltung zum allgemeinen Wohl ablösen.

Teil 2: Erziehung und Bildung im neuen Zeitalter
Es ist naheliegend, dass ein enormes Bildungsangebot erforderlich sein wird, um die Menschheit auf die mit Veränderungen verbundenen neuen gesellschaftlichen Strukturen vorzubereiten, die unter dem Einfluss der Meister und unserer Weltraumbrüder entstehen werden. Da der Menschheit sehr viele neue Wissensfelder eröffnet werden, wird die Aufgabe der Wissensvermittlung absolut vorrangig sein. Es gibt bereits viele gut informierte und redegewandte Menschen, die darin ein äußerst nützliches und sinnvolles Aufgabenfeld finden könnten.

Erziehung und Bildung für das neue Zeitalter werden sicher ganz andere Ziele verfolgen als heute üblich. Der neue Bildungsansatz will mehr erreichen, als Menschen auf das Erwirtschaften ihres Lebensunterhalts vorzubereiten, was heute häufig im Vordergrund steht. Stattdessen wird er dazu beitragen, dass die Menschheit sich der Seelenebene bewusst wird, dem Ursprung aller Kreativität.

Dadurch wird eine kreative Lebenskraft freigesetzt, die sich in Millionen Menschen weltweit, die bisher keine Stimme haben, manifestieren wird. Die Wassermann-Energie, die Energie der Synthese, wird die Menschen zu einer heute noch unvorstellbaren Gemeinschaft zusammenführen.

Dieses Buch ist wie immer das Ergebnis eines Gruppenengagements. Den vielen Menschen, die bei der Zusammenstellung und den Vorarbeiten für die Veröffentlichung mitgewirkt haben, möchte ich für ihre Hilfe und Mitarbeit herzlich danken.

Benjamin Creme
London, April 2010

[Anmerkung: Die in diesem Buch enthaltenen Artikel, Interviews sowie Fragen und Antworten wurden ursprünglich in der Zeitschrift *Share International* veröffentlicht. Zur besseren Lesbarkeit wurden die Fragen hier nach Sachgebieten, statt nach dem Datum ihrer Veröffentlichung geordnet, das am Ende jeder Frage angegeben ist.]

Teil eins

Ufos und ihr spiritueller Auftrag

Zeit der Offenbarung
von Meister –, durch Benjamin Creme

Viele Jahre haben die Menschen in fast allen Ländern die Anordnungen ihrer Gesetzgeber, der Politiker, mehr oder weniger ergeben befolgt. Diese Haltung war auch in demokratischen Regierungssystemen weitgehend üblich. Das beginnt sich jetzt zu ändern. Statt unpopuläre Gesetze klaglos hinzunehmen, demonstriert in vielen Ländern die Bevölkerung und verlangt nach einem Wandel. Mit Ausnahme von Ländern unter strengem Militärregime fordern die Menschen mehr und mehr, dass sie gehört werden, dass ihre Bedürfnisse berücksichtigt und falsche Gesetze korrigiert werden. Da die heilsamen Wassermannenergien immer stärker werden, wird auch die Macht des Volkes weiter zunehmen und zur einflussreichsten Stimme auf der Erde werden. Das zeigt sich heute schon daran, dass auch sehr unterschiedliche Regierungen gezwungen werden, die Reaktion der Bevölkerung auf Gesetze, die ihr Wohlergehen stark beeinflussen, ernst zu nehmen. Für Regierungen wird es zunehmend schwierig, sich auf strikte parteipolitische Richtlinien zu berufen. Viele staatliche Maßnahmen sind geheim und undurchsichtig, vieles, was „hinter den Kulissen" geschieht, erfährt man nie. Doch generell sind Regierungen, zumindest in der sogenannten demokratischen Welt, darauf bedacht, nicht den Zorn oder die Unzufriedenheit der Bevölkerung zu erregen.

Es gibt allerdings ein wichtiges Gebiet, auf das Letzteres mit Sicherheit nicht zutrifft. Seit über sechzig Jahren haben Regierungen weltweit den Menschen die Information über die Existenz der „Ufos" oder „fliegenden Untertassen" vorenthalten. Sie haben zudem mit allen Mitteln versucht, die Insassen der Raumschiffe als destruktive Außerirdische, die den Menschen auf der Erde schaden wollen, zu verleumden. Um ihre Bevölkerung unter Kontrolle zu halten und Panikreaktionen zu verhindern, haben sie die Erfahrungen von Hunderttausenden intelligenter, aufgeschlossener Bürger ignoriert. Darum haben sie das unerhörte Gerücht in die Welt gesetzt, „fliegende Untertassen" würden zwar nicht existieren, aber dennoch äußerst gefährlich für die Menschen auf der

Erde sein! Genauso haben sie der Bevölkerung eingeredet, dass die Vorstellung, Kornkreise seien ein Vermächtnis des Weltraums, lachhaft sei, und doch verfügt jede Regierung über unwiderlegbare Beweise für die Existenz, die Kreativität und die überlegene Technologie dieser mutigen und friedfertigen Besucher von den Schwesterplaneten unseres Sonnensystems. Die allgemeine Unkenntnis der feinstofflichen Ebenen der Materie hat es den einflussreichen Regierungen der Welt ermöglicht, diesen Betrug so lange aufrechtzuerhalten.

Nun ist endlich die Zeit der Offenbarung gekommen. Die Regierungsbehörden können den Menschen auf der Erde die Wahrheit nicht mehr länger verheimlichen: dass sie mit den weit entfernten Planeten unseres Sonnensystems verbrüdert sind. Schon jetzt beweist das „sternähnliche Licht", das Maitreyas Ankunft ankündigt, den Menschen weltweit, dass sie von ihren Regierungen seit Jahren getäuscht wurden. Wir können sicher sein, dass Maitreya die Welt über unsere wahre Beziehung zu den anderen Planeten und über unsere seit langem bestehende Zusammenarbeit aufklären wird. Dies ist in der Tat die Zeit der Offenbarung. (*Share International*, Juli/August 2009)

Ufos und ihr spiritueller Auftrag

Der folgende Artikel ist die überarbeitete Fassung eines Vortrags von Benjamin Creme, den er im August 2009 auf der Transmissionsmeditationstagung in der Nähe von San Francisco gehalten hat. Er wurde erstmals in **Share International**, *Januar/Februar-Ausgabe 2010, veröffentlicht.*

Über Ufos gibt es viele und sehr unterschiedliche Informationen, einige sind wahr und absolut authentisch, andere dagegen völlig irreal und unglaubwürdig. Wir haben es hier mit einem weitreichenden und bedeutenden Thema zu tun.

Ich beziehe mich im Folgenden auf einen Artikel meines Meisters mit dem Titel „Zeit der Offenbarung", der die Situation sehr klar beschreibt.

Ende der vierziger, Anfang der fünfziger Jahre berichteten immer wieder Piloten und manchmal auch deren Passagiere, dass sie merkwürdige Flugobjekte in Form einer umgekehrten Untertasse mit Kuppeln und kreisrunden Fenstern gesehen hätten, die direkt neben ihrem Flugzeug hergeflogen und dann manchmal mit enormer Geschwindigkeit davongebraust seien. Diese Berichte häuften sich und machten in vielen Zeitungen Schlagzeilen. Als ich zum ersten Mal darüber las, nahm ich wie viele andere an, dass diese untertassenähnlichen Objekte wahrscheinlich neue, in Amerika, Russland oder Deutschland hergestellte Flugzeugtypen seien. Als nach dem Ende des Zweiten Weltkriegs die Alliierten in Deutschland einrückten, fanden sie in Süddeutschland eindeutige Belege dafür, dass die Deutschen während des Krieges geheime Versuche zur Entwicklung eines Antigravitationsantriebs durchgeführt hatten. Zeitgleich arbeiteten damals auch die Amerikaner und Russen an ähnlichen geheimen Antigravitationsexperimenten. Sie alle waren auf der Suche nach einem Antigravitationsantrieb für Flugzeuge, was eine völlig neue Entwicklung war.

Doch schon bald zeigte sich, was es mit diesen außergewöhnlich fortschrittlichen untertassenartigen Fahrzeugen tatsächlich auf sich hatte. Im Jahr 1953 verfasste ein Engländer namens Desmond Leslie ein Buch mit dem Titel *Fliegende Untertassen sind gelandet*. Er war ein talentierter Mann, der Theaterstücke und Romane schrieb, Musik komponierte und ein Vetter von Winston Churchill war. Noch vor der Veröffentlichung des Buches erfuhr er, dass ein Mann in den USA, nämlich George Adamski, einen aufsehenerregenden Artikel veröffentlicht hatte, in dem er behauptete, er stehe mit Bewohnern von anderen Planeten in Verbindung. Eine Gruppe von Beobachtern könne ein Treffen mit einem Mann von der Venus bezeugen.

Adamski hatte sich eines Tages im November 1952 mit ihnen dazu in der Wüste, in der Nähe des Ortes Desert Center in Kalifornien verabredet. Sie warteten in einigen Hundert Metern Entfernung, um die Szene mit dem Fernglas zu beobachten. Es landete ein Raumschiff vom Typus der Flugobjekte, die in den vierziger und fünfziger Jahren häufig Passagierflugzeuge begleitet hatten. Aus dem Raumschiff kam ein Mann, der einen einteiligen Anzug trug. Er kommunizierte mit Adamski, ohne dabei Worte zu verwenden – sie hatten eine telepathische Verbindung. Der Mann, der Adamski mitteilte, dass er von der Venus komme, trug Schuhe mit Profilsohlen, die im Wüstensand deutliche Abdrücke hinterließen und später von der Gruppe, die aus der Ferne zugesehen hatte, fotografiert wurden.

Die Nachricht, dass ein Mann von der Venus in einem Raumschiff gelandet sei, sprach sich schnell herum. Nachdem auch Leslie davon gehört hatte, schrieb er Adamski und schlug ihm vor, seinen Bericht über die Begegnung in der Wüste in sein Buch aufzunehmen, das er gerade über die Geschichte der fliegenden Untertassen schrieb. Darin behauptete er, dass fliegende Untertassen von anderen Planeten seit Jahrtausenden die Erde besucht hätten und dass es viele Beschreibungen dieser Raumschiffe und Artefakte gäbe, die seine Behauptung bestätigten. Das Buch *Fliegende Untertassen sind gelandet* (1953) wurde dann von Leslie und Adamski gemeinsam veröffentlicht und war bald ein Bestseller. Weltweit wurden Tausende von Exemplaren verkauft. Es fand vor allem in Amerika bei der sogenannten New-Age-Bewegung großen Anklang. Adamski unternahm zahlreiche Vortragsreisen in den USA, in Südamerika, Europa und anderswo und sprach über Raumschiffe.

1955 veröffentlichte Adamski ein weiteres und umfangreicheres Buch mit dem Titel *Im Innern der Raumschiffe*. Darin beschrieb er, wie er in einem kleinen Erkundungsschiff, das einer umgekehrten Untertasse mit einer Kuppel glich, zu einem riesigen Mutterschiff transportiert wurde. Im Innern des Mutterschiffes wurde er, seinem Bericht zufolge, eindrucksvollen Leuten vorgestellt und erhielt von einer der zentralen Gestalten in diesem Schiff, einem Lehrer von der Venus, tiefgründige Unterweisungen.

Diese Lehren waren so fundiert, dass sie die Denkweise von Tausenden von Lesern dieses Buches verändert haben. Adamskis Buch war nicht die einzige Quelle dieser Lehren, aber sie sind den Lehren der großen Weltlehrer wie Krishna, Buddha, Christus und Mohammed sehr verwandt. Alle großen religiösen Lehren scheinen von diesen Unterweisungen des Lehrers von der Venus bestätigt zu werden. Diese Lehre hat eine ausgesprochen transformierende Qualität und große Ähnlichkeit mit Maitreyas Lehre, beispielsweise, wenn er über die Einheit der Menschheit spricht, über die Notwendigkeit des Teilens, über Gerechtigkeit, richtige Beziehungen und vor allem über die Notwendigkeit des Friedens. Das haben sowohl Maitreya als auch der venusische Lehrer in ihren Lehren immer wieder hervorgehoben. Adamski, ein aufrichtiger und genialer Mensch, konnte diese Lehre richtig vermitteln und machte sie bekannt.

Sie stimmt völlig mit dem Kern der esoterischen Lehren für ein neues Zeitalter überein, die von Helena Petrovna Blavatsky, Helena Roerich und Alice A. Bailey veröffentlicht wurden, und hat der Menschheit, die gerade den Krieg hinter sich hatte, eine völlig neue Sichtweise vermittelt. Die Auswirkungen des Krieges waren in Europa, Japan und Russland noch immer sehr stark zu spüren, und die Menschen fingen gerade erst an, den Faden der Zivilisation wieder aufzunehmen. Sie waren auf der Suche nach dem Sinn und Zweck des Lebens und nach Orientierung beim Wiederaufbau der Welt.

Die Vereinten Nationen wurden gegründet, die mit der Allgemeinen Erklärung der Menschenrechte das Bekenntnis zu den Rechten aller Menschen weltweit zur Grundlage hatten. Die Welt setzte sich allmählich mit den Problemen auseinander, die als Folgeerscheinungen des Kriegs entstanden waren – die Armut in Deutschland, das von den Alliierten völlig zerschlagen worden war, und die immensen Schäden und Verluste an Menschenleben, die Russland erlitten hatte, und die die russische Bevölkerung nach dem schrecklichen Kampf gegen den Naziterror in ihrem Bestreben, eine neue Gesellschaft aufzubauen, zurückgeworfen hatten.

Die Vereinigten Staaten riefen nach dem Krieg den Marshallplan ins Leben – ihre größte Tat in vielen Jahrzehnten. Der Marshallplan transformierte die europäische Industrie und versorgte Europa, insbesondere Westdeutschland, mit den neuesten und besten Industrieanlagen und -verfahren, die Amerika trotz der Kriegsjahre hatte entwickeln können.

Die Weltraumbrüder helfen in der Krise
Dann folgten zwei traumatische Ereignisse. Berlin war in vier Zonen geteilt: die russische, amerikanische, britische und französische. 1961 riegelten die Russen ihre Zone ab und machten einen freien Verkehr zwischen Ost- und Westberlin unmöglich. Amerika und Russland, die im Krieg gegen die Nazis von 1932 bis 1945 Alliierte waren, wurden auf kuriose Weise zu Feinden. Amerika hielt an seiner Idee der Demokratie fest – auch wenn sie nicht vollkommen war – und Russland an seiner Idee des Kommunismus – auch wenn sie nicht der Realität entsprach. Jeder beharrte fanatisch auf seiner Idee und brachte dadurch die Welt der Gefahr eines dritten Weltkriegs näher als je zuvor. Diese beiden Großmächte waren gerade erst aus dem zweiten Teil der beiden großen Kriege des zwanzigsten Jahrhunderts hervorgegangen und standen 1961 bereits wieder auf Kriegsfuß miteinander.

Nur wenige wissen, dass es nicht Präsident Kennedy war, der die Beendigung der Feindseligkeiten zwischen Russland und Amerika damals herbeigeführt hat. Sie wurde von den Weltraumbrüdern unseres Sonnensystems, vor allem von den Bewohnern des Mars und der Venus, herbeigeführt. Sie sind Meister der Energien, wie die Erkundung des Weltraums durch die Ufos zeigt. Sie verfügen über eine Fähigke Energiekontrolle, die für uns noch unvorstellbar ist, und waren in der Lage, die Spannungen zwischen den Amerikanern und den Russen aufzulösen.

Präsident Kennedy hatte von einem auf der Erde lebenden venusischen Mittelsmann den Rat erhalten, in bestimmter Weise auf die Russen zuzugehen, was er bis zu einem gewissen Grad – allerdings auf seine eigene und sehr amerikanische Weise – auch tat, und in der Zwischenzeit zogen die Weltraumbrüder die Energie aus der Situation komplett ab, und die Krise ging vorüber. Damals bestand seit dem letzten Krieg die größte Gefahr eines dritten Weltkriegs, der nur noch von den Weltraumbrüdern verhindert werden konnte. Sie mobilisierten ihre gesamten Kräfte, ihr gesamtes Energiepotenzial sowie all jene, die wie gewöhnliche Menschen unter uns leben, aber tatsächlich Vertreter von Venus, Mars, Jupiter und anderen Planeten sind.

Im Oktober 1962 stand die Welt ein weiteres Mal vor einem dritten Weltkrieg. Im September 1962 lieferte die Sowjetunion heimlich Atomraketen nach Kuba. Als der US-Geheimdienst die Waffen entdeckte, tat die amerikanische Regierung, was sie konnte, um die Beseitigung der Raketen sicherzustellen. Im Oktober wollten es die Russen auf einen Versuch ankommen lassen, indem sie ein bis zum Rand mit weiteren Raketen beladenes Schiff über den Atlantik nach Kuba schickten, das sozusagen vor Amerikas Haustür lag. Die Russen versuchten diesmal nicht, sie zu tarnen, so dass jeder sehen konnte, dass es Raketen waren. Es war Russlands Antwort an Amerika, ein Provokationsversuch, der zum Ausdruck bringen sollte: „Ihr habt Russland von Alaska bis Pakistan mit Raketen umstellt" – was Amerika in der Tat getan hat und immer noch tut. Pakistan ist ein amerikanischer Stützpunkt, und zwar seit Jahren. Von dort und von der russischen Südgrenze bis nach Alaska ist Russland vollständig von amerikanischen Raketenbasen umgeben, und das seit den sechziger Jahren.

Präsident Kennedy machte zum zweiten Mal eine Ankündigung. Die Weltraumbrüder hatten ihm durch einen Vertreter im amerikanischen diplomatischen Dienst mitgeteilt, was er sagen sollte. Er sagte mehr oder weniger, was ihm aufgetragen worden war – aber wiederum eher auf seine Weise und nicht, genau so wie man ihm geraten hatte.

Genauso wie zur Zeit der Berlinkrise wurde Präsident Kennedy auch diesmal gebeten, den Russen mit Respekt und Verständnis zu begegnen und ihnen zu sagen, dass er ihre Besorgnis durchaus verstehen könne und versuchen würde, ihre Befürchtungen zu zerstreuen. Stattdessen trat er sehr forsch auf und forderte Russland heraus. Ich glaube nicht, dass die Russen tatsächlich die Absicht hatten, Kuba diese Raketen zu liefern. Ich denke nicht, dass sie so dumm, so unerfahren waren, um zu meinen, dass sie dies tun könnten, ohne aufgehalten zu werden. Und ganz bestimmt hatten auch die Kubaner nicht den Wunsch, vom Erdboden getilgt zu werden. So kehrte das Schiff um, was Russland meiner Ansicht nach ohnehin vorhatte.

Das war das zweite Mal, dass die Weltraumbrüder massiv eingreifen mussten, um die Einstellung der Feindseligkeiten zu erreichen. Sie bewerkstelligen dies mithilfe von Energie, indem sie die negativen Kräfte auflösen, die Ängste der Menschen zerstreuen und einen Waffenstillstand ermöglichen, einen Zustand, in dem etwas Neues heranreifen kann. Auf diese Weise haben die Weltraumbrüder seit jeher gewirkt.

Sie glauben nicht an Konfrontation. Der Rat, den sie den Menschen auf der Erde geben, heißt, alle Streitigkeiten durch Kooperation anstelle von Konfrontation zu lösen, den Standpunkt des anderen zu sehen und den geistigen Pfad statt den Kriegspfad einzuschlagen. Das ist das Wesen der Weltraumbrüder. Sie sind so hoch entwickelt, dass sie nie Krieg führen. Sie sind weit darüber erhaben und haben der Menschheit gegenüber ausschließlich friedliche Absichten.

Menschen leben nicht nur in diesem Sonnensystem, sondern überall im ganzen Kosmos. Man kann im Kosmos nirgendwohin reisen, ohne auf menschliche Wesen zu treffen.

Das Sonnensystem und der Plan

Alle Planeten wirken an einem großen Plan mit, der auch die Erde betrifft. Die meisten Menschen auf der Erde wissen nicht einmal, dass ein solcher Plan überhaupt existiert. Es ist ein Evolutionsplan für unser Sonnensystem, das als eine Einheit funktioniert.

Wir haben eine Vorstellung von Erde, Sonne und Mond, widmen aber den anderen Planeten unseres Sonnensystems wenig Aufmerksamkeit, abgesehen von der NASA und den russischen Unternehmungen. Alle Planeten haben ihre Pläne. Sie sind alle Teil unseres Sonnensystems, und das Sonnensystem durchläuft eine gemeinsame Entwicklung.

Die Planeten befinden sich nicht alle auf demselben Entwicklungsstand. Einige stehen noch auf einer niedrigen Evolutionsstufe, andere, wie die Erde, haben etwa die Hälfte des Wegs zurückgelegt. Und einige sind tatsächlich auch schon sehr weit entwickelt. So wie wir Hunderttausende von Leben brauchen, um uns vom frühen Tiermenschen bis zu einem Meister zu entwickeln, durchläuft ein Planet sieben Manifestationsformen oder Runden, die jeweils Millionen Jahre dauern. Einige

Planeten haben diese Reise bereits hinter sich und sind unsichtbar geworden, sind aber noch immer da – in Form ätherischer Energie. Einige, wie die Venus, befinden sich in ihrer letzten Runde. Venus ist das Alter Ego, der höhere Aspekt, der Erde. Die Erde befindet sich etwa auf halbem Wege, das heißt in der Mitte der vierten Runde. In diesem Stadium beginnt ein Planet, seine Richtung, seine Bestimmung zu finden. Seine Bewohner wachen langsam auf. Das geschieht heute auf der Welt. Die Menschheit erwacht aus einem langen Schlaf, in dem sie die Verbindung mit der Wirklichkeit, dem Sinn und der Bedeutung des Lebens auf der Erde verloren hatte. Sie war tief im Materialismus versunken und ist bis heute darin verstrickt.

Maitreya ist gekommen, um die Menschheit wachzurufen. Auch die Weltraumbrüder sind gekommen, um der Menschheit zu helfen und sie zu retten. Sie wurden, besonders von der US-Regierung, als bestialische Wesen dargestellt, die Tierkadaver zerstümmeln und über Amerikas Ebenen und Wüsten verstreuen, die Leute in ihren Raumschiffen mitnehmen, Operationen an ihnen durchführen und kleine Chips einpflanzen, mit denen sie für immer unter Kontrolle gehalten werden können, und sie dann auf die Erde zurückschicken. All das ist völlig falsch.

Wie aus Adamskis Lehre deutlich hervorgeht, so wie sie vom venusischen Meister, von meinem Meister und, wie Sie feststellen werden, auch von Maitreya vermittelt wird, sind die Weltraumbrüder für die Menschen der Erde völlig ungefährlich. Sie sind tatsächlich in einem spirituellen Auftrag hier. Sie kommen, um die Menschheit vor noch größerem Leid zu bewahren, das wir sonst in all den Jahren seit der Entdeckung der Atomspaltung erfahren hätten.

Seit jener Zeit haben wir Atomenergie in unsere Atmosphäre strömen lassen, die unsere Wissenschaftler noch nicht einmal messen können. Sie verfügen nicht über die Technologie, um stoffliche Ebenen oberhalb des gasförmigen Zustands, das heißt die ätherischen Ebenen, zu messen, auf denen die Freisetzung von Atomenergie erfolgt – die tödlichste Form von Energiefreisetzung, die je auf der Erde stattgefunden hat.

Diese Atomenergie ist gewaltig und zerstört die Gesundheit der Menschheit und der niederen Naturreiche. Sie wirkt sich dahingehend aus, dass sie das Immunsystem unseres Körpers schwächt und uns dadurch für alle möglichen Krankheiten anfällig macht, die uns sonst nicht befallen würden. Als Folge erleben wir eine Grippewelle nach der anderen und andere Krankheiten, die wir immer weniger bewältigen können. Die weltweit zunehmenden Alzheimer-Erkrankungen in immer jüngerem Alter sind eine direkte Folge der hohen Konzentration von Atomenergie im Bereich der höheren ätherischen Ebenen, die von den Instrumenten unserer heutigen Wissenschaftler nicht registriert werden. Diese Energie wirkt sich auf das menschliche Gehirn aus und verursacht immer häufiger Alzheimer, Gedächtnisverlust, Bewusstseinstrübung und den allmählichen Zusammenbruch des körperlichen Abwehrsystems.

Die Weltraumbrüder – vor allem von Mars und Venus – haben eine spirituelle Aufgabe übernommen, um diese Atomstrahlung zu neutralisieren. Sie dürfen jedoch nicht die gesamte Atomstrahlung neutralisieren, tun aber alles, was im Rahmen des karmischen Gesetzes möglich ist, indem sie verschiedene Implosionsverfahren anwenden. Sie neutralisieren die Strahlung, die wir ausnahmslos mit jedem Atomkraftwerk und allen Atomexperimenten in die Atmosphäre gelangen lassen. Wir stellen ständig immer intelligentere Bomben her, die noch zerstörerischer sind als ihre Vorgänger. Alle diese Versuche setzen Wolken von Atomstrahlung in unserer Atmosphäre frei, von der wir nichts wissen. Wir können sie nicht messen und leugnen deshalb ihre Existenz.

Unsere Atomwissenschaftler glauben, dass sie die Atomenergie völlig unter Kontrolle hätten, was offensichtlich nicht der Fall ist. Sie haben keine Kenntnis von den vier ätherischen Ebenen der Materie oberhalb der festen, flüssigen und gasförmigen Zustandsebenen, und deshalb haben sie nur ein begrenztes Wissen von dem, was sie als Atomenergie kennen. Sie ist tatsächlich ätherisch-stoffliche Materie, die wir nicht verwenden sollten. Die Atomenergie ist, wie es in der Bibel heißt, „das, was dort ist, wo es nicht sein sollte". Die Atomspaltung sollte nicht angewandt werden. Sie ist tödlich und schadet zunehmend der Gesundheit der Menschen dieses Planeten. Die Menschen anderer Planeten wenden unzählige Stunden auf, um diese Energie zu beseitigen.

Gleichzeitig legen sie auf der grobstofflichen Ebene eine Replik des Magnetfeldes unseres Planeten an. Jeder Planet ist von einem Magnetfeld umgeben. Es besteht aus sich kreuzenden Kraftlinien, die an den Kreuzungspunkten Wirbel bilden.

Diese Wirbel wurden von unseren Weltraumbrüdern auf die grobstoffliche Ebene übertragen und sind Teil eines neuen Energienetzes, das Maitreya die Wissenschaft des Lichts nennt. Dieses Energienetz wird in Verbindung mit elektrischer Energie, die uns direkt von der Sonne zugeführt wird, die neue Wissenschaft des Lichts ermöglichen, wie sie von Maitreya vorausgesagt wurde. Sie wird diesem Planeten, wie auf anderen Planeten üblich, unbegrenzte, sichere Energie für jeden

Zweck liefern, die so beschaffen ist, dass nicmand sie aufkaufen oder monopolisieren kann.

Aus verständlichen Gründen wird uns diese Technologie erst dann zur Verfügung stehen, wenn wir Krieg für immer aufgegeben haben. Es ist heute äußerst wichtig, dass wir Krieg für immer aufgeben und zu einer kooperativen Übereinkunft zwischen allen Menschen gelangen, so dass Kriege der Vergangenheit angehören. Das wird anfänglich das Grundthema von Maitreyas Lehre sein. Er wird immer wieder betonen, dass wir Frieden schließen müssen. Frieden ist unerlässlich, weil wir jetzt in der Lage sind, alles Leben, das menschliche wie das subhumane, auf dem Planeten Erden zu zerstören. Maitreya und die Meister kommen zum Teil auch deshalb, um sicherzustellen, dass wir unseren Planeten nicht zerstören.

Wenn wir den Planeten zerstörten, hätte das irreversible Folgen für das übrige Sonnensystem und für die Zukunft der Menschheit, die wahrhaftig schrecklich wäre. Wir hätten keinen Planeten mehr, auf dem wir leben könnten, und hätten ein fürchterliches Verbrechen an uns selbst und den anderen Planeten begangen. Wir würden auf einem fernen, dunklen, noch unentwickelten Planeten landen. Wir müssten von vorn anfangen, das heißt da, wo wir vor Millionen Jahren waren, und den langen und mühsamen Aufstieg von Neuem in Angriff nehmen. Das würde unvorstellbares Leid bedeuten und unsere Evolution um Jahrtausende, vielleicht sogar Millionen Jahre zurückwerfen. Wollen wir das? Wollen wir uns tatsächlich für ein solches Ende entscheiden?

Die Weltraumbrüder kommen, um der Welt zu dienen. Helfen ist ihre Natur. Sie bringen enorme Opfer. Sie sind zu Tausenden hierhergekommen und verwenden ihre Zeit und Energie darauf, uns in jeder Hinsicht zu helfen. Sie kreieren in der ganzen Welt Kraftwirbel, die teilweise in Form der Kornkreise sichtbar werden, und viele andere, die unsichtbar bleiben. Die Kornkreise sind nur ein äußeres, flüchtiges Zeichen ihrer Anwesenheit. Dem aufmerksamen Beobachter zeigen sie, dass jemand von enormer Intelligenz und Kunstfertigkeit uns taktvoll und unaufdringlich am Ärmel zupft, um zu sagen: „Wir sind hier."

Sie könnten auch unter großem Getöse hier landen und verkünden, dass sie hier sind, aber das tun sie nicht. Sie nehmen still und einfühlsam Kontakt mit uns auf, um uns nicht in Panik zu versetzen. Wenn sie auf die Erde kommen und sehen, dass Menschen erschrecken und in Panik geraten, dann entfernen sich die Weltraumbrüder wieder. Wenn die Menschen keine Angst haben, wenn sie nicht in Panik geraten, kann es zu einer Begegnung kommen. Dann stellen sich die Weltraumbrüder ihnen vielleicht vor, so wie sie sich schon Tausenden von Menschen auf der Erde vorgestellt haben. Diese Menschen haben bis heute nie erzählt, dass sie eine Begegnung mit einem Raumschiff und mit Außerirdischen hatten, die ausgestiegen sind und mit ihnen gesprochen haben, wobei sie ihnen ohne Worte, wie es schien, verständlich machen konnten, dass sie Besucher von entfernten Planeten und in friedlicher Absicht gekommen seien, um uns zu helfen. Diese Menschen, die kontaktiert wurden, haben Angst, darüber zu sprechen, Angst, lächerlich gemacht zu werden.

Wir machen Leute lächerlich, die sich trauen, davon zu erzählen. Wir machen Leute lächerlich, selbst dann, wenn wir wissen, dass sie die Wahrheit sagen. Wir neigen dazu, die Wahrheit zu verleugnen, weil sie für uns sonst eine tiefe innere Veränderung bedeuten würde. Alles würde sich ändern – wie wir denken, wie wir fühlen, wie wir handeln und reagieren. Es bedeutet also eine psychische Veränderung und ist daher schwer. Deshalb ist es leichter, eine Wahrheit zu verleugnen, als sie zu bestätigen.

Selbst Leute, die es bestätigen könnten, weil sie mehr oder weniger glauben, was sie über die Weltraumbrüder oder die Wiederkehr des Christus und der Meister gelesen haben, neigen dazu, derartige Behauptungen zurückzuweisen. Sie neigen auch dazu, Gründe für ihre Ablehnung zu finden, oder verlangen Beweise, die sich erst mit der Zeit zeigen werden. Sie wollen einen Beweis, den sie erst erhalten, wenn die Weltraumbrüder landen, die Tür ihres Raumschiffs öffnen, heraustreten und sagen: „hallo!" Dann würden sie es glauben, weil jeder andere sie dann auch sehen kann und es somit leicht wäre, es zu glauben. Aber wenn die Weltraumbrüder auf ihre stille, behutsame und höfliche Weise mal mit einem Menschen hier, mal mit zwei Menschen dort Kontakt aufnehmen, haben diejenigen, die kontaktiert wurden, nicht den Mut zu sagen: „Ich habe es mit eigenen Augen gesehen und kann es deshalb nicht leugnen."

Ambivalente Reaktionen der Regierungen
Irgendwann Mitte der fünfziger Jahre besuchte ich mit einigen Freunden das Ministerium für Luftfahrt in London und erkundigte mich, was die offizielle Ansicht über fliegende Untertassen sei. Wir wurden in ein langes Büro geführt. Hinter einem Schreibtisch standen Regale voller Bücher, die alle einen fetten Stempelaufdruck „geheim" auf dem Einband trugen.

Wir trafen auf einen freundlichen jungen Mann, der Sprecher des Luftfahrtministeriums war und deshalb mit Besuchern reden durfte. Wir fragten ihn: „Wie ist die offizielle Haltung zu fliegenden Untertassen?" Er sagte: „Wir haben hier sehr viele Akten darüber. Alle enthalten geheime Informationen. Ich darf Ihnen die Akten nicht zeigen, aber Sie können mir glauben, dass sie unzählige Berichte von Piloten, Polizisten und anderen über fliegende Untertassen enthalten, aber eben nur Berichte. Es sind keine Beweise, sondern Berichte. Unsere Ansicht über die fliegenden Untertassen ist die, dass sie keine Bedrohung für die Sicherheit dieses Landes [Großbritannien] darstellen."

„Sie existieren also, sind aber harmlos. Sie stellen keine Bedrohung dar."

„Oh nein. Wir sagen nicht, dass sie existieren. Wir sagen, dass sie keine Bedrohung für die Sicherheit dieses Landes darstellen."

„Sie wären schwerlich eine Bedrohung, wenn sie nicht existierten."

„Wir sagen nicht, dass sie nicht existieren. Aber wir sagen auch nicht, dass sie existieren. Wir sagen lediglich, dass sie keine Bedrohung für die Sicherheit dieses Landes darstellen."

Das Telefon klingelte, er sprach kurz in den Hörer und sagte dann: „Entschuldigen Sie mich für einen kurzen Augenblick. Ich bin in ungefähr zehn Minuten wieder zurück." Er ging hinaus, und natürlich stürzten wir uns sofort auf die Akten und lasen in den geheimen Informationen! Er ließ uns etwa fünfzehn Minuten allein. Ich denke, dass er sich herausrufen ließ, damit wir einen Blick in die Bücher werfen konnten. Er hatte uns erzählt, was darin stand, und dem konnten wir natürlich nicht widerstehen. Als wir ihn zurückkommen hörten, klappten wir die Bücher zu.

„Es tut mir leid", sagte er, „mehr Zeit habe ich nicht. Ich habe noch einiges zu tun."

Wir gingen und waren ganz zufrieden, dass sie nicht gesagt hatten, die Außerirdischen seien böse, gefährliche Ungeheuer, die Menschen fressen wollen.

Maitreyas „Stern"

Es hat sich inzwischen gezeigt, dass die Kornkreise hauptsächlich in Südengland auftreten. Dort erscheinen Jahr um Jahr immer mehr Kornkreise, vor allem in Wiltshire, aber auch in den umliegenden Grafschaften. Von dort kommen auch die besten Kornkreis-Fotos.

Ein Engländer namens Steve Alexander mietet, sobald diese Muster auftauchen, einen Helikopter und fotografiert sie. In diesem Jahr [2009] hatte das erste Muster, das schon sehr früh, etwa zwei oder drei Wochen vor der üblichen Reife der Felder auftauchte, die Form eines Sterns – mit einem zentralen Kreis, von dem in alle Richtungen strahlenförmige Linien ausgingen – als Hinweis auf Maitreyas „Stern". Das war ein weiteres Zeichen dafür, dass die Weltraumbrüder an dem, was gerade in der Welt geschieht, beteiligt sind.

Natürlich ist Maitreyas Stern kein echter Stern. Er ist, wie mein Meister es nennt, „ein sternähnliches Licht von ungewöhnlicher Leuchtkraft". Er ist eines von vier Raumschiffen: zwei von Mars, eins von Venus und eins von Jupiter. Sie sind in den vier Himmelsrichtungen platziert – im Norden, Süden, Osten und Westen – und Tag und Nacht zu sehen. Manchmal verschwinden sie kurz, um ihre Batterien an der Sonne aufzuladen. Dann kehren sie wieder an ihre Position zurück. Sie pulsieren, bewegen sich auf und ab und seitwärts, drehen und wenden sich und verhalten sich demnach wie kein anderer Planet oder Stern. Sie funkeln hell und verändern unaufhörlich ihre Farbe, von Blau zu Rot, Grün, Gelb, Violett, Weiß. Auf diese Weise agieren sie als Vorboten Maitreyas, das heißt, seines ersten Fernsehinterviews in den USA, das sehr bald stattfinden wird.

Die Weltraumbrüder sind sehr in Maitreyas Rückkehr involviert. Diese vier Raumschiffe wurden speziell angefordert. Sie sind riesig, jedes etwa von der Größe von insgesamt fünf Fußballfeldern. Deshalb wirken sie auch so groß im Vergleich zu einem blinkenden Stern. Sie scheinen eher die Größe eines Planeten wie Venus oder Jupiter zu haben. Manchmal haben Leute Venus oder Jupiter gesehen und gedacht, es könnte der „Stern" sein. Manchmal haben sie aber den „Stern" gesehen und bekamen von jenen, die es eigentlich besser wissen sollten, wie Astronomen oder andere von den Medien konsultierte „Experten", zu hören, dass es wahrscheinlich Venus, Arcturus, Sirius oder irgendein anderer heller Stern oder Planet sei. Diese von den Weltraumbrüdern geschaffenen „Sterne" werden bis zum Deklarationstag auf ihrem Posten bleiben.

Maitreya wird sehr bald an die Öffentlichkeit treten. Der Deklarationstag könnte von einem bis zu zwei oder drei Jahren nach seinem ersten Fernsehinterview jederzeit stattfinden. Die Meister und auch Maitreya scheinen tatsächlich davon auszugehen, dass das in relativ kurzer Zeit sein wird. Aber wann auch immer es so weit ist, diese vier Raumschiffe werden so lange am Himmel bleiben und von immer mehr Menschen entdeckt werden. Es bleibt zu hoffen, dass auch die internationalen Medien sich immer aufgeschlossener zeigen und über diese „Sterne" berichten.

Erste kleine Anzeichen gibt es bereits. Neben zahlreichen Videos auf YouTube wurde in Norwegen und Mexiko darüber berichtet. Und erst kürzlich brachte ein landesweiter Fernsehsender in Japan einen Bericht darüber, der eine Minute und 47 Sekunden dauerte, was im Fernsehen schon recht lang ist. Er zeigte ein Raumschiff, das umherhüpfte, auf und ab, und sich um sich selbst drehte. Der Reporter sagte: „Was kann das nur sein? Was ist das?" Der Mann, der das Video aufgenommen hatte, wurde interviewt und schien durchaus aufrichtig zu sein, und so wurde das zu einer „mysteriösen, aber interessanten Geschichte". Wir wünschen uns mehr von diesen interessanten Rätseln in den Medien, bis das Ganze schließlich ernst genommen wird. [Anmerkung: Im Dezember 2009 richtete sich die Aufmerksamkeit der Medien auf eine in Norwegen gesichtete Lichtspirale, die als einer der vier „Sterne" bestätigt wurde.]

Inzwischen hat eine gewaltige Zusammenkunft der Kräfte des Lichts dieses Planeten – der Hierarchie der Meister und Eingeweihten – und unserer planetaren Brüder aus unserem Sonnensystem begonnen, die zu Tausenden zu unserem Planeten kommen. Wo man vor einigen Jahren vielleicht ein Ufo sah, wird man jetzt zehn oder zwölf sehen können; wo es früher zwanzig waren, werden es Hunderte sein; wo man gelegentlich schon Hunderte sah, wird man Tausende zu sehen bekommen. Im letzten Jahr gab es Berichte über riesige Armadas von Raumschiffen, die in Südamerika, dem Fernen Osten und Europa langsam über den Himmel zogen.

Erst neulich konnte man nachts, fast nur einen Steinwurf von meiner Wohnung entfernt, etwa fünfzehn Raumschiffe sehen, die über Nordlondon zogen. Die Leute hielten an, stiegen aus dem Wagen und sahen hoch. Einen Tag lang machten alle Zeitungen viel Wirbel darum – und dann kam nichts mehr.

Solche Beobachtungen werden immer häufiger werden. Immer mehr Leute werden auch mit den Weltraumbrüdern in Kontakt kommen, ihnen persönlich begegnen und von ihnen ermutigt werden, sich öffentlich darüber zu äußern. Es wird sich noch zeigen, dass weltweit bereits Tausende von Menschen Begegnungen mit fliegenden Untertassen hatten und meist zu schüchtern waren, um darüber zu sprechen, oder zu viel Angst hatten, sich lächerlich zu machen.

Ich habe mich in den letzten fünfunddreißig Jahren bemüht, die Welt auf die Wiederkehr Maitreyas als Haupt der Geistigen Hierarchie dieses Planeten vorzubereiten. Solche Hierarchien gibt es auf jedem Planeten.

Auf der Venus, die sehr hoch entwickelt ist, gibt es Meister, die Göttern gleichen. Sie sind wirklich göttliche Wesen.

Zu Beginn meiner Zusammenarbeit mit der Geistigen Hierarchie ging es nicht um die Wiederkehr des Christus und der Meister der Weisheit per se, sondern um die Aufgabe, mit den Weltraumbrüdern zusammenzuarbeiten. Meine Arbeit bestand nach meinem Verständnis damals nicht darin, die Rückkehr der Hierarchie vorzubereiten, außer insofern, als die Weltraumbrüder unter anderem auch daran beteiligt sind, die Manifestation Maitreyas in der Welt vorzubereiten. Sie arbeiten mit Maitreya täglich, stündlich, in jedem Augenblick zusammen.

Heute können wir die Evidenz der Weltraumbrüder überall entdecken. Die Kornkreise haben seit Jahren an Komplexität und Schönheit zugenommen. Das britische Luftfahrtministerium, das uns wissen ließ, es betrachte die fliegenden Untertassen nicht als Gefahr für die Sicherheit Großbritanniens, zahlt den Bauern in Südengland bis heute Bestechungsgelder, damit sie ihre Kornkreise, sobald sie im Feld erscheinen, zerstören.

Ich sprach einmal mit einem Bauern, als wir in einem Kornkreis standen. Er sagte: „Sie haben versucht, mich zu bestechen, aber ich habe abgelehnt. Die werden mich nicht dazu bringen, ihr Geld anzunehmen. Ich finde das schrecklich. Um ehrlich zu sein, weiß ich selbst nicht, was diese Muster zu bedeuten haben, aber ich weiß, dass es etwas sehr, sehr Wichtiges sein muss. Durch diese Kornkreise auf meinem Land ist mir und meiner Familie niemals irgendein Schaden entstanden, und ich werde mich auch weiterhin diesen Bestechungsversuchen widersetzen."

Andere Bauern haben das Geld angenommen und tun es vermutlich immer noch, weshalb einige Kornkreise verloren gehen. Aber das zeigt, dass das Luftfahrtministerium nicht ganz ehrlich ist, was seine Haltung gegenüber den Weltraumbrüdern betrifft. Sie haben die Informationen von der Öffentlichkeit ferngehalten, soweit es ihnen möglich war.

Als ich einmal mit Freunden über die Weltraumbrüder sprach, sagte jemand: „Ich finde das nicht unglaubwürdig. Ich würde es auch glauben, wenn ich eine fliegende Untertasse sehen könnte."

„Das würdest du?"

„Ja, wenn ich eine sehen könnte, sicher."

„Also gut."

Hin und wieder habe ich fliegende Untertassen, wenn sie gerade in der Nähe waren, schon mal gebeten, sich zu zeigen, und sagte dann: „Wenn sich eines in der Nähe befindet, könnte es hier auftauchen?" Manchmal taten sie es. Und so war es auch diesmal – denn sofort zeigte sich eine fliegende Untertasse. Meine Begleiter sahen, wie sie über die Straße und über die Gebäude gegenüber flog, und sagten: „Ein Raumschiff." Es sah wie ein Licht aus, das sich ganz langsam und sachte fortbewegte.

Meine erste Begegnung mit einem Raumschiff spielte sich so ab, dass ich in der Wohnung saß und plötzlich das Gefühl hatte, mit dem Piloten eines Raumschiffs, das die Themse heraufkam, in Verbindung zu sein. Ein Arm der Themse fließt auch durch Chelsea. Ich konnte spüren, wie es flussaufwärts näher kam. Ich dachte ohne ersichtlichen Grund: „Es kommt den Fluss herauf, und wenn ich hinausgehe, sehe ich es vielleicht." Ich ging hinaus zur Straßenecke und sah, wie sich sehr langsam ein Raumschiff mit einem sehr hellen Licht näherte, als würde es schweben und sich dabei leicht auf und ab bewegen. Seine Umrisse waren etwas verschwommen, aber es hatte eine ovale Form. Es stieg völlig lautlos langsam hoch und zog über die Häuser hinweg. Ich meinte zu spüren, mit dem Piloten in gedanklichem Kontakt zu stehen. Aber es war nicht der Pilot. Mein Meister gab mir den Gedanken ein, dass das Raumschiff den Fluss heraufkomme.

Ich erinnere mich, wie ich einmal mit meiner Frau und einer Freundin von uns in Nordwales war. Wir machten in einem weitläufigen, offenen Gelände in der Nähe unseres Hotels einen Spaziergang, als unsere Freundin sagte: „Ich wünschte, ich könnte mal eine fliegende Untertasse sehen."

Ich sagte: „Würdest du es glauben, wenn du eine sähest?"

Sie: „Ja, wenn ich sie mit meinen eigenen Augen sehen könnte, würde ich es natürlich glauben."

Ich: „Gut, warte mal." Ich bat, falls eine in der Nähe sei, ob sie sich bitte zeigen könnte. In Sekundenschnelle geschah etwas Fantastisches: Zu meiner Rechten tauchte ein Raumschiff auf, das genauso wie die Sonne aussah, nur kleiner. Es leuchtete hell, goldgelb wie die Sonne und zog in rasender Geschwindigkeit am Himmel über uns hinweg. Es war etwa fünfhundert Meter lang und sauste über uns hinweg, bis es hinter den Bäumen und dem Horizont verschwand. Bei uns sagt man, dass jemandem die Kinnlade herunterklappt. Das hatte ich noch nie gesehen. Aber unserer Freundin blieb buchstäblich der Mund offen stehen.

Ich sagte: „Da ist deine fliegende Untertasse."
Sie sagte: „Tatsächlich?"
„Ja."

„Das war kein Flugzeug. So etwas habe ich noch nie gesehen."
„Nein. Das war ein Raumschiff. So sehen sie aus."
„Sind Menschen da drin?"
„Ja, da sind Menschen drin."
„Kannst du sie einfach so kontaktieren?"
„Ja, manchmal kann ich das." Wir gingen zum Hotel zurück. Sie lief voraus und stürzte in die Bar, wo die Hotelbesitzer waren. Sie rief: „Ich habe eine fliegende Untertasse gesehen! Ich habe eine fliegende Untertasse gesehen! Zumindest hat Ben gesagt, dass es eine war. Aber das kann nicht sein. Es kann unmöglich eine fliegende Untertasse gewesen sein. Nein, das ist ausgeschlossen. Nein."

Sie hatte gerade etwas Grandioses mit eigenen Augen gesehen – und glaubte es nicht. Ich selbst hatte so etwas auch noch nie zuvor erlebt. Und nur fünf oder zehn Minuten später sagte sie: „Das kann nicht sein."

„Also, wie sah es denn aus?"
„Es war wie die Sonne."
„War es ein Flugzeug?"
„Nein, das war kein Flugzeug."
„Ein Ballon?"
„Nein, nicht bei dieser Geschwindigkeit."
„Klingt nach fliegender Untertasse."
„Nein, das kann keine fliegende Untertasse gewesen sein."

Wir haben heute die Kornkreise – als Vorbereitung auf die Wissenschaft des Lichts –, wir haben den „Stern", den Vorboten Maitreyas, und die Lichtmuster, die weltweit auf Gebäuden erscheinen. Es hat jetzt wohl eine neue Phase begonnen, indem die Leute in den Untertassen auf menschliche Gedanken und Anfragen reagieren. Wenn Sie fliegende Untertassen sehen und sie bitten würden, sich zu bewegen, um beispielsweise zu beweisen, dass es wirklich Raumschiffe sind, tun sie es auch sehr häufig. Sie antworten auf diese Bitte. Probieren Sie es aus.

Sie suchen nach Menschen, die keine Angst haben. Und viele Leute haben aus bestimmten Gründen Angst. Sie glauben die Geschichten, die in der Presse über die „Monster" in fliegenden Untertassen verbreitet werden, die angeblich nur darauf aus seien, Leute anzufallen und in Stücke zu reißen, etwas in ihren Arm zu implantieren und Operationen an ihnen durchzuführen. Das ist traurig, weil uns damit Angst vor diesen friedfertigen Leuten eingejagt wird.

Die Insassen der Raumschiffe sind so friedlich und harmlos, wie wir uns nur wünschen könnten, dass es auch die Menschen wären. Wir dringen ständig in die Privatsphäre anderer ein. Wir kennen da keine Zurückhaltung. Die Weltraumbrüder drängen sich nicht auf. Sie sind auf eine Weise zurückhaltend, ruhig und höflich, wie es die meisten von uns nicht sind.

In Frieden zusammenzuleben, darum geht es Maitreya. So leben die Weltraumbrüder – friedlich, taktvoll, respektvoll. Sie sind wie auch Maitreya und die Hierarchie der Meister unsere älteren Brüder. Wir sind alle Bewohner eines gemeinsamen Sonnensystems. Wir befinden uns alle gemeinsam auf einer Reise zur Vollkommenheit, nur in verschiedenen Stadien: einige sind bereits fast am Ende des Wegs angelangt, einige von uns bemühen sich selbst nach Millionen Jahren noch immer, den richtigen Weg zu finden.

Die Weltraumbrüder sind hier, um zu helfen. Mit ihrer Hilfe werden die Kräfte des Bösen vernichtet – jene Kräfte, die die Menschen überall daran hindern, in Frieden, Gerechtigkeit und richtigen menschlichen Beziehungen zusammenzuleben. Richtige Beziehungen sind der nächste für die Menschheit vorgesehene Entwicklungsschritt, und das wird mit der Hilfe der Weltraumbrüder und der Rückkehr unserer eigenen Hierarchie der Meister schnell möglich werden.

Die Weltraumbrüder lassen uns an ihren Kenntnissen der Wissenschaft vom Licht teilhaben, an dieser neuen Wissenschaft, die uns unbegrenzte Energie für jeden Bedarf liefern wird. Sie hüten diese Wissenschaft und werden sie uns zur Verfügung stellen, sobald wir Kriege für immer abschaffen und zeigen, dass wir – indem wir miteinander teilen und Gerechtigkeit und richtige menschliche Beziehungen schaffen – friedlich zusammenleben können. Dann werden wir erkennen, dass sie wirklich unsere Brüder sind.

Die Kräfte des Lichts sammeln sich
von Meister —, durch Benjamin Creme

In vielen Gegenden der Welt spielen sich bedeutende Ereignisse ab, die bald weltweit Aufsehen erregen werden. Dazu gehören auch die immer häufigeren Sichtungen von Raumschiffen, die von unseren Nachbarplaneten, vor allem von Mars und Venus kommen. Ihre verstärkte und weithin sichtbare Aktivität ist beispiellos in der Geschichte. Auch wer sich bisher beharrlich weigerte, dieses Phänomen ernst zu nehmen, wird es schwerlich noch lange leugnen können. Die sich mehrenden Berichte über Begegnungen mit Insassen von Raumschiffen werden entscheidend zum Beweis ihrer Existenz beitragen. Diese und weitere rätselhafte Vorfälle werden in Zukunft noch zunehmen. Die Vielfalt dieser Wunder wird die Menschen in Erstaunen versetzen und sehr nachdenklich stimmen.

In dieser von Wundern erfüllten und sich wundernden Welt wird Maitreya in aller Stille mit seiner Arbeit beginnen. Man wird ihn bitten, diese Phänomene zu erklären und, um alle Zweifel und Ängste auszuräumen, ihre Authentizität zu bestätigen. Diese außergewöhnlichen Geschehnisse werden sich unvermindert fortsetzen und viele auch dazu veranlassen, das Ende der Welt zu prophezeien. Doch Maitreya wird diese Vorgänge weiterhin auf seine einfache Weise anders deuten.

Er wird die Menschen ermutigen, die erstaunliche Vielfalt des Lebens und seine Vielschichtigkeit zu entdecken, die sie bisher noch kaum ermessen können. Mit großer Behutsamkeit wird er sie nach und nach in die Grundwahrheiten unserer Existenz einführen, ihnen die Lebensgesetze erklären und warum es sinnvoll ist, sie im täglichen Leben anzuwenden. Er wird den Menschen eine Vorstellung von der Unendlichkeit unserer Galaxie vermitteln und ihnen zeigen, wie auch Erdenmenschen allmählich Raum und Zeit überwinden können. Er wird sie ermutigen, auf der Suche nach den Antworten auf ihre Probleme sowohl nach innen als auch nach außen zu schauen und sich ihre konstante Verbindung miteinander und zum Kosmos wieder bewusst zu machen. Er wird die Menschheit an ihre lange Geschichte und an die vielen Gefahren erinnern, die sie schon gemeistert hat. Er wird den Samen des Vertrauens in eine gemeinsame glanzvolle Zukunft säen und sich für das ewige Göttliche des Menschen verbürgen. Er wird erklären, wie der Lebenspfad, die Evolutionsreise, uns unfehlbar nach oben und immer weiter führt, und dass der sicherste und erfreulichste Weg darin besteht, sich als Brüder und Schwestern gemeinsam auf die Reise zu machen. Sucht daher nach den Anzeichen für Maitreyas Rückkehr in das öffentliche Leben, berichtet euren Mitmenschen davon und bestärkt sie in ihrer Hoffnung. (*Share International*, März 2007)

Wer sind die Kräfte des Lichts? (November 2009)
Wir meinen mit den Kräften des Lichts die Esoterische Hierarchie: Christus und seine Gruppe der Meister. Zusammen mit allen ihren Jüngern sind sie die Kräfte des Lichts auf unserem Planeten. Es gibt 63 Meister einschließlich dreier großer Meister, die mit der menschlichen Evolution befasst sind, Maitreya ist einer von ihnen. Sie versammeln eine Vielzahl von Menschen aus der ganzen Welt hinter sich, die in der kommenden Zeit mit ihnen zusammenarbeiten werden. Einige tun das bereits, andere werden noch hinzukommen. Es gibt auch eine neue, sehr große, von Maitreya 1922 gegründete Gruppe, die als neue Gruppe der Weltdiener bezeichnet wird. Es gibt keine Anlaufadresse, bei der Sie sich anmelden könnten. Sie werden aufgrund ihrer Lebenseinstellung ausgesucht. Die Gruppe umfasst etwa vier bis fünf Millionen Menschen und ist wiederum in zwei Gruppen aufgeteilt: eine innere Gruppe, die direkte Anweisungen von einem Meister der Weisheit erhält, und eine weitaus größere Gruppe, die indirekt und allmählich Anweisungen von der eigenen Seele erhält. Es sind Menschen aus jedem Lebensbereich und aus jedem Land; sie sind in der Politik tätig oder in der Wirtschaft, der Wissenschaft, Religion und Kunst, im sozialen und erzieherischen Bereich und so fort. Sie reagieren auf die Bedürfnisse der Menschheit.
Anfang der 1930er Jahre sagte Maitreya in einem der Agni-Yoga-Bücher (herausgegeben von der Agni Yoga Society, New York): „Es gab eine Zeit, wo zehn aufrichtige Menschen die Welt retten konnten. Dann kam eine Zeit, wo 10 000 nicht ausreichten. Ich werde auf eine Milliarde zählen können." Vor einigen Jahren fragte ich meinen Meister: „Hat Maitreya seine Milliarde nun beisammen?" 1,5 Milliarden, sagte er, also eine halbe Milliarde mehr, als er damals benötigte. Inzwischen sind es bereits 1,8 Milliarden. Diese Menschen sind ebenfalls Teil der Kräfte des Lichts. Er wird all jene ansprechen, von denen er im Voraus weiß, dass sie positiv auf ihn reagieren und sich bemühen werden, auch anderen sein Anliegen verständlich zu machen. Es muss nicht die gesamte Menschheit positiv auf Maitreya reagieren, aber es sollte ein bestimmter Prozentsatz sein, die sogenannte kritische Masse.

Was ist der Grund für die zunehmende Ufo-Aktivität, die derzeit besonders in Großbritannien, aber auch weltweit zu beobachten ist? (November 2009)

Der eigentliche Grund ist, dass sich die Kräfte des Lichts jetzt sammeln. Den Kräften des Lichts unseres Planeten schließen sich die Raumschiffe unserer Nachbarplaneten an, die uns, wie Sie richtig beobachtet haben, in immer größerer Zahl besuchen. Wir sind Teil eines Sonnensystems, das ein organisches Ganzes bildet. Im März 2007 schrieb mein Meister einen Artikel über die Sammlung der Kräfte des Lichts – von diesem Planeten und von unseren Schwesterplaneten in diesem System. Das ist der Grund für die zunehmende Ufo-Aktivität. Die Raumschiffe sind real und kommen zumeist von Mars und Venus, aber auch von Jupiter und Saturn und anderen Planeten.

Die meisten Menschen glauben, was man ihnen beibringt: dass es auf der Venus oder anderen Planeten kein Leben gibt. Doch seit Jahren schon haben Tausende von Menschen diese Raumschiffe, diese Ufos, beobachtet, die vor allem von Mars und Venus kommen – den Planeten, die uns am nächsten sind. Regierungen in der ganzen Welt leugnen seit über sechzig Jahren die Existenz der Ufos, obwohl diese in immer größerer Zahl am Himmel zu sehen sind. Die Regierungen haben die Öffentlichkeit aus verschiedenen, wohl nicht ganz uneigennützigen Gründen zu täuschen versucht, obwohl sehr viele Menschen wissen, dass die Ufos oder fliegenden Untertassen ständig am Himmel unterwegs sind.

Was sind die Motive für diese seltsame Nichtweitergabe weltbewegender Informationen? Die Regierungen würden sicher behaupten, sie wollten eine Panik verhindern, aber dahinter steckt die nicht eingestandene Furcht vor Kontroll- und Machtverlust, den ein einladendes Verhalten den Weltraumbrüdern gegenüber zur Folge hätte. Die Regierenden wissen, was geschehen würde, wenn die Menschen erfahren, dass die Raumschiffe am Himmel keine „Aliens" sind, sondern hierher kommen, um das Leid der Menschheit auf diesem Planeten zu lindern, und dass sie über eine weitaus höher entwickelte Technologie verfügen. Man würde verlangen, die Weltraumbrüder freundlich zu empfangen und sie zu bitten, ihr überragendes Wissen weiterzugeben.

Die Wissenschaftler auf der Erde bestreiten die Existenz jeglicher Lebensformen auf dem Mars, der Venus und anderen Planeten dieses Sonnensystems, da ihre Kenntnisse, was die wirkliche Beschaffenheit der Materie betrifft, unzulänglich sind. Diese Wissenschaftler kennen nur drei Ebenen der Materie – den festen, den flüssigen und den gasförmigen Aggregatzustand –, die darüber liegenden Ebenen können sie mit ihrer bisherigen Technologie nicht messen. Daher glauben sie, dass „mehr" nicht existiere, doch die Meister und alle Kenner der Esoterik wissen, dass es oberhalb der gasförmigen noch vier weitere Zustandsformen gibt – die ätherischen Ebenen der Materie. Und auf diesen ätherischen Ebenen existiert „Leben" auf unseren Schwesterplaneten – von der niedrigsten ätherischen Ebene auf dem Mars bis zu hoch entwickelten Planeten wie Vulkan, Venus, Jupiter, Saturn und anderen. Venus, das Alter Ego der Erde, befindet sich in der letzten der sieben „Runden" (die unseren Inkarnationsprozessen entsprechen), während Vulkan bereits vollkommen ist.

Die Raumschiffe dieser Planeten sind auch für die Kornkreise verantwortlich, die vor allem in Wiltshire im Südwesten von England auftreten, da Maitreya in London ist. Die Kornkreise sind die „Visitenkarten", mit denen die Ufo-Insassen bekannt geben, dass sie hier sind, ohne die Menschen verängstigen oder unseren freien Willen verletzen zu wollen. Die Fahrzeuge sind so konstruiert, dass sie in Sekundenschnelle die komplexesten Muster von mehreren Hundert Metern Durchmesser erzeugen können – so hoch entwickelt ist ihre Technologie.

Wenn Maitreya darum gebeten wird, wird er über die Weltraumbrüder sprechen. Sie sind unsere Brüder und Schwestern in unserem Planetensystem. Die Hierarchien aller Planeten arbeiten in einer Art interplanetarem Parlament zusammen.

Die Arbeit der Weltraumbrüder auf der Erde

Auf welche Weise helfen die Bewohner unserer Schwesterplaneten der Menschheit? (Juli/August 2009)
Zunächst ist es wichtig zu wissen, dass Ufos – nicht identifizierte Flugobjekte – vielleicht von Regierungsbehörden nicht identifiziert werden, aber trotzdem real sind. Es gibt sie und sie haben einen Auftrag. Ohne ihre Hilfe wäre unser Planet heute bereits unbewohnbar. Alle Planeten unseres Sonnensystems sind bewohnt. Die Meister unseres Planeten stehen mit den Meistern der anderen Planeten in Verbindung, das Sonnensystem funktioniert als eine Einheit. Die Planeten sind also nicht isoliert, sondern fortwährend miteinander in Kontakt und entwickeln sich gemeinsam. Wenn einer zurückfällt wie unser Planet jetzt, betrifft das auch die anderen Planeten.

Die Wesen in den Ufos, die hauptsächlich von Mars und Venus, aber auch von anderen Planeten kommen, haben alle die gewaltige Aufgabe übernommen, unsere Umweltverschmutzung zu eliminieren oder zumindest zu reduzieren. Die Umweltverschmutzung ist die größte Gefahr für die Menschheit. Auf sie sind mehr Todesfälle zurückzuführen als auf andere Ursachen. Umweltverschmutzung verursacht den Zusammenbruch unseres Immunsystems und macht uns daher anfällig für alle möglichen Krankheiten, gegen die wir sonst immun wären.

Die Weltraumbrüder tun auch viel, um diesen Planeten bewohnbar zu machen. Auf ihren Flügen absorbieren und neutralisieren sie große Mengen des nuklearen Abfalls und anderer giftiger Substanzen, mit denen wir die Atmosphäre verschmutzen. Das karmische Gesetz erlaubt kein komplettes Säubern des Planeten, aber sie tun alles, was im Rahmen dieses Gesetzes möglich ist. Sonst wäre das Leben auf diesem Planeten sehr schmerzlich: Es würden mehr Menschen sterben, mehr an Alzheimer erkranken als bisher, und die Erstickungsgefahr würde mit jedem Tag größer. Wir schulden den Weltraumbrüdern daher sehr viel.

Ein weiterer Teil ihrer gewaltigen Arbeit für den Planeten Erde besteht darin, auf der grobstofflichen Ebene eine Replik des magnetischen Energiefelds anzulegen, das den Planeten umgibt. Das Energiefeld besteht aus Strömen magnetischer Energie, und da, wo sich diese treffen und kreuzen, entsteht ein Wirbel oder Kraftzentrum. Die Weltraumbrüder übertragen dieses Energiezentrum auf die irdische Ebene – eine Arbeit, die mit einer neuen Technologie verbunden ist, der „Wissenschaft des Lichts", die die Energie der Zukunft ist, da sie uns die unbegrenzte Nutzung direkter Sonnenenergie ermöglichen wird.

Es ist daher offensichtlich, dass die Weltraumbrüder keineswegs die furchterregenden „Aliens", die gefährlichen Monster sind, wie sie der Öffentlichkeit häufig präsentiert werden. Sie kommen zu uns in einer spirituellen Mission, um uns im Rahmen des Gesetzes des Karmas in jeder erdenklichen Weise zu helfen, die Stabilität des Planeten Erde zu erhalten und für seine zukünftige Gesundheit zu sorgen.

Worin besteht die spirituelle Aufgabe der Weltraumbrüder? Werden sie beispielsweise auch als Lehrer tätig sein? (März 2010)
In einem gewissen Sinn sind sie auch Lehrer. Sie haben der Menschheit über Adamski einen großen Komplex von Lehren vermittelt, vor allem der venusische Meister auf dem Mutterschiff, den Adamski in seinem Buch *Im Innern der Raumschiffe* beschreibt. Diese Lehre ist den Lehren

Maitreyas sehr verwandt. Es geht um die Beziehungen der Menschen untereinander und zu dem, was wir Gott nennen – die geistige Natur aller Wesen im ganzen Kosmos. In diesem Sinne lehren sie, aber sie gehen nicht an die Öffentlichkeit und verteilen Flugblätter oder schreiben Bücher, das ist nicht ihre Vorgehensweise.

Die Weltraumbrüder kommen nicht, um jede Facette unseres Lebens zu durchdringen. Aber sie tun das, was wir noch nicht können, und sie werden uns zeigen, wie man das macht, etwa auf den Gebieten der neuen Technologie und der Wissenschaft des Lichts. Sie werden nicht direkt als unsere Lehrer arbeiten, denn sie haben ihre eigene Evolution – und wir die unsere.

In der Bibel werden irgendwo Triumphwagen der Götter erwähnt. Bezieht sich das auf Ufos, wie wir sie heute nennen? (Juni 2009)
Ja, genau.

Gibt es, abgesehen von Adamski, noch andere Lehren, die von den Weltraumbrüdern stammen? (März 2010)
Das ist wie alles in der New-Age-Gedankenwelt ein Minenfeld, in dem man sich sehr umsichtig bewegen muss. Es gibt authentische Lehren wie die von Adamski, aber es gibt auch sehr viel Verblendung und Illusion.

Welchen Zweck verfolgen die Weltraumbrüder mit ihren unterirdischen Stützpunkten auf diesem Planeten? Was tun sie dort? (März 2010)
Wir haben diesen Planeten geplündert. Der Boden, die Luft, Flüsse und Ozeane – alles ist verseucht. Die Raumschiffe tauchen in die Tiefen der Ozeane hinab und neutralisieren die Verschmutzung, soweit es ihnen erlaubt ist. Wir haben Atommüll im Atlantik und Pazifik versenkt, und die Weltraumbrüder tun ihr Bestes, um die Auswirkungen dieser schrecklichen Giftmülldeponien aufzuheben – sie haben also sehr viel zu tun. Das ist eine Arbeit, die ständig weitergeht. In ähnlicher Weise arbeiten sie im Erdinneren, das wir ebenso mit Chemikalien und Atommüll verseucht haben. Sie haben Vorrichtungen, mit denen sie die schlimmste Verschmutzung, insbesondere hochgradige Atomstrahlung, neutralisieren können. Aber das Gesetz des Karmas bestimmt, wie weit sie uns helfen dürfen.

Befassen sich die Weltraumbrüder auch mit Heilarbeit? Werden sie bei der Transmissionsmeditation eine Funktion einnehmen oder in irgend-

einer Weise etwas damit zu tun haben? (März 2010)
Haben sie eine Funktion in der Heilungsarbeit? Nein, an und für sich nicht. Befassen sie sich mit Transmissionsmeditation? Nein, nicht direkt, aber sie übermitteln kosmische und planetare Energien an unsere Geistige Hierarchie, die diese wiederum durch die Transmissionsmeditationsgruppen weiterleitet. Sie mischen sich nicht in unser Leben ein. Sie kommen, um uns zu helfen. Sie wirken mit an einer Rettungsaktion, in der es darum geht, die Erde zu erhalten und die Menschheit vor einem schrecklichen Chaos zu bewahren, das wir durch radioaktive Strahlung und den Raubbau an der Erde, den Wäldern und so fort verursacht haben. Es ist daher ein Einsatz für den Planeten, aber kein Einmischen in unser Alltagsleben.

Werden die Weltraumbrüder uns die Kunst zu leben lehren? (März 2010)
Indirekt, ja. Sie könnten uns sehr viel über die Kunst zu leben erzählen, vor allem die gottähnlichen Gesandten von der Venus. Die Wesen, die von der Venus stammen, sind außergewöhnlich weit entwickelt. Sanat Kumara, der Herr der Welt, kommt von der Venus. Die Weltraumbrüder können die Menschheit vieles lehren, aber das kann unsere eigene Geistige Hierarchie – Maitreya und die Meister der Weisheit – auch. Ich denke nicht, dass es darum geht, zwischen dieser oder jener Lehre zu wählen. Denn Sie werden feststellen, dass sie alle sehr ähnlich sind. Das Schwierige ist nur, sie umzusetzen – zumindest erscheint es uns so.

Werden die Weltraumbrüder auch einmal so wie die Meister der Weisheit eine öffentliche Funktion hinsichtlich der Menschheit einnehmen? (März 2010)
Die Antwort auf diese Frage lautet „nein", und es ist ein begründetes Nein. Sie wollen nicht den Platz unserer eigenen Geistigen Hierarchie einnehmen. Alles, was sie in Zukunft im Hinblick auf ihre Hilfe für die Erde tun werden, wird hinter den Kulissen geschehen, indem sie zeigen, was getan werden kann. Falls erforderlich, werden sie auch aktiv an der Übermittlung der neuen Technologie mitwirken, die mit ihrer Hilfe auf der Erde installiert wird. Das wird geschehen, wenn die Zeit dafür reif ist, wenn wir bestimmte Prinzipien – insbesondere die völlige Abkehr vom Krieg – anerkannt haben.

Die Weltraumbrüder haben eine Funktion, werden aber nicht den Platz unserer Hierarchie einnehmen. Sie sind viel zu höflich und kennen die okkulten Grundsätze und die Regeln des menschlichen Zusammenlebens zu genau, als dass sie unseren freien Willen verletzen und Macht ausüben würden. Sie werden auf der Erde lediglich eine beratende Funktion haben. Sie kommen, um uns zu helfen – das ist alles.

Warum kommen die Weltraumbrüder und helfen uns, anstatt sich auf ihren eigenen Planeten zu konzentrieren? (März 2010)
Sie sind bewusste Mitglieder der Allianz, die die Konföderation der Planeten unseres Sonnensystems ausmacht. Sie setzen sich nicht nur für ihren eigenen oder irgendeinen anderen Planeten ein, sondern für die Entwicklung und Vervollkommnung des Systems als Ganzes. Dieses System ist der Manifestationskörper des Sonnenlogos. Wenn ihre Arbeit es mit sich bringt, der Erde zu helfen, dann müssen sie es eben tun. Dementsprechend handeln sie. Würde es sich um einen anderen Planeten handeln, würden sie dasselbe tun.

Verbindet uns etwas mit dem Planeten Mars, dass seine Bewohner veranlasst, hierher zu kommen und uns helfen? (März 2010)
Er ist ein Nachbarplanet, der sich auf etwa dem gleichen Entwicklungsstand befindet wie die Erde. Seine Bewohner sind jedoch technologisch wesentlich weiter entwickelt, so dass sie in der Lage sind, uns zu helfen. Sie helfen gern anderen Planeten, die in ihrer Entwicklung noch nicht so weit sind und Schwierigkeiten haben; die die Atomenergie missbrauchen und ihrem Planeten und sich selbst Schaden zufügen. Sie sind sehr gutherzig und wollen der Menschheit beistehen. Sie tun es aus Liebe.

Ein Veteran des Zweiten Weltkriegs, der bei der britischen Luftwaffe war, sagte mir, er habe während des Krieges viele Ufos gesehen. Ein damals bekanntes Phänomen waren die „Feuerbälle" oder „Foo-Fighters", die die Bombenflugzeuge auf ihrer Fahrt nach Deutschland begleiteten. Die Piloten dachten, diese Lichter seien Geheimwaffen der Deutschen. Aber die deutschen Piloten sahen dieselben Lichter, als sie nach England flogen, und dachten, es seien Geheimwaffen der Engländer. Könnten Sie erläutern, was es mit diesen Feuerbällen auf sich hatte? (Juli/August 2004)
Alle Raumfahrzeuge verfügen über Horchsonden, die einen Durchmesser von zirka 65 bis 90 Zentimetern haben und vom Raumschiff aus gesteuert werden können, das ungefähr einen Durchmesser von zehn

Metern hat. Diese Sonden werden hinuntergeschickt und bleiben dabei energetisch mit dem Mutterschiff verbunden. Sie besitzen Instrumente, die Aufzeichnungen lesen und in sehr fortschrittliche Computer einspeisen können. Verglichen mit ihrer Technologie sind unsere Computer veraltete, altmodische Geräte. Die Sonden nehmen von allem die Daten auf: beispielsweise die Luftqualität oder die Gedanken und Ideen von einzelnen Personen, wenn nötig. Sie könnten also jetzt außerhalb dieses Raumes schweben und unsere Unterhaltung aufnehmen. Wenn sie Flugzeuge verfolgen, können sie nicht abgeschossen werden – sie haben ein Kraftfeld, das sie schützt. Auch die Mutterschiffe können nicht abgeschossen werden, auch sie sind durch ein Kraftfeld geschützt. Sie wurden schon häufig von Abfangjägern beschossen, aber die Kugeln können niemals das Kraftfeld der Raumschiffe durchdringen, weshalb das bloß Zeit- und Energieverschwendung ist. Diese „Feuerbälle" haben eine bestimmte Aufgabe – ich kann Ihnen nicht genau sagen, um welche Aufgabe es sich jeweils handelt, da sich das immer wieder ändert. Sie benutzen verschiedene Instrumente für verschiedene Zwecke, aber sehr üblich sind die kleinen Scheiben, die Informationen transportieren. Ich habe sie gesehen. Ich habe mich geduckt, als sie mich fast streiften! Sie wollen einem aber nichts tun, sondern damit nur „hallo" sagen.

Die Zeitung **India Daily** *berichtete, dass viele Menschen aus den vom Tsunami betroffenen Gegenden einige Tage vor der Katastrophe Ufos gesehen hätten. Leute aus dem indischen Bundesstaat Tamil Nadu, von der zu Indien gehörenden Inselgruppe der Andamanen und Nicobaren sowie von der indonesischen Insel Sumatra berichteten, dass sie eigenartige, fliegende Objekte am Himmel beobachtet hätten. In Port Blair, der Hauptstadt der Andamanen, beobachteten Touristen geräuschlos fliegende Objekte. Auch aus abgelegenen Gegenden in Bangladesch, Myanmar und Sri Lanka kamen vor kurzem Berichte von Ufo-Sichtungen. Sind diese Beobachtungen authentisch?* (Januar/Februar 2005)
Das sind authentische Berichte über Ufo-Aktionen. Die Raumschiffe kamen vom Mars, um Messungen der stärker werdenden erdbebenbedingten Spannung der Erdkruste sowie in Bezug auf das Risiko eines Tsunamis vorzunehmen.

Wissenschaftler des Setihome-Projekts, das nach Hinweisen auf ein Leben im Weltraum forscht, sind der Ansicht, dass ein Signal aus dem Weltraum, das von der Station des Arecibo Radio Telescope in Puerto

Rico dreimal aufgefangen wurde, möglicherweise eine „Botschaft aus einer anderen Welt" sein könnte. Ist das Signal (mit der Bezeichnung SHGbo2+14a), das zwischen den Sternbildern Fische und Widder geortet wurde, eine beabsichtigte Kommunikation, ein von einem astronomischen Objekt ausgesandtes Signal, oder handelt es sich um eine Funkstörung oder einen Systemfehler? (Januar/Februar 2005)
Ja, es ist eine beabsichtigte Kommunikation aus „einer anderen Welt".

Im Jahr 1908 ereignete sich über der sibirischen Tunguska-Region eine gewaltige Explosion mit einer Stärke von 5.0 auf der Richterskala, die einer Sprengstoffexplosion von 15 Megatonnen TNT entsprach – und damit tausendmal stärker war als die Atombombe, die Hiroshima zerstörte – und die in einem Umkreis von 1000 Kilometern den Waldbestand vernichtete. Den anschließenden Untersuchungen zufolge fand die Explosion etwa fünf Kilometer über dem Erdboden statt. Zur Ursache dieses Vorfalls gab es mindestens 169 Hypothesen, aber die vorherrschende Meinung ist bis heute, dass damals ein Meteor, Komet oder steinerner Asteroid explodiert sei. (1) Was war die Ursache dieser Explosion? (2) Haben Maitreya oder die Weltraumbrüder eingegriffen und, um zahllose Menschenleben zu retten, dafür gesorgt, dass die Explosion über der kaum besiedelten sibirischen Waldregion stattfand? (März 2007)
(1) Es war ein riesiger Meteor. (2) Ja. Die Weltraumbrüder haben eingegriffen.

Kontakt mit den Weltraumbrüdern

War sich Präsident Kennedy bewusst, dass die Person, die ihn in den kritischen Momenten seiner Präsidentschaft beriet, von der Venus kam? Hatte Adamski etwas damit zu tun? (März 2010)
Präsident Kennedy war sich der Weltraumbrüder an sich und auch der eigentlichen Informationsquelle nicht bewusst. Aber er kannte einige Personen im amerikanischen diplomatischen Korps, die Mittelsmänner der Weltraumbrüder waren. Er hielt sehr viel von deren Empfehlungen und Informationen und handelte dementsprechend. Er bekam sie immer von derselben Stelle im diplomatischen Dienst. Adamski war nicht aktiv involviert.
Auch Präsident George W. Bush wurde während seiner Amtszeit von einem dieser Mittelsmänner im diplomatischen Dienst kontaktiert

und darüber informiert, dass ein Angriff auf Amerika – das Weiße Haus, den Pentagon und einige wichtige Gebäude – bevorstehe, was dann am 11. September auch eintrat. Die Regierung wurde drei Monate vor diesem Ereignis davor gewarnt und unternahm nichts dagegen. Das ist der gewaltige Unterschied zwischen Präsident Kennedy und Präsident Bush. Bush wurde geraten, auf die Ereignisse des 11. Septembers nicht zu reagieren. Natürlich war das Erste, was er tat, umgehend darauf und in falscher Weise zu reagieren, indem er einen unmöglichen Krieg gegen den „Terrorismus" erklärte, was die internationalen Beziehungen bis heute beeinträchtigt. Bush beschädigte seine achtjährige Amtszeit, indem er in Afghanistan und im Irak einmarschierte und die USA, eine relativ offene Gesellschaft, in einen nahezu faschistischen Staat verwandelte.

Wissen die Staats- und Regierungschefs über die Weltraumbrüder genau Bescheid? (März 2010)
Einige Staats- und Regierungschefs halten dieses Phänomen für real und können nicht verstehen, warum führende Länder wie die USA, Russland und die europäischen Staaten das nicht bekannt machen. Sie wollen es nicht selbst tun, um nicht aus der Reihe zu tanzen. Aber sie halten es für durchaus glaubhaft, dass die Ufos zwar nicht unbedingt vom Mars oder von der Venus, aber von irgendeinem Planeten außerhalb unseres Sonnensystems kommen. Tatsächlich aber kommt keines der Ufos von außerhalb unseres Sonnensystems, sondern von den Planeten unseres eigenen Sonnensystems. Das wissen diese Leute wahrscheinlich nicht, aber sie glauben an die Existenz von Ufos, und einige von ihnen würden das auch gern bekannt geben. Die südamerikanischen Länder, insbesondere Brasilien, haben vorgeschlagen, diese Informationen zu veröffentlichen, aber daraus ist nichts geworden.

Gibt es auch Weltraumbrüder bei den Vereinten Nationen oder in Regierungsämtern? (März 2010)
Bei den Vereinten Nationen ganz sicher, ja. In Regierungsämtern? Ja, in einigen, aber nicht so viele, wie Sie vielleicht meinen könnten. Nicht in Führungs- oder Spitzenpositionen, sondern eher in beratenden Funktionen, zum Beispiel im diplomatischen Korps mancher Länder.

Werden wir einen engeren Kontakt mit den Ufos haben? (Juli/August 2004)
Die Hierarchien aller Planeten stehen miteinander in Verbindung. Das sollten die Menschen begreifen, aber sie selbst sind, im Gegensatz zur

Hierarchie, nicht zu dieser Kommunikation fähig. Die Hierarchie setzt sich aus Meistern verschiedener Grade und Jüngern noch viel unterschiedlicherer Entwicklungsgrade zusammen. Und von allen diesen vielen Jüngern und Eingeweihten verschiedener Grade gehören vielleicht einige zu den Gruppen, die bereits mit den Weltraumbrüdern zusammenarbeiten. Die Weltraumbrüder stehen mit verschiedenen Menschen auf diesem Planeten wie Adamski und anderen in Verbindung, denen sie die Aufgabe zugedacht haben, der Welt die Realität der Weltraumbrüder zu vermitteln, aber auch aus anderen Gründen, die ich nicht näher ausführen kann. Es gibt verschiedene Aspekte dieser Arbeit, die geheim gehalten werden müssen, zumindest vorübergehend. Die Weltraumbrüder haben die große Aufgabe, das Gleichgewicht unseres Planeten zu erhalten beziehungsweise wiederherzustellen.

Sie erwähnten, dass es einige Personen gibt, die in verschiedenen Projekten mit Ufos zusammenarbeiten. Es gibt ein interessantes Projekt in Amerika, das von Dr. Steven Greer geleitet wird, das „Disclosure Project" [Enthüllungsprojekt]. Könnten Sie etwas dazu sagen? (Juli/August 2004)
Dr. Greer macht eine sinnvolle Arbeit. Er arbeitet, soweit ich weiß, nicht *mit* den Weltraumbrüdern zusammen, ist aber empört angesichts der Tatsache, dass es massenhaft Beweise für die Existenz der Ufos gibt. Noch keine Beweise dafür, woher sie kommen oder was ihre Absicht ist, sondern einfach dafür, dass sie tatsächlich existieren. Seit Jahren schon haben Tausende von Menschen sie gesehen, und trotzdem weigern sich die Regierungen weltweit, dies bekannt zu machen, obwohl sie fast alle über hinreichende Daten zu deren Existenz verfügen.

Es besteht eine gewaltige Vertuschungsaktion auf höchster Ebene, in Amerika, Russland, Großbritannien, in den europäischen und vielen anderen Ländern, überall hat man bereits seit vielen Jahren Daten gesammelt – Beweise von Piloten, Polizisten, Soldaten, von gewöhnlichen Menschen. Das ist zu einer gewaltigen Beweismasse angewachsen, die nie publiziert, nie bekannt gemacht, sondern immer vertuscht wird. In einigen Gegenden verschwinden sogar Menschen, und man hört nichts mehr von ihnen. In den Medien erscheinen bisweilen Berichte, um Beweise zu diskreditieren. Auf diese Weise kontrolliert die Regierung, was die Öffentlichkeit über die Weltraumbrüder und das Ufo-Phänomen wissen – oder besser: nicht wissen – darf. Auf diese Weise können sie es unterdrücken.

Dr. Greer ist darüber sehr ungehalten, er hat selbst Ufos erlebt und wollte das bekannt machen. Er hat daher für Menschen, die Ähnliches erlebt haben – ehemalige Angehörige der Armee, der britischen und amerikanischen Luftwaffe –, eine Plattform geschaffen, damit sie ihre Erfahrungen veröffentlichen können. Wenn Menschen mit diesem Ansehen und dieser Erfahrung öffentlich darüber berichten, könnte das, so die Hoffnung, zu einem allgemeinen, besseren Verständnis und schließlich auch zu einer offiziellen Erklärung vonseiten der Regierungen führen.

Doch wenn Regierungen tatsächlich mitteilten, was sie wissen, begingen sie natürlich gleichzeitig politischen Selbstmord. Sie fürchten, dass wenn wir von der Technologie der Weltraumbrüder, die so viel fortgeschrittener als die unsere ist, erfahren würden, dass wir die Ideen, die Weisheit dieser Wesen für sehr viel wertvoller halten könnten als die unserer Regierungen. Denn diese tun nichts weiter, als gegeneinander Krieg zu führen, sich im Konkurrenzkampf gegenseitig die Wirtschaft zu ruinieren und Millionen von Menschen auf der ganzen Welt das Leben unerträglich zu machen. Natürlich würden wir ihnen dann mitteilen, dass wir bei den Weltraumbrüdern Rat und Unterweisung suchen wollten, und dass wir manche Politiker nicht mehr benötigten. Diese Politiker fürchten ihren Machtverlust und halten daher das Ganze geheim.

Wie können wir mit den Weltraumbrüdern Kontakt aufnehmen? (März 2010)
Können wir mit ihnen Kontakt aufnehmen? Nein. Sie kontaktieren uns. Sie kennen diejenigen, auf die sie sich verlassen können, die in der Lage sind, Arbeiten aus ihrem Aufgabenbereich, die getan werden müssen, zu übernehmen, und die ebenso engagiert arbeiten wie sie selbst.

Können wir sie in irgendeiner Weise in ihrer Arbeit unterstützen? (März 2010)
Sie können ihre Arbeit unterstützen, indem Sie ihre Existenz bekannt machen und von ihnen und ihrer Arbeit ein richtiges Bild vermitteln. Wenn Sie sie als Menschen darstellen, die wirklich existieren und die in Raumschiffen kommen, die ebenfalls existieren, und dass sie völlig harmlose und friedfertige Wesen sind, die nur kommen, um uns zu helfen, dann würden Sie der Menschheit einen großen Dienst erweisen.

Können die Weltraumbrüder in den Ufos, die wir zunehmend am Himmel entdecken, uns auch „hören"? Können sie telepathisch aufnehmen,

dass wir sie gern sehen würden, wenn wir den nächtlichen Himmel nach ihnen absuchen? Kann man sie bitten, sich uns zu zeigen? Ich würde wirklich gern mal einigen unserer Brüder oder Schwestern aus dem All begegnen! (September 2008)
Ja, aber häufig treffen sie bei ihren Beobachtern auf Angst.

Haben die Weltraumbrüder in ihrem eigenen Entwicklungsprozess auch die menschliche Evolution durchlaufen? Haben sie sich einer Gruppeneinweihung unterzogen? (März 2010)
Manche ja, manche nein. Es kommt darauf an, von wem Sie sprechen. Es gibt nicht nur einen Typus „Weltraumbruder". Die Planeten befinden sich auf unterschiedlichen Evolutionsstufen – einige unterscheiden sich sehr, andere nur geringfügig. Es gibt Weltraumbrüder, die – allgemein gesagt – verschiedene Einweihungsebenen durchlaufen haben, während das bei anderen nicht der Fall ist, da sie vollkommen sind. Der Einweihungsprozess, den wir auf unserem Planeten kennen, ist im Grunde ein künstlicher Evolutionsbeschleuniger. Das gibt es nicht überall.

Wie viele Weltraumbrüder leben zurzeit unter uns? Wie manifestieren sie sich hier? Werden sie als Kind in eine Familie hineingeboren oder kommen sie als Erwachsene zu uns? (März 2010)
Nach meinen Informationen sind es ungefähr 2000, die in vielen Ländern hier leben. Einige sind nur für kurze Zeit auf unserem Planeten, sie kommen für einige Stunden hierher, für einige Tage oder ein bis zwei Wochen. Andere lassen sich für längere Zeit hier nieder. Sie manifestieren sich in unterschiedlicher Weise. Manche als bereits Erwachsene, manche, indem sie sich inkarnieren und in einer Familie aufwachsen.

Adamski ist sich erst als erwachsener Mann bewusst geworden, dass er kein gewöhnlicher Mensch war. Es gibt ein interessantes Buch von Desmond Leslie mit dem Titel *The Amazing Mr. Lutterworth**. Es ist derzeit vergriffen, aber antiquarisch müssten Exemplare erhältlich sein.

Das Buch ist eine fiktive Schilderung, die auf Adamskis Leben basiert. Lutterworth ist Venusier, hat aber einen menschlichen Erdenkörper.

Desmond Leslie, der Adamski sehr gut kannte, berichtete, dass Adamski anstelle eines Bauchnabels einen Stern mit anderthalb Zentimetern Durchmesser hatte, es war eigentlich ein sternförmig funkelnder Kreis – wie die Venus. Das konnte man natürlich nicht wissen, es sei denn, er hätte sein Hemd hochgehoben, aber er hat ihn Leslie gezeigt.

Adamski wurde in Polen geboren und kam als Kind nach Amerika. Seine Eltern waren polnische Immigranten. Er wuchs in den USA auf, lebte lange auf dem Berg Palomar in Kalifornien und starb dann auch in den USA.

Das Buch ist eine sehr interessante Lektüre. Es beschreibt die Geschichte eines Menschen, der zunehmend etwas wahrnimmt, was die meisten Menschen nicht wahrnehmen – die Gedanken anderer Menschen zum Beispiel. Auf ihn dringen alle Gedanken der Menschen ein, die in seiner Nähe sind. Wenn er im Bus fährt, weiß er, was die Menschen um ihn herum fühlen und denken, und ist entsetzt. Er findet es schrecklich, aber allmählich gewinnt er Kontrolle darüber. Das Buch ist eine fiktive Geschichte, die aber auf Adamskis persönlichen Erfahrungen basiert, wie er sie Leslie geschildert hat. [*Anmerkung: Zu Adamski veröffentlichte *Share International* in der Oktober-Ausgabe 2008 eine Buchrezension sowie einen Artikel mit Fragen und Antworten.]

Aus welchem Grund inkarnieren sich diese Menschen von anderen Planeten auf der Erde? (März 2010)
Weil sie ihre Aufgaben über einen längeren Zeitraum besser und intelligenter ausführen können, wenn sie einen menschlichen Erdenkörper annehmen, statt nur die Schwingung ihres eigenen Körpers vorübergehend herunterzusetzen. Für die Zeit ihres Aufenthalts sind sie Teil der Erde.

Das kann beispielsweise geschehen, indem man „herabfällt", wie es genannt wird, ein sogenanntes spirituelles „Fallen" von einer höheren auf eine niedrigere Entwicklungsstufe. Jemand kann von der Venus, dem Mars oder einem anderen Planeten zur Erde „fallen" und sich hier als gewöhnlicher Mensch inkarnieren.

Viele und überwiegend sehr weit entwickelte Menschen wie Leonardo da Vinci, Shakespeare, Bach und Beethoven haben das getan. Maria Callas ist ein Beispiel aus jüngerer Zeit. Es haben sich schon einige Leute mit einem ähnlichen Entwicklungsgrad auf der Erde inkarniert und durchlaufen dann den hiesigen Evolutionsprozess.

Sie haben gesagt, dass William Shakespeare und Leonardo da Vinci Avatare vom Jupiter beziehungsweise Merkur gewesen seien und bereits vor ihrer jeweiligen berühmten Inkarnation viele Jahrhunderte auf der Erde verbracht hätten. Folglich müssen sie wohl einen sehr viel geringeren Evolutionsgrad gehabt haben, als sie ihre Erdenreise antraten.

(1) War es schon in einem früheren Stadium ihrer Evolution vorgesehen, dass sie in der Zukunft einmal eine wichtige Rolle auf der Erde spielen könnten? (2) Oder „fielen" sie zur Erde und wurden, nachdem sie sich hier gut entwickelt hatten, ausersehen, die Rolle eines Avatars zu übernehmen? (3) Wie viele Avatare gibt es derzeit auf der Erde? (4) Wenn Sie sagen, sie „fielen zur Erde", heißt das, dass ihr Karma sie zu einem Leben auf einem weniger entwickelten Planeten verurteilt hat? (November 2008)
(1) Nein. (2) Man wird nicht dazu „ausersehen, die Rolle eines Avatars zu übernehmen". Entweder ist man ein Avatar oder nicht. Wenn sie zur Erde fallen, müssen sie „Erdenmenschen" werden. (3) Vierundzwanzig. (4) Ja.

Woran könnte man einen Weltraumbruder erkennen, wenn man einen sehen oder ihm begegnen würde? (März 2010)
Sie würden ihn nicht unbedingt erkennen, es sei denn, er würde sich Ihnen bekannt machen wollen oder es wäre seine Absicht, dass Sie ihn erkennen. Wenn er anonym für die Weltraumbrüder arbeitet, würden sie ihn bloß als gewöhnlichen Menschen wahrnehmen. Sie könnten nicht erkennen, ob er von einem anderen Planeten stammt oder nicht.

Treten die Weltraumbrüder in einer Art Mayavirupa auf? Erschaffen sie sich ihren eigenen Körper? (März 2010)
Nein. Sie nehmen auf diesem Planeten einen Körper an und werden auf normalem Weg als Mensch geboren. Dies gilt für den Fall, dass es sich um einen langfristigen Aufenthalt handelt. Geht es bloß um einen kurzen Zeitraum, setzen sie den Schwingungsgrad ihres Körpers so weit herunter, bis er ungefähr den unseren erreicht hat. Sie scheinen dann gewöhnliche Menschen zu sein. Aber das ist lediglich vorübergehend. Wenn sie für länger hierherkommen, inkarnieren sie sich auf der Erde und arbeiten in dieser Weise „sotto voce" – leise und unauffällig. Das hat zum Beispiel auch Adamski so gemacht.

(1) Wäre eine Art Gruppeninvokation hilfreich, um eine Sichtung der Weltraumbrüder herbeizuführen? Gibt es eine bestimmte Haltung oder eine Stelle, auf die man sich konzentrieren sollte, wenn man mit den Weltraumbrüdern Kontakt aufzunehmen versucht? (2) Wie kann man die Weltraumbrüder am besten bitten, sich zu zeigen? Indem man Mai-

treyas Hand dazu benutzt? Oder durch Konzentration auf das Ajnazentrum oder ein anderes Zentrum? Würde einer Bitte um einen Flug mit einem Raumschiff oder um eine Raumschiffsbesichtigung Beachtung geschenkt werden? (März 2010)
(1) Die Verblendungen nehmen zu! Ein Mantra, das die Weltraumbrüder herbeirufen soll? Was wollen Sie mit ihnen tun, wenn Sie sie herbeigerufen haben? Ihnen zuwinken? (2) Jedes Wort dieser Frage ist Verblendung. Vergessen Sie es. Ihre Aufgabe ist nicht, in Raumschiffen herumzufahren. Ihre Aufgabe ist, bekannt zu machen, dass Maitreya, der Christus, der Weltlehrer, zusammen mit der Geistigen Hierarchie der Meister hier ist. Das ist die Aufgabe, die Sie sich selbst gesetzt haben, und nicht, das Abenteuer einer Spazierfahrt in einem Raumschiff zu erleben oder die Zeit der Weltraumbrüder damit zu vergeuden, dass sie Ihnen Beachtung schenken. Wie würden Sie in einem Raumschiff mitfliegen? Sie haben im Unterschied zu den Weltraumbrüdern einen grobstofflichen Körper. Wie würden Sie das anstellen wollen?

Nachdem ich Ihre Informationen über sogenannte Ufos, die vom Mars und von der Venus stammen sollen, gelesen habe, frage ich mich, ob das möglich sein kann. Die Oberflächentemperatur auf der Venus beträgt über 400 Grad Celsius. Der Mars wurde jahrelang von Satelliten fotografiert, und jüngste Sondierungen ergaben kein Lebenszeichen. Allerdings hielte ich es für möglich, wenn die Ufos aus einer anderen Dimension als den physischen, emotionalen und höheren mentalen Ebenen stammten und in der Lage wären, sich von dieser höheren Dimension oder Ebene auf die physische oder irdische hinunterzubegeben. Ist es das, was gemeint ist? (September 2007)
Ja, fast genau das geschieht. Die physische Ebene, wie unsere Wissenschaftler sie verstehen, weist nur drei Stufen auf: fest, flüssig und gasförmig. Tatsächlich hat sie aber sieben Abstufungen, wobei die oberen vier aus ätherischer Materie bestehen und für unsere Augen unsichtbar sind. Für die Bewohner von Mars und Venus und andere Weltraumbrüder sind diese aber sichtbar und deren natürliche physische Lebensebene. Die Ufo-Fahrzeuge werden ebenfalls aus ätherischer Energie hergestellt und sind daher für uns normalerweise unsichtbar; aber die Weltraumbrüder senken die Frequenz der Atome ihrer Raumfahrzeuge, damit sie für uns sichtbar werden. Das sind aber nur zeitweilige Manifestationen.

Wenn die Weltraumbrüder auf der ätherischen, feinstofflichen Ebene leben, wie manifestieren sie sich auf der physischen Ebene, so dass wir sie sehen können? (März 2010)
Das ist eine vorübergehende Erscheinung. Wenn ein Weltraumbruder zur Erde kommt und gesehen werden will, muss er die Frequenzen seines feinstofflichen Körpers senken, damit wir ihn sehen können. Das Gleiche gilt für sein Raumschiff. Diese Raumschiffe bestehen aus feinstofflicher Materie, und solange Sie kein ätherisches Sehvermögen haben, sind Sie nicht in der Lage, die Raumschiffe zu sehen. Aber Hunderttausende Menschen auf der ganzen Welt können sie sehen, sobald die Bewohner die Schwingungsrate der Raumschiffe senken.

Kann man Lebensformen auf höherer, ätherischer Ebene durch Schallwellen mithilfe herkömmlicher Instrumente aufspüren? (2) Entspricht die Fähigkeit, den Klang von Energien zu hören, dem „ätherischen Hören"? (3) Existieren auf den höheren ätherischen Ebenen anderer Planeten, zum Beispiel auf dem Mars, auch andere Naturreiche wie die der Tiere und Pflanzen? (März 2004)
(1) Ja. (2) Nein. (3) Ja.

Was ist mit der britischen Marssonde Beagle 2 geschehen, die am zweiten Weihnachtsfeiertag 2003 auf dem Mars landen sollte? Ist sie zerschellt, oder liegt sie in einem Krater, von wo aus ihre Signale nicht empfangen werden können? (März 2004)
Sie wurde bei der Landung beschädigt.

Ich habe einige Fragen bezüglich der beiden Raumfahrzeuge, die kürzlich von der NASA zum Mars gesandt wurden: (1) Erhalten die Wissenschaftler, die an dem Marsprojekt arbeiten, irgendwelche Hilfe von „höheren" Wissenschaftlern beispielsweise vom Mars? (2) Werden sie überraschende oder bedeutsame Entdeckungen machen? (3) Hat es jemals grobstoffliches Leben auf dem Mars gegeben? Wenn ja, wie lange ist das her? (März 2004)
(1) Nein. (2) Ja. (3) Vor drei Millionen Jahren.

Evolution der Planeten

Wie kann es sein, dass Menschen, die auf den ätherischen Ebenen eines anderen Planeten leben und eine höhere Technologie als wir besitzen, weniger weit oder auch nur genauso weit wie wir entwickelt sein sollen? (März 2010)
Das kommt auf den Planeten an. Der Mars befindet sich beispielsweise auf etwa derselben Stufe wie die Erde. Jeder Planet hat sieben Runden zu durchlaufen, die jeweils sehr viele Jahre dauern. Einige Planeten wie Erde und Mars befinden sich in der Mitte der vierten Runde. Andere Planeten sind bereits vollkommen, manche sind fast vollkommen. Venus befindet sich in ihrer letzten Runde.

Auf dem Mars gibt es drei Ebenen: A, B und C. Auf A, der höchsten Ebene, sind die Menschen wie Götter, also vollkommene Wesen. Auf der mittleren Ebene gibt es gut entwickelte, aber noch nicht vollkommene Menschen. Auf der untersten, der C-Ebene, sind die Menschen noch nicht sehr weit entwickelt.

Der Mars hat nicht so viele Fehler gemacht wie wir, weshalb er über eine Technologie verfügt, die der unseren unglaublich weit voraus ist. Seine Bewohner sind Meister des Raums, Meister der Energie. Sie stellen die meisten Raumschiffe her, die wir sehen und Ufos nennen, von kleinen Erkundungsschiffen bis zu gigantischen Mutterschiffen. Selbst einige der venusischen Raumschiffe werden nach venusischen Angaben auf dem Mars hergestellt. Sie bestehen aus ätherischer Materie und werden mit Gedankenkraft geschaffen. Wir denken vielleicht, dass der Mars wegen seiner fortgeschrittenen Technologie ein sehr hoch entwickelter Planet sei, aber im esoterischen Sinn befindet er sich etwa auf derselben Evolutionsstufe wie die Erde.

Reisen die Leute von der C-Ebene auch zu anderen Planeten? (März 2010)
Nein, das ist ihnen nicht erlaubt.

Ich habe eine Frage in Bezug darauf, dass die Erde sich in ihrer vierten Runde und die Venus in ihrer letzten befindet. Ich habe nie verstanden, was das bedeutet. Ich kann mir auch nicht vorstellen, was das im menschlichen, physischen Bereich bedeuten könnte. (März 2010)
Unsere Seele inkarniert viele Tausend Male. Auf diese Weise entwickeln wir uns vom frühen Tiermenschen zu einem Meister und beenden dann

Schule, die wir Erde nennen. Sie können sich das vielleicht nicht vorstellen, aber durch die Erfahrungen, die wir auf der Erde durchlaufen, wird schließlich die Notwendigkeit der Inkarnation aufgehoben, die die Vergeistigung des Planeten zum Ziel hat. Dieser Planet besteht aus grobstofflicher Materie und unsere Körper sind grobstoffliche Körper, weshalb es für uns schwieriger ist, uns das wahre Wesen der Menschheit vorzustellen. In Wirklichkeit sind wir nicht dieser grobstoffliche Körper, außer aus einem bestimmten Blickwinkel betrachtet. In Wirklichkeit sind wir Licht. Aber dieses Licht manifestiert sich auf diesem Planeten in Form unseres grobstofflichen Körpers, unseres Astralkörpers und unseres Mentalkörpers.

Wenn wir uns durch den Prozess der fünf Einweihungen weiterentwickeln, erhält unser Körper mit jeder Inkarnation zunehmend mehr Seelenenergie. Das bedeutet, dass unsere Körper subatomare Materie, die aus Licht besteht, anziehen und sich dadurch allmählich verändern. Mit der ersten Einweihung beginnt die Vergeistigung des Körpers. Der Eingeweihte zweiten Grades zieht etwas Licht an, das in seinen Körper eingeht. Der Eingeweihte dritten Grades zieht etwas mehr Licht an. Die dritte Einweihung wird Transfiguration oder Verklärung genannt, der Körper wird dann für die Seele zu einem reineren Träger. Der Eingeweihte vierten Grades zieht noch mehr Licht an, und die fünfte Einweihung wird dann möglich, wenn der Körper vollkommen transformiert ist. Das bedeutet Auferstehung – alle Meister sind wiederauferstandene Wesen.

Wirklich göttlich ist der Mensch zum ersten Mal, wenn er sich der dritten Einweihung unterzogen hat und sich nun dem Dienst an der Welt widmet. Er wird dann in einem Maße schöpferisch, wie es bis dahin nicht möglich war – unabhängig davon, wie kreativ er bereits als Eingeweihter zweiten oder sogar schon ersten Grades gewesen sein mag.

Der Evolutionsweg des Planeten verläuft ähnlich: Anstelle von Inkarnationen spricht man beim Planeten von Runden. Eine Runde ist gleichbedeutend mit einem Zyklus. Statt Tausenden von Inkarnationen, die die Seele in der menschlichen Evolution durchläuft, sind es bei Planeten sieben große Zyklen, die Millionen von Jahren umfassen. Im Laufe dieser Zeit, nach unserem Zeitverständnis, vollziehen Planeten ihre Evolution.

Es gibt Planeten in der ersten, zweiten oder dritten Runde. Venus befindet sich in ihrer letzten, der siebten Runde. Ich weiß nicht, wie lange es dauern wird, bis ihre Entwicklung abgeschlossen ist, möglicherweise noch viele Tausend Jahre. Mars und Erde befinden sich beide in der Mitte ihrer vierten Runde, in welcher ein Planet zu „erwachen" beginnt. Bis dahin ist genug geschehen, damit die Menschen sich der wahren geistigen Natur des Planeten bewusst werden und dadurch zunehmend vervollkommnen können. In dieser außerordentlich bedeutungsvollen Phase in der Mitte der vierten Evolutionsrunde beginnt alles wieder aufs Neue. Der Wachstumsprozess hat einen Höhepunkt erreicht, und nun beginnt der Genius eines Planeten – mit seinen Qualitäten und Talenten und mit der Entwicklung der Menschen – sich in neuer Weise zu demonstrieren. Wir befinden uns momentan in diesem Entwicklungsstadium – ebenso der Mars. Der Mars ist in seiner Entwicklung weiter fortgeschritten als die Erde, da die Menschen dort nicht so viele Fehler gemacht haben wie wir. Wir haben von jeher Fehler gemacht. Seit Menschengedenken haben wir auf dem Planeten Erde Kriege geführt.

Die Leute wundern sich, warum Maitreya noch nicht an die Öffentlichkeit getreten ist. Aber sie wissen nicht, auf welche Weise Maitreya aufgehalten wird. Sie wissen nicht, wie stark der Planet von negativen Kräften auf unserem eigenen Planeten wie auch von anderen niedrigeren Planeten bedroht wird, welche die Negativität der Erde stimulieren. Sie benutzen Menschen, die sich benutzen lassen, sie richten wann immer möglich Chaos an und erschweren den Evolutionsprozess des Planeten ebenso wie auch Maitreyas Rückkehr in unsere Alltagswelt. Es ist ein Kampf. Es gibt Menschen auf diesem Planeten – einige sind sehr bekannt und einflussreich –, die für diese dunklen Kräfte arbeiten.

Der Reichtum dieses Planeten beispielsweise befindet sich zum großen Teil im Besitz von relativ wenigen Menschen – Familien, Unternehmen, Institutionen. Natürlich bemühen sie sich um jeden Preis, an dieser Macht, die sie dadurch erfahren, festzuhalten. Das ist zu allen Zeiten auf dieser Erde so gewesen. Dadurch wird die Evolution des Planeten aufgehalten. Wir nennen sie die Kräfte der Materialität.

*(1) Sie haben gesagt, dass nur auf dem Planeten Erde Menschen mit einem grobstofflichen Körper leben können. Wurde deshalb der Planet Erde dazu ausgewählt, den physischen Körper des großen Strahl-3-Lebewesens zu manifestieren (**Esoterische Psychologie, Band II**, S. 118)?*

(2) Macht uns das auch besonders anfällig für den Einfluss der Herren der Materialität? (3) Hat die Erdenmenschheit eine spezielle Aufgabe bei der Vergeistigung der Materie?

(1) Ja. (2) Nein. (3) Nein. Alle Planeten haben die Aufgabe, die Materie (auf ihren verschiedenen Ebenen) zu vergeistigen. Die Erdenmenschheit macht das auch auf der grobstofflichen Ebene.

(1) Wie ist die Menschheit eigentlich vor 98 000 Jahren „vom Weg abgekommen", und (2) wie wird sie ihn nun „wiederfinden"? (Mai 2001)
(1) Das geht zurück auf das Ende der atlantischen Zivilisation, die 12,5 Millionen Jahre existierte. Nachdem die Menschheit unter dem Stimulus der Geistigen Hierarchie, die damals offen unter den Menschen lebte, fast immer dem geistigen Pfad gefolgt war, entwickelten sich allmählich zwei Lager. Die einen folgten weiterhin dem geistigen Weg, und die anderen verfielen mehr und mehr dem Einfluss der Herren der Stofflichkeit (gewöhnlich die Kräfte des Bösen genannt). Ein großer Krieg entbrannte. Die Meister der Hierarchie beschlossen, sich in die Gebirge und Wüsten zurückziehen, wo ihre Gruppen größtenteils heute noch leben. Seit jener Zeit versank die Menschheit langsam immer tiefer im Materialismus (im weitesten Sinne). Wir stehen heute vor der größten Krise unserer Geschichte – eine im Wesentlichen geistige Krise, die sich derzeit jedoch in unseren politischen und wirtschaftlichen Systemen widerspiegelt.

(2) Unter der Anleitung und dem Stimulus Maitreyas wird die Menschheit mit der Zeit begreifen, wie zutiefst materialistisch und ungeistig unsere Institutionen, Werte und Lebensweisen sind. Er wird uns dazu inspirieren, Teilen, Gerechtigkeit und Frieden für alle als Voraussetzung für ein geistiges Leben anzuerkennen.

Gibt es Raumfahrzeuge, die von außerhalb unseres Sonnensystems kommen und die Erde besuchen? (März 2010)
Nach meiner Information, nein. Da häufig behauptet wird, dass auf den anderen Planeten unseres Sonnensystems Leben unmöglich sei, bestehen manche Leute darauf, selbst wenn sie relativ authentischen Kontakt mit Weltraumbrüdern gehabt haben, dass diese von außerhalb unseres Sonnensystems stammen – in der Regel von den Plejaden. Ich persönlich bin da anderer Ansicht. Es gibt keinen offenkundigen Kontakt zwischen unserer Zivilisation und den Plejaden.

Negative Ufo-Propaganda

Wenn wir mit Leuten über den „Stern" und die Raumschiffe sprechen, bekommen wir häufig zu hören, dass Menschen von ihnen entführt und anschließend mit Narben und implantierten Chips aufgefunden würden. Womit kann man das widerlegen? Was kann man anführen, um anderen Ihre Sichtweise verständlich zu machen? (März 2010)

Es stimmt einfach nicht. Das gibt es schlichtweg nicht. Viele Leute haben Science-Fiction-Filme gesehen, in denen Außerirdische als böse, hinterhältige Ungeheuer dargestellt werden, die danach trachten, die Erde zu übernehmen. Wenn das die Absicht der Weltraumbrüder wäre, hätten sie längst jede Stadt der Welt erobern können. Das sind verstörte Leute mit lebhaften astralen Fantasien, die so flüchtig wie Träume sind und durch die furchterregenden Geschichten dieser Science-Fiction-Filme beflügelt werden. Diese astralen Fantasien werden inzwischen allgemein akzeptiert, weil die Weltraumbrüder und ihre Fahrzeuge von Regierungen und anderen Instanzen seit über sechzig Jahren verunglimpft werden. Es gibt in den Vereinigten Staaten eine Behörde, deren einziger Zweck darin besteht, die Darstellungen über die Existenz der Ufos zu verzerren. Die Regierung der Vereinigten Staaten weiß, wie alle Regierungen, dass es Ufos gibt. Sie wissen aus Erfahrung, dass sie harmlos sind. Sie wissen wahrscheinlich ebenfalls, dass sie irgendeine wichtige Aufgabe haben. Die Regierungen der Welt würden zu gern all die technologischen Geheimnisse der Weltraumbrüder kennenlernen, versuchen aber gleichzeitig, den Menschen die Beweise vorzuenthalten, die belegen würden, dass die Weltraumbrüder friedfertige, wohltätige, hilfsbereite Leute und den Regierungen, unter denen die Menschen auf der Erde leben, weit überlegen sind.

Wenn sich herausstellte, dass die Weltraumbrüder so hoch entwickelt sind, wie ihre Technologie vermuten lässt, dann würden wir, die Bürger, sagen: „Wer will noch die Regierungen von Amerika, Großbritannien, Frankreich, Deutschland oder anderen Ländern? Lasst die Außerirdischen hier landen, damit sie uns die Geheimnisse ihres Erfolgs erklären und wir vielleicht denselben Weg einschlagen können."

Die Regierungen wissen, dass genau das geschehen würde. Sie würden ihre Macht verlieren, die sie gegenwärtig über die Menschen haben. Sie fürchten aber auch Panikreaktionen, weil sie hinsichtlich der Weltraumbrüder Hass und Gewalt gesät und absurde Vorstellungen von mysteriösen okkulten Praktiken verbreitet haben.

Orson Welles inszenierte 1938 ein Hörspiel nach der Vorlage von H. G. Wells Buch *Krieg der Welten*. Als Welles während der Sendung ankündigte, dass der Planet Erde vom Mars überfallen würde, versetzte das die Hörer einige Tage lang in Angst und Schrecken. Sie glaubten tatsächlich, dass die Marsianer bereits im Anflug seien, um ihre tödlichen Bomben abzuwerfen. Die Sendung war nur als Witz gemeint, ein sehr verantwortungsloser Witz, aber so war Orson Welles. Die Regierungen haben die Saat der Furcht gesät und fördern weiterhin weltweit die Ängste, die sie in den Köpfen der Menschen weltweit gesät haben.

Man hört manchmal von sogenannten Entführungen. Sollte man das ernst nehmen? Haben Ufos etwas damit zu tun? (Juli/August 2004) Niemand wird je von einem Raumschiff entführt. Wenn Leute behaupten, entführt worden zu sein, handelt es sich um astral-emotionale Erlebnisse mit der Fantasievorstellung, in Raumschiffen mitzureisen. Niemand wird je in seinem physischen Körper in einem Raumschiff mitgenommen. Das ist gar nicht möglich. Diese Raumschiffe bestehen nicht aus grobstofflicher Materie. Um in einem Raumschiff mitgenommen werden zu können, muss man den grobstofflichen Körper verlassen, da man nur mit seinem ätherischen Körper das ebenso ätherische Raumschiff betreten kann. Es besteht immer noch aus Materie, die aber ätherisch-feinstofflich ist.

Leute erzählen, sie seien in Raumschiffen mitgenommen worden, man habe Experimente an ihnen vorgenommen und irgendwelche Dinge in ihre Haut eingeführt und dergleichen. Aber die Weltraumbrüder wissen bereits alles über uns, sie haben das nicht nötig. Für mich ist das einfach Unsinn, da sie in jeder Beziehung so hoch entwickelt sind, dass sie solche Experimente nicht mehr brauchen. Sie kennen die Antworten bereits. Es ist kompletter Unsinn, dass sie an Menschen von diesem Planeten genetische oder sexuelle Experimente durchführen müssten, wenn sie über eine Technologie verfügen, die allem, was wir uns heute überhaupt vorstellen können, um mehrere Tausend Jahre voraus ist. Das ist lächerlich, fadenscheinig und geschieht vorsätzlich, um die Vorstellung von weisen und überlegenen, geistig orientierten Wesen zu unterminieren. Auf diese Weise sichern die Mächtigen in den oder auch hinter den Regierungen ihre Macht.

Wer ist für die Viehverstümmelungen verantwortlich? (März 2010) Wie ich bereits gesagt habe, gibt es Kräfte insbesondere in den USA, deren Aufgabe seit Jahren darin besteht, die Weltraumbrüder zu verunglimpfen. Es sind staatliche Einrichtungen, die aber den Regierungsvertretern nicht unbedingt bekannt sind. Ich bezweifle, dass die Präsidenten der USA in den letzten Jahren irgendwelche Kenntnisse von diesen Machenschaften gegen die fliegenden Untertassen hatten. Sie würden es wahrscheinlich auch nicht glauben. Doch diese Leute verstümmeln Vieh, verteilen Kadaverteile auf Weiden und in Wüsten und schreiben das dann den „Außerirdischen" aus dem Weltraum zu. Um es geheim zu halten, sind sie zu jedem gemeinen Trick fähig. Einige tun es, glaube ich, weil sie Spaß daran haben. Sie wetteifern miteinander um Ideen, wie sie die Weltraumbrüder diffamieren können.

Sie sind Experten auf ihrem Gebiet, das es im Wesentlichen darin besteht, Menschen so zu manipulieren, dass sie etwas anzweifeln, was Hunderttausende intelligenter Menschen für völlig offensichtlich und für wahr halten. Das werden sie solange weiter betreiben, bis sie merken, dass sie damit nichts mehr ausrichten können. Sie stoßen jetzt an ihre Grenzen und werden diese Tatsache weiterhin wohl nicht geheim halten können.

Inwieweit trägt der Wunsch nach Macht und Kontrolle dazu bei, dass Regierungen der Bevölkerung Informationen über Ufos vorenthalten? (März 2010)
Das ist ihr Hauptmotiv. Dass sich Regierungen so verhalten, ist auf Unkenntnis und Angst zurückzuführen. Sie begreifen, dass die Menschen, wenn sie von den Weltraumbrüdern und ihren Raumschiffen und deren Beherrschung von Raum und Zeit wüssten, diese um Hilfe bitten könnten, da unsere Regierungen ganz offensichtlich nicht mehr weiter wissen. Die Weltraumbrüder könnten die Menschen beraten und ihnen Wissen vermitteln. Wem liegt noch etwas an Regierungen, wie wir sie heute haben, wenn doch solche hilfsbereiten und friedlichen Wesen nur darauf warten, uns helfen zu können?

Werden Regierungen mit ihrem Wissen an die Öffentlichkeit treten und die Existenz der Weltraumbrüder anerkennen? (Juli/August 2004)
Die Regierungen werden nur handeln, wenn sie dazu gezwungen werden. Wenn Maitreya in der Öffentlichkeit bekannt ist, wird man ihm die Fragen stellen, die man mir jetzt stellt, und dadurch wird man die Wahrheit über die Beziehungen zwischen diesem und den anderen Planeten erfahren. Dann werden die Bewohner anderer Planeten hier landen und als solche allgemein bekannt sein.

Die Erkenntnis, die Anerkennung der Realität der Weltraumbrüder wird zunächst durch die Anerkennung Maitreyas und der Meister zustande kommen. Denn sie werden bestätigen, dass es die Weltraumbrüder und die Raumschiffe tatsächlich gibt, dass auch die anderen Planeten ihre Bewohner haben, die ausschließlich guten Willens und friedfertig sind, die einander helfen wollen und das auch tun, und die auch diesem Planeten helfen, soweit es das Karma erlaubt. Wenn wir sie akzeptieren und sehen, was sie tun und wie sie uns helfen, dann wird die Entwicklung dieses Planeten enorm schnell vorangehen.

Der Vatikan scheint jetzt öffentlich die Ansicht zu vertreten, dass es Leben auch auf anderen Planeten geben könnte. Stimmt der Vatikan seine Gemeinde auf die Vorstellung ein, dass Leben auf anderen Planeten existiert und Ufos und die damit verbundenen Phänomene real sind? Was steht dahinter? (Juli/August 2008)
Ganz eindeutig, ja! Die Wahrheit kommt allmählich ans Licht, und der Vatikan kann es sich nicht leisten, das Offensichtliche zu ignorieren.

Wie würde sich die Erkenntnis, dass es Leben auf anderen Planeten gibt und die Weltraumbrüder hier sind, um uns zu helfen, auf das Bewusstsein der Menschheit auswirken? (März 2010)
Das hätte eine enorme Auswirkung. Für Hunderttausende gebildeter Menschen, die von der Existenz der fliegenden Untertassen überzeugt sind, die diese selbst gesehen und deren Bewegungen aufgezeichnet haben, die in den Süden Englands gereist sind, in den Kornkreisen gestanden und die Energien in den verschiedenen Kreisen gespürt haben (die Energien der Kornkreise von Mars und Venus sind unterschiedlich), wäre die offizielle Anerkennung nur eine Bestätigung dessen, was sie ohnehin schon denken.
   Aber für die breite Masse, die nicht weiß, was sie glauben soll, wäre es wie eine Offenbarung. Aufgrund der Art und Weise, wie das Thema bisher dargestellt wurde, macht diesen Menschen die Vorstellung möglicherweise zunächst Angst. Aber wenn sich nichts Negatives ereignet, werden sie bald darüber hinweg sein.

Wie können wir dem Trend der großen Medien, die Existenz der Weltraumbrüder zu negieren, entgegenwirken? (März 2010)
Das werden Sie offensichtlich nicht tun können. Mit der Zeit und aufgrund bestimmter Ereignisse wird das von selbst geschehen. Sie müssen

lediglich die Information über die Ankunft Maitreyas und der Geistigen Hierarchie sowie die Rolle, die die Weltraumbrüder bei diesem außerordentlichen Ereignis spielen, bekannt machen.

Wie könnten wir mit den Weltraumbrüdern zusammenarbeiten, nachdem sie jetzt hier sind? (März 2010)
Nachdem sie jetzt hier sind? Sie waren schon immer hier. In welcher Weise sind sie jetzt hier, in der sie nicht schon vorher hier waren? Ich habe schon seit Jahren über sie gesprochen und geschrieben, wie es auch viele andere getan haben. Ich habe auf die Rückkehr Maitreyas und der Meister in die Alltagswelt hingewiesen. Ich bin gebeten worden, diese höchst wichtige Information bekannt zu machen.

Ich hatte davor schon mit den Weltraumbrüdern zusammengearbeitet. Wenn ich befragt wurde, habe ich stets alles oder doch zumindest etwas von dem, was ich über die Weltraumbrüder weiß, erzählt. Ich habe niemals versucht, die Tatsache ihrer Existenz zu verheimlichen oder die Rolle, die sie bei dieser Arbeit spielen, zu schmälern.

Die Ankunft Maitreyas ist mit der Existenz der Weltraumbrüder verbunden. Es geht nicht um entweder das eine oder das andere. Unsere Aufgabe hat schon immer darin bestanden, die Tatsache der Rückkehr der Geistigen Hierarchie in unsere Alltagswelt bekannt zu machen. Aber sie kommt nicht allein. Ihre Rückkehr findet in vielerlei Hinsicht mithilfe der Weltraumbrüder statt. Unsere Geistige Hierarchie und die Weltraumbrüder haben ein spirituelles Anliegen, das allem, was sie tun, zugrunde liegt, ob sie nun von der Erde, von Mars, Venus oder anderen Planeten kommen.

Warum ist es gerade jetzt wichtig, die Information über die Weltraumbrüder bekannt zu machen? Warum ist jetzt „die Zeit der Offenbarung" angebrochen? (März 2010)
Die Zeit der Offenbarung ist jetzt angebrochen, weil die Existenz der Weltraumbrüder bisher relativ unbekannt war und von Regierungen sowie den Medien verleugnet wurde. Die Aktivität der Weltraumbrüder nimmt ständig zu. Die jüngste Manifestation ihrer Anwesenheit ist der „Stern", der Maitreyas öffentlichen Auftritt ankündigt.

Wenn man auf diesen „Stern" hinweist, kann natürlich nicht unerwähnt bleiben, dass es sich um ein Raumschiff handelt, und wenn Maitreya bei seinen öffentlichen Interviews auf Ufos angesprochen werden wird, dann wird er ihre Existenz auch öffentlich bestätigen.

George Adamski und andere Kontaktpersonen

George Adamski © AFU

*Desmond Leslie hat (1953) zusammen mit George Adamski das Buch **Fliegende Untertassen sind gelandet** geschrieben. Leslie berichtet darin von einem Erlebnis, das er eines Tages auf dem Weg ins Britische Museum hatte. Er verspürte plötzlich das Bedürfnis, in einen Buchladen zu gehen, wo seltene und ausgefallene Bücher verkauft werden. In diesem Laden kam ein Mann auf Leslie zu und meinte, ihm sei gerade ein Buch in die Hände gefallen, das Leslie interessieren könnte. Das Buch handelte von Luftfahrzeugen, die in atlantischer Zeit verwendet wurden, und war genau das, was Leslie im Hinblick auf sein eigenes Buchprojekt tatsächlich sehr interessierte. Der Mann, beschrieb er, habe durchdringende Augen gehabt, die ins Innerste eines Menschen zu sehen schienen. Darf ich Sie fragen, ob dieser Mann ein Meister war, ein Weltraumbruder, beides oder jemand ganz anderes? (Juli/August 2005)*
Der Mann war Maitreya.

*Kürzlich habe ich ein sehr informatives und inspirierendes Buch von George Adamski mit dem Titel **Im Innern der Raumschiffe** gelesen. Seine Beschreibung der Weltraumbrüder mit ihrer Liebe, Weisheit und überragenden Intelligenz ist sehr lehrreich; ihre Fähigkeit, im Einklang mit den universellen Prinzipien zu leben und in allen Wesen und allem objektiven Leben das Göttliche zu erkennen, ist ergreifend. Ich habe jedoch eine Frage: Sind einige seiner Informationen (vielleicht auch nur Einzelheiten) Einbildung? (Mai 2002)*
Nein, Adamski hat das alles im Innern eines Mutterschiffs erlebt. Das Einzige, was er nicht sagte, war, dass er sich während des gesamten Erlebnisses nicht in seinem Körper befand. Bei einem Menschen wie Adamski ist es ein bewusster Vorgang, den Körper zu verlassen und sich in eine neue Situation hineinzubegeben. Und wenn er wieder in den Körper zurückkehrt, weiß er auch genau, was er zuvor erlebt hat. Diese Raumschiffe und ihre Besatzung bestehen nicht aus grobstofflicher, sondern aus ätherisch-feinstofflicher Materie. Die Besatzungen können

die Schwingungsrate heruntersetzen, so dass sie für uns sichtbar werden, allerdings nur vorübergehend. Das von Adamski beschriebene Mutterschiff kam von der Venus und war mit Meistern von der Venus bemannt, es wurde aber auf dem Mars hergestellt.

Bevor George Adamski mit seinen Büchern **Fliegende Untertassen sind gelandet** *(englische Erstausgabe 1953) und* **Im Innern der Raumschiffe** *(englische Erstausgabe 1955) Weltruhm erlangte, schrieb er den Roman* **Pioneers of Space: A Trip to the Moon, Mars and Venus** *(1949). Kritiker behaupten, dass er „fiktives Material" aus diesem Buch in den späteren Büchern als Fakten, als persönliche Erlebnisse präsentiert habe. (1) Wäre es möglich, dass Herr Adamski in seinem ersten Buch reale Erlebnisse beschrieben hat, an die er sich nicht mehr erinnert hat, weil er sie außerhalb des Wachbewusstseins hatte? (2) Oder präsentierte er seine Erlebnisse zunächst im Rahmen eines Romans, um zu testen, wie die Öffentlichkeit auf die Vorstellung vom Leben auf anderen Planeten reagiert?* (April 2007)
(1) Nein. (2) Ja.

Giorgio Dibitonto behauptet in seinem Buch **Engel in Sternschiffen** *(1987), dass sein außerirdischer Kontaktmann Raphael ihn in ein Raumschiff eingeladen habe und ihm dort Orthon und Firkon (außerirdische Kontaktleute von George Adamski) sowie einen Weltraumbruder namens George vorgestellt habe, der laut Raphael „für eine Weile auf der Erde lebte, wohin ihn ein freiwillig übernommener Auftrag geführt hatte". (1) Waren Dibitontos Erlebnisse real oder Einbildung? (2) War der Weltraumbruder, dem er begegnete, derselbe, den wir unter dem Namen George Adamski kennen? (3) Hat er tatsächlich Adamskis Kontaktleute, die dieser Orthon und Firkon nannte, getroffen?* (Oktober 2008)
(1) Es waren reale, aber außerkörperliche Erlebnisse. (2) Dasselbe Wesen. (3) Ja.

In seinem Buch **The Pawn of his Creator** *(1995) schreibt Henry Dohan, dass George Adamski unter der Führung eines Eingeweihten auf seine zukünftige Aufgabe, die Existenz außerirdischer Zivilisationen publik zu machen, vorbereitet wurde. Nachdem sein Vater gestorben war, als Adamski noch ein Kind war, wurde er unter die Fittiche eines Familienfreundes genommen, den Adamski als „Onkel Sid" bezeichnete und der es ihm ermöglichte, in jungen Jahren nach Tibet zu reisen und bei*

den Meistern in die Lehre zu gehen. (1) War „Onkel Sid" ein Weltraumbruder oder ein Eingeweihter? (2) Ging Adamski tatsächlich für mehrere Jahre nach Tibet, um bei den Meistern zu studieren? (Oktober 2008)
(1) Beides. (2) Ja.

Die poetische Qualität, der Rhythmus, die Farbigkeit des „Präludiums" in **Cosmic Philosophy***, Adamskis letztem Buch (1961), erinnert mich an die Handschrift eines Meisters. (1) Stammen dieses Präludium und/ oder andere Teile dieses Buches aus höheren Quellen? (2) Wurde Adamski möglicherweise von dem venusischen Meister dazu inspiriert, dessen Lehren er in dem Buch* **Im Innern der Raumschiffe** *aufgezeichnet hat?*
(1) Ja. (2) Ja.

George Adamski beschreibt die Mutterschiffe als zigarrenförmig. Sind die „Sterne" ähnlich gebaut? Welcher Typ Raumschiff sind sie? (Dezember 2009)
Viele der größeren Raumschiffe, die uns zu Hilfe kommen, sind zigarrenförmig, aber nicht alle, es gibt auch glockenförmige und fischförmige und andere, die die Form einer Untertasse haben. „Der Stern", der Maitreyas Ankunft ankündigt, ist ein Raumschiff, das auch unterschiedliche Formen annehmen kann.

(1) Könnten Sie uns bitte den Einweihungsgrad und die Strahlenstruktur von George Adamski (1891–1965) mitteilen? Er lebte in Kalifornien und hatte um das Jahr 1950 Kontakt mit Weltraumbrüdern. (2) Leben auch heute noch Weltraumbrüder unter uns? (März 2004)
(1) Seele: 2, Persönlichkeit: 4 (6), mental: 1 (4), astral: 6 (2), physisch: 7 (3). Er hatte den Einweihungsgrad 2.0. (2) Ja.

Aus den Informationen der Weltraumbrüder in Giorgio Dibitontos Buch **Engel in Sternschiffen** *(1984) könnte man schließen, dass die meisten Engel, wenn nicht sogar alle, und viele der Propheten im Alten Testament Weltraumbrüder waren. Können Sie dazu bitte etwas sagen?* (Oktober 2009)
Die Propheten waren keine Weltraumbrüder, sondern Mitglieder der Geistigen Hierarchie der Erde. Einige der „Engel" hingegen waren tatsächlich Besucher von anderen Planeten.

An dem kosmischen „Segen", den Dibitonto in Kapitel 15 seines Buches schildert, waren ihm zufolge Weltraumbrüder beteiligt, die er „die segensreiche Frau" und „den Herrn" nennt, was eigentlich auf die Madonna und Jesus oder Christus hindeutet. Waren der Meister, der die Madonna war, und der Meister Jesus dabei anwesend? Oder handelte es sich um Weltraumbrüder gleichen „Ranges", sofern man das überhaupt so ausdrücken kann? (Oktober 2009)
Es waren der Meister, der die Madonna war, und der Meister Jesus.

Die Weltraumbrüder sollen mehrfach vor Katastrophen gewarnt haben, die auf die Menschheit aufgrund ihrer falschen Denk- und Handlungsweise zukommen werden, was sehr an die biblische Apokalypse erinnert. Könnte es sein, dass sie mit diesen Warnungen, die der offensichtlich christlich geprägte Autor als Ereignisse im Zusammenhang mit der Wiederkehr Christi interpretiert, eher auf den Zusammenbruch unserer veralteten Strukturen hinweisen wollten? (Oktober 2009)
Nein. Sie haben vor den Katastrophen der Erderwärmung und der Zerstörung unserer Umwelt, unseres Planeten gewarnt.

Begegnungen mit Raumschiffen

Am 5. November 1975 gab es eine berühmt gewordene Begegnung mit einem Ufo. Auf dem Heimweg von der Arbeit im Apache-Sitgreaves-Nationalforst im US-Bundestaat Arizona sahen sieben Holzfäller eine „goldene Scheibe" mit einem Durchmesser von etwa fünf bis sechs Metern, die geräuschlos etwa sechs Meter über der Erde schwebte. Einer der Männer, Travis Walton, näherte sich dem Raumfahrzeug. Als er bis auf etwa zwei Meter herangekommen war, traf ihn von der Unterseite des Objekts ein blaugrüner Lichtstrahl. Er wurde bewusstlos, und seine Kollegen rannten, um ihr Leben bangend, davon. Walton blieb fünf Tage lang verschollen, ausgedehnte Suchaktionen verliefen ergebnislos. Als er wieder auftauchte, behauptete er, von „Außerirdischen" entführt worden zu sein. Aber Sie haben ja einmal gesagt, dass die Weltraumbrüder niemanden entführen und dass derartige Behauptungen das Ergebnis überhitzter astraler Einbildungskraft seien. Dennoch können sieben Augenzeugen diesen Vorfall bestätigen. (1) Was ist wirklich passiert? (2) Handelt es sich hier um Machenschaften des amerikanischen Militärs und der US-Regierung, das heißt, dass sie Menschen kidnappen und

ihnen vorspielen, von Außerirdischen entführt worden zu sein, um Angst vor den Weltraumbrüdern zu erzeugen und die Wahrheit zu vertuschen? (März 2006)
(1) Das war tatsächlich eine Begegnung mit einem Raumfahrzeug vom Mars. Der Mann wurde nicht entführt, sondern eingeladen, und ging freiwillig an Bord des Raumschiffs. Man half ihm, seinen Körper zu verlassen, der daraufhin unsichtbar gemacht und beschützt wurde, und nahm ihn auf ein Mutterschiff mit. Dort verbrachte er eine – im doppelten Sinne – wundervolle Zeit. Danach wurde er zu seinem Körper zurückgebracht. Man bat ihn, über sein „Abenteuer" zu berichten, aber ich fürchte, dass er sich dazu nicht in der Lage fühlte. Er hatte Angst, dass er verspottet würde oder ihm noch Schlimmeres widerfahren könnte.
(2) Ja. Hinter diesen Entführungsgeschichten steckt größtenteils das Militär.

Alexander der Große hatte im Jahr 329 v. Chr. mehrere leuchtende, schildförmige Objekte aus einem Fluss in Indien aufsteigen sehen und war davon überzeugt, dass es sich um außerweltliche Schiffe handelte. (1) Waren das Ufos? (2) Seine letzten sechs Lebensjahre verbrachte er damit, mithilfe einer Taucherglocke nach diesen Raumfahrzeugen zu suchen. Es wird aber auch vermutet, dass er das letzte Reich, das sich ihm noch entzog, ausfindig machen und erobern wollte: Atlantis. Gab sich Alexander der Große tatsächlich der grandiosen Illusion hin, Atlantis erobern zu können? (März 2006)
(1) Ja, vom Mars. (2) Nein, er wollte herausfinden, woher diese „außerweltlichen Schiffe" kamen.

Am Morgen des 7. Februar 1989 beobachteten einige Taucher und andere Personen an einem Strand in der Nähe von Los Angeles, wie aus dem Meer ein großes dunkles Objekt aufstieg, aus dem kurz danach rund ein Dutzend kleinere Raumfahrzeuge herauskamen. Es tauchte dann wieder ab und bewegte sich Radar- und Sonaraufzeichnungen zufolge nach Süden in Richtung Santa-Catalina-Kanal. (1) War das eine Art „Flugzeugträger für Ufos"? (2) Falls es wirklich ein Ufo war: Von welchem Planeten stammte es? (3) Unterhalten die Weltraumbrüder Stützpunkte in den Weltmeeren oder unter dem Meeresboden, also vielleicht auch zwischen Catalina Island und Kalifornien? (4) Das Phänomen der sogenannten Usos (nicht identifizierte unterseeische Objekte) lässt auf Ufos im Meer schließen. Reisen die Weltraumbrüder

ebenso mühelos durch die Ozeane wie durch die Atmosphäre? (März 2006)
(1) Ja. (2) Vom Mars. (3) Ja, viele. (4) Ja.

Nach der sogenannten Wurmlochtheorie gibt es im Universum Bereiche, in denen Raum und Zeit gewissermaßen zusammenfallen, die Lichtgeschwindigkeit aufgehoben ist und man innerhalb von Sekunden große Entfernungen zurücklegen kann. Was hat es mit dieser Theorie auf sich, wenn, wie Sie sagen, Raum und Zeit eine Illusion sind? (Juni 2007)
Raum und Zeit „fallen" nicht „zusammen" – es ist viel einfacher: Auf einer höheren Ebene existieren Raum und Zeit nicht, sie sind eine Illusion. Die wirklichen Meister des Weltraums, die Weltraumbrüder, können, wie wir es bezeichnen würden, enorme „Entfernungen" in „Sekundenschnelle" zurücklegen.

Am 10. Juni 2004 wurde in Guadalajara in Mexiko eine Flotte von etwa 100 Ufos gesichtet und mit einer Videokamera aufgenommen. Waren es tatsächlich Raumschiffe, und wenn ja, von welchem Planeten kamen sie?
Am 5. März 2004 unternahm ein Flugzeug des mexikanischen Luftwaffengeschwaders 501 einen routinemäßigen Patrouillenflug an der südlichen mexikanischen Grenze. Dabei sichteten die Piloten ein Flugzeug auf dem Radarschirm; sie begannen es zu verfolgen und schalteten zur Ortung ihre Infrarot-Instrumente (FLIR-System) ein. Kurz darauf tauchten auf dem Infrarot-Radar mehrere leuchtende Objekte auf, zeitweise bis zu elf Stück, die um das Flugzeug kreisten. Dieser Vorfall erregte damals große Aufmerksamkeit in den mexikanischen Medien. Waren es tatsächlich Raumschiffe, und wenn ja, von welchem Planeten kamen sie? (März 2007)
In beiden Fällen waren es Ufos vom Mars.

Am 24. April 1964 hörte der Polizeioffizier Lonnie Zamorra in Socorro im US-Bundesstaat New Mexico ein donnerndes, explosionsartiges Geräusch. In der Annahme, ein nahegelegenes Dynamitdepot sei in die Luft geflogen, fuhr er sofort los und traf dort stattdessen auf ein ovales Objekt, das in der Landschaft stand. Er konnte ein Fahrwerk sowie eine bis zum Boden reichende Leiter erkennen und davor zwei sehr kleine Personen. Als sie Zamorra sahen, stiegen sie sofort wieder ein,

und das Fahrzeug startete und flog davon. (1) Kamen dieses Gefährt und die beiden Leute davor von einem der Planeten unseres Sonnensystems, und wenn ja, von welchem? (2) Sie erwähnten einmal, dass die Fahrzeuge der Weltraumbrüder unzerstörbar seien. Hatten sie in diesem Falle vielleicht doch einen „Maschinenschaden", oder (3) landeten sie und zeigten sie sich in grobstofflicher Form, damit der Polizeioffizier Zamorra sie sehen und davon berichten konnte? (März 2007)
(1) Ja, vom Mars. (2) Nein. (3) Ja. Das Explosionsgeräusch wurde von den Insassen des Flugobjekts erzeugt, um Aufmerksamkeit zu erregen.

Aus den vielen Berichten über Ufos im Internet und in den Medien lässt sich schließen, dass diese über Lateinamerika recht aktiv sind. Warum gerade dort? (April 2007)
Ihre Arbeit beschränkt sich nicht nur auf Lateinamerika, sie werden in vielen Gegenden der Welt zusehends aktiver. Und ihre Aktivität wird bis zu Maitreyas Rückkehr in das öffentliche Leben und auch danach noch zunehmen.

Am 17. April 1981 fuhr der japanische Frachter Taki Kioto Maru vor der Küste Japans durch eine Meeresregion, die „Drachendreieck" genannt wird. Plötzlich spürte die Mannschaft, wie das Schiff von so etwas wie einer Druckwelle erfasst wurde, und sah, wie ein helles, untertassenförmiges Uso (Unterwasser-Ufo) mit einem Durchmesser von etwa fünfzehn Metern aus dem Meer auftauchte. Die Messinstrumente des Schiffes spielten verrückt. Das Uso umkreiste das Schiff etwa fünfzehn Minuten lang, tauchte dann wieder unter und verursachte dabei gewaltige Wellen, die den japanischen Frachter fast zum Kentern brachten. Ein Vergleich ihrer Uhren mit der Radiozeit ergab, dass der Mannschaft fünfzehn Minuten „fehlten".
(1) Warum spielten die Messinstrumente verrückt, als sich das Ufo näherte? (2) Warum „fehlten" der Mannschaft fünfzehn Minuten? (3) Gibt es in dieser Gegend so etwas wie einen Ufo-Unterwasser-Stützpunkt, der elektromagnetische Störungen und Zeitverzerrungen verursachen kann, oder handelte es sich vielleicht um eine alte lemurische Technologie, die noch immer unter Wasser funktionierte? (November 2007)
Das ist bei solchen Begegnungen normal – die Wirkung einer elektromagnetischen „Überschwemmung". (2) Aus demselben Grund. (3) Ja, ein Ufo-Stützpunkt (keine lemurische Technologie).

Gibt es irgendjemanden, der Botschaften von der „Bruderschaft auf dem Sirius" empfängt? (2) Wenn ja, werden sie dann auch veröffentlicht? (3) Ab und zu entdeckt man Gedrucktes mit angeblichen Grüßen und Ermahnungen vom Sirius. Sollte man dergleichen generell infrage stellen? (Dezember 2002)
(1) Niemand unter einem Meister fünften Grades. (2) Nein. (3) Das würde ich ganz sicher tun.

Benjamin Cremes Zusammenarbeit mit den Weltraumbrüdern

Wie sind Sie zu Ihrer Arbeit mit den Weltraumbrüdern gekommen? (Juli/ August 2004)
Anfang Januar 1959 nahm ein Meister unserer Geistigen Hierarchie Kontakt mit mir auf, und damit begann meine Arbeit – darüber habe ich auch schon an anderer Stelle gesprochen und geschrieben. Es ging um eine Zusammenarbeit mit den Weltraumbrüdern, den Insassen der Ufos, wobei mein Meister sozusagen als Verbindungsmann zwischen uns fungierte, und dadurch lernte ich sie und ihn näher kennen. Da ich Adamskis Bücher gelesen hatte, hielt ich ihre Existenz durchaus für möglich, obwohl ich nicht sehr viel darüber nachgedacht hatte. Aber dann wurde ich mit dem Ufo-Phänomen vertraut gemacht und war Mitglied einer Gruppe, der auch Adamski angehörte und die sich nur außerkörperlich traf.

Für die Außenwelt war unsere Arbeit geheim, aber unter uns gab es kein Geheimnis – wir erkannten einander, gehörten einem Komitee an und waren mit einer Angelegenheit beschäftigt, die uns zugewiesen worden war und die ausschließlich mit dem Ufo-Phänomen zu tun hatte.

Nach meiner Erfahrung kommen die von uns als Ufos oder fliegende Untertassen bezeichneten Objekte von den Planeten unseres eigenen Systems. Nicht von den Plejaden oder dem Sirius oder von außerhalb unseres Sonnensystems, sondern vor allem vom Mars und von der Venus. Es sind auch noch einige andere Planeten wie Jupiter und Merkur daran beteiligt, aber die große Mehrheit der bisher beobachteten Ufos stammt von Mars und Venus. Fast alle Raumschiffe werden auf dem Mars hergestellt, selbst die venusischen. Sie werden zwar von Venusiern entworfen und haben ein ganz spezielles Design und auch eine andere Technologie, werden aber auf dem Mars gebaut. Alle Raumschiffe werden mit Gedankenkraft gebaut.

...as sind einige der wichtigsten Aspekte, die Sie aus Ihrer Zusammenarbeit mit den Weltraumbrüdern gelernt haben? Was war der Zweck Ihres Kontakts mit ihnen? (April 2010)
Ich habe gelernt, wie sehr die Ereignisse und die Aktivität der Menschen auf der Erde, wenn sie sich auf die ganze Welt auswirken, auch die Weltraumbrüder betreffen. Sie haben einen spirituellen Auftrag übernommen und setzen sich ernsthaft und beständig für den Planeten Erde ein.

In Ihrem Vortrag auf der Tagung [San Francisco, August 2009] sprachen Sie davon, dass die Weltraumbrüder einfühlsam und diskret sind. (April 2010)
An der Art und Weise, wie sie sich bisher mit den Kornkreisen, den Lichtmustern auf Gebäuden und dergleichen präsentiert haben, zeigt sich deutlich, dass sie zu einer äußerst behutsamen Vorgehensweise fähig sind. Das ist für sie etwas Selbstverständliches.

Sie haben keinerlei Absicht, den menschlichen Willen zu verletzen oder Verwirrung zu stiften. Sie gehen sehr bedachtsam vor und wollen uns lediglich zeigen, sofern wir unsere Augen und unseren Verstand benutzen, dass sie ihre Visitenkarte hinterlassen haben und damit sagen: „Wir kommen aus dem Weltraum, von anderen Planeten eures Sonnensystems. Wir sind gekommen, um euch zu helfen. Wir machen diese Arbeit euretwegen. Das ist eine Kostprobe unserer Arbeit. Wir hoffen, dass euch das ‚Bild' gefällt."

Wir müssen uns fragen, woher die Kornkreise stammen. Sie erscheinen inmitten von Feldern in Wiltshire und anderswo, es sind riesige Gebilde. Sie können nicht von Menschenhand gemacht worden sein, und doch sieht man nichts, was darauf hinweisen könnte, wie sie hergestellt wurden. Unabhängig von ihrer Größe werden sie tatsächlich in nur wenigen Sekunden geschaffen. Das Design wurde vorab festgelegt, die Maschinerie eingestellt, und während sich das Raumschiff einige Sekunden über eine Stelle am Boden bewegt, geht das Wenden, Kreuzen und Biegen der Getreidehalme automatisch vor sich, wobei die Besatzung das Raumschiff manövriert. Es ist bereits alles im Voraus geplant, so dass das Raumschiff nichts weiter zu tun hat.

Aber das geht alles leise vor sich. Getreidefelder gibt es nur zu bestimmten Jahreszeiten, so dass man nach der Ernte nichts mehr von dem Kornkreis sieht. Manche Leute sagen: „Ich habe in meinem ganzen Leben noch keinen Kornkreis gesehen. Ich weiß, manche behaupten, dass es Kornkreise gibt, aber das glaube ich nicht." Das können sie sagen, weil die Ernte bereits eingefahren wurde, wenn sie vorbeikommen, um nachzuschauen.

Die Weltraumbrüder arbeiten leise und diskret. Aber wenn man mit ihnen zusammenarbeitet, muss man es mit großer Hingabe tun, weil die Weltraumbrüder keine Müdigkeit kennen! Sie sind unermüdlich in ihrer Hingabe, der Erde zu helfen, und erwarten von denen, die mit ihnen zusammenarbeiten, das Gleiche.

Welche Erfahrungen haben Sie hinsichtlich der Weltraumbrüder gemacht? Wie hat Ihre Arbeit mit den Weltraumbrüdern zu Ihrer Arbeit für Maitreyas Rückkehr geführt? (April 2010)
Ich habe bei einer Gruppe in London mitgemacht, die sich darauf berief, mit mindestens drei Weltraumbrüdern in Verbindung zu stehen – mit einem von der Venus und zweien vom Mars. Die von den Weltraumbrüdern vom Mars vermittelten Informationen erschienen eher ernst und etwas rigide. Die der venusischen Weltraumbrüder klangen freundlicher, weniger streng. Dadurch erhielt ich einen Eindruck von ihrer Arbeitsweise. Ihre Arbeit mit dieser Gruppe bestand vorrangig in der Übermittlung ihrer Energien durch die Gruppe, ähnlich wie bei einer Transmission. Es war eine Energietransmission in die Welt, wurde aber nicht Transmissionsmeditation genannt. Es war keine Meditation. Die Leute waren einfach da, und währenddessen schickten Weltraumbrüder ihre Energien über sie in die Welt.

Dann änderte sich irgendwann der Charakter der Gruppe, und ich wurde gebeten, die Gruppe zu verlassen, was ich auch tat. Ich wurde dann von einem der Meister angesprochen – den Rest kennen Sie bereits. Seitdem mache ich diese Arbeit. Sie begann als Arbeit mit den Weltraumbrüdern und für ihre Belange, wobei mein Meister als Vermittler zwischen ihnen und mir agierte.

Es gibt dermaßen viele verschiedene Aspekte, was die Arbeit mit den Weltraumbrüdern angeht, dass es sehr schwierig ist, mehr als nur einen kurzen Hinweis zu geben. Sie arbeiten mit Gruppen zusammen. Ich selbst war in einer Gruppe tätig, der auch Adamski angehörte. Unsere Begegnungen fanden nur im außerkörperlichen Zustand statt. Wir sind uns dabei nicht physisch begegnet. Wir trafen uns nicht in einem Klub oder an einem ähnlichen weltlichen Ort. Einige von uns kannten sich auch auf der äußeren Ebene, aber als Gruppe trafen wir uns ausschließlich im außerkörperlichen Zustand. Auf dieser Ebene fanden unsere Diskussionen statt. Wahrscheinlich können Sie sich nur schwer vorstellen, worüber wir sprachen. Aber ich kann Ihnen nur so viel sagen: Wir hatten Pläne, die wir besprachen – was getan werde sollte, was getan werden könnte, was nicht getan werden kann, und warum und dergleichen. Je länger man für die Weltraumbrüder arbeitete, desto intensiver wurde die Arbeit. Ich hatte eine bestimmte Aufgabe, die auch mit dem eigentlichen Raumschiff zu tun hatte. Damals besaß ich kein Auto und konnte auch nicht Auto fahren. Ich hatte nie das Bedürfnis gehabt oder die Notwendigkeit gesehen, selbst Auto zu fahren. Aber aus der Sicht der Weltraumbrüder konnte meine Arbeit besser erledigt werden, wenn ich es könnte. Also lernte ich Autofahren.

Über die Art meiner Tätigkeit mit den Weltraumbrüdern kann ich leider nicht sprechen, aber sie führte schließlich zu der Arbeit, die ich seitdem verfolge: der Rückkehr unserer Geistigen Hierarchie mit Maitreya als ihrem Oberhaupt den Weg zu ebnen.

Unsichtbare Gefahr
von Meister –, durch Benjamin Creme

Wenn die Menschen die Welt sehen könnten wie wir, die Meister, sie sehen, wären sie erstaunt und sprachlos und wohl ängstlich zugleich. Das Verständnis des Menschen für die auf der Erde herrschenden Zustände ist so realitätsfern und sein Urteilsvermögen, was zukünftige Möglichkeiten betrifft, so gering, dass er – ohne Hilfe – mit ansehen müsste, wie sein Heimatplanet langsam zugrunde geht.

Der Planet Erde befindet sich tatsächlich in einem traurigen und gefährlichen Zustand, und der kritische Punkt rückt mit jedem Tag näher. Viele Stimmen haben vor der globalen Erwärmung gewarnt, und vieles wurde darüber geschrieben. Doch selbst die schrecklichsten Prophezeiungen reichen an die Katastrophe, vor der die Welt heute steht, nicht heran. Nur wenige begreifen, wie unmittelbar die Bedrohungen und wie dringlich die nötigen Gegenmaßnahmen sind.

Obwohl das Risiko der globalen Erwärmung sehr groß ist, ist sie leider noch nicht die größte oder besorgniserregendste Gefahr, mit der der Mensch heute konfrontiert ist. Wenn er doch nur einsehen würde, dass er sich und die niederen Naturreiche langsam, aber zunehmend vergiftet. Vergiftung und Umweltverschmutzung in jeder Form und in jedem Bereich sind heute die größte Gefahr für Menschen, Tiere und die Erde selbst. Alle sind auf ihre Weise vergiftet und krank.

Den Menschen ist es nicht bewusst, für uns aber offensichtlich, dass in dieser tragischen Geschichte die radioaktive Strahlung die größte Rolle spielt und ihnen und ihrem Planeten am meisten schadet. Die Menschen sind bei der Entwicklung dieser gefährlichsten aller Energiequellen vom Weg weit abgekommen. Da sie sich von der Gier und der falschen Hoffnung auf enorme Profite verleiten ließen, haben sie ihre Experimente auf die „Zähmung" dieser gefährlichsten, jemals vom Menschen entdeckten Energiequelle konzentriert und dabei eine alternative, absolut sichere Nutzung der Atomenergie außer Acht gelassen. Die Kalte Fusion ist harmlos und stünde ihnen mithilfe eines einfachen Wasserisotops aus Ozeanen, Seen und Flüssen und selbst mit jedem Regenguss jederzeit zur Verfügung.

Der Mensch muss aufhören, „mit dem Tod zu spielen". Die Spaltung des Atoms ist das Ergebnis der Atombomben, die Hiroshima und Nagasaki zerstört haben, sie führte zur Explosion in Tschernobyl und verursacht bis heute auf subtile Weise Krankheit und Tod. Sie ist „etwas, was dort ist, wo es nicht sein sollte", und muss vom Menschen aufgegeben werden, wenn er sich weiter entfalten will.

Die Wissenschaftler auf der Erde sind überzeugt, das Monster wirklich gezähmt und unter Kontrolle zu haben. Es ist ihnen nicht bewusst, dass ihre Messinstrumente zu primitiv sind und nur die niederen Aspekte der nuklearen Strahlung messen können, über deren grobstofflichen Ebenen sich viel feinere Ebenen erstrecken, die weit gefährlicher für die Gesundheit und das Wohlergehen aller sind. Gäbe es nicht die unermüdlichen Anstrengungen unserer außerirdischen Brüder, die im Rahmen der karmischen Gesetze diese unsichtbare Gefahr vermindern, wäre unsere Lage wirklich aussichtslos. Menschheit, wach auf! (*Share International*, Juni 2006)

Ätherische Materie und die heutige Wissenschaft

Warum behaupten unsere Wissenschaftler, dass es auf anderen Planeten keine Menschen gäbe? (Juli/August 2004)
Die Bewohner von Mars, Venus, Merkur oder Jupiter leben in ihren physischen Körpern nicht auf derselben Schwingungsebene der Materie, wie wir sie kennen. Wir kennen nur drei Aspekte der Materie: fest, flüssig und gasförmig. Über dem gasförmigen Zustand gibt es aber noch vier weitere stoffliche Ebenen, die man auf unserem Planeten

bisher noch nicht entdeckt hat. Werden sie entdeckt, verstehen wir auch sehr viel besser, was Krankheit ist und wie sie entsteht, was der Sinn des Lebens auf diesem Planeten ist und wie das Leben auf anderen Planeten beschaffen ist.

Die Wesen auf dem Mars, der Venus und den anderen Planeten befinden sich auf den vier höheren stofflichen Ebenen. Wenn Sie den Mars oder die Venus besuchten, würden Sie niemanden sehen, aber trotzdem gibt es sie, sie haben Körper, die aus dieser subtileren, feinstofflichen Materie zusammengesetzt sind, die wir als „ätherisch" bezeichnen. Unsere Körper bestehen aus grobstofflicher, flüssiger, gasförmiger sowie ätherischer Materie auf vier feinstofflichen Ebenen – aber Letztere haben wir noch nicht entdeckt.

Ihre Existenz wurde von dem großen Wissenschaftler und Psychologen Wilhelm Reich bewiesen, einem Kollegen und ehemaligen Assistenten Freuds. Er starb 1957 in einem amerikanischen Gefängnis. Er wurde verhaftet, weil er erklärte, Krankheiten mit Instrumenten heilen zu können, die, wie er – richtig – behauptete, Materie aus den ätherischen Ebenen anzogen, welche er Orgonenergie nannte. Er sah darin ein großes Orgonenergiefeld und nahm korrekterweise an, dass sie überall im Universum vorhanden sei und der äußeren grobstofflichen Ebene zugrunde liege. Esoteriker unterscheiden vier ätherische Ebenen, die umso feiner werden, je höher sie schwingen. Die vierte ätherische Ebene liegt direkt über dem gasförmigen Zustand und ist unsichtbar, es sei denn, man besitzt ein ätherisches Sehvermögen. Die Realität dieser ätherischen Energie – die er als Orgonenergie bezeichnete – wurde von Wilhelm Reich in verschiedenen, sehr einfachen Experimenten bewiesen. Trotzdem wurde er verhaftet, weil er Apparate baute, die er Orgonakkumulator nannte, das waren Kästen, in denen die ätherische Energie – gewöhnlich aus den zwei unteren, der vierten und dritten ätherischen Ebene – akkumuliert wurden, um Krankheiten zu behandeln, darunter auch Krebs und verschiedene andere Leiden. In den USA galt das als illegal. Die US-Lebensmittel- und Arzneimittelbehörde ließ Wilhelm Reich verhaften und verweigerte ihm die Erlaubnis, seine Arbeit zu beweisen – Reich starb im Gefängnis.

Solange man die Realität der ätherischen Ebenen als feinere, subtilere Ebenen der Materie nicht versteht, kann man weder das Ufo-Phänomen noch die Entstehung der Kornkreise begreifen, weil zwischen ihnen ein Zusammenhang besteht.

Kommt die Wissenschaft der Entdeckung der vier Ebenen der ätherischen Materie schon näher? (März 2010)
Ziemlich nahe. Wissenschaftler haben bereits etwas postuliert, was sie „Dunkle Materie" nennen. Sie wissen, dass es sie gibt, können sie aber nicht lokalisieren. Ihre Berechnungen zeigen ihnen, dass da etwas ist, das ihnen entgeht, irgendeine Substanz, die nicht sichtbar ist. Sie können es nicht beweisen, aber alle ihre Berechnungen deuten darauf hin, dass solche Ebenen der Materie existieren. Es sind die ätherischen Ebenen der Materie. Sie müssten nur in irgendeiner esoterischen Zeitschrift blättern, um etwas über die ätherischen Ebenen zu erfahren. Aber sie stellen lieber für rund zwanzig Milliarden Euro einen Teilchenbeschleuniger her und verbringen Jahre damit, elektrische Ströme hindurchzujagen und sie immer mehr zu beschleunigen, um herauszufinden, was Materie ist. Sie könnten es leicht herausfinden, wenn sie beispielsweise nur einmal *Die Geheimlehre* von H. P. Blavatsky aufschlagen würden.

Einige Wissenschaftler kennen die Erkenntnisse Wilhelm Reichs, der 1939 etwas entdeckte, das er „Orgon" nannte. Das Orgon ist nichts anderes als die vier ätherischen Ebenen der Materie. Reich sah darin ein einziges Materiefeld. Tatsächlich ist es jedoch ein Feld, das in vier immer feinere Ebenen aufgeteilt ist. Einige Leute haben seine Experimente weitergeführt. Wie weit sie damit gediehen sind, weiß ich nicht. Viele Astronomen sprechen heute über Dunkle Materie. Sie wissen, dass Dunkle Materie etwas ist, das alle ihre theoretischen Experimente als existent aufzeigen, aber sie können noch nicht beweisen, dass es mehr als eine Idee ist.

Die Dunkle Materie ist also dasselbe wie das Orgon und wie die ätherischen Ebenen der Materie. Die Wissenschaftler werden das schon relativ bald entweder selbst entdecken oder gezeigt bekommen. Auf welchem der beiden Wege, weiß ich nicht.

Sie hatten bereits erwähnt, dass die Weltraumbrüder mit Wissenschaftlern in Russland und den USA zusammenarbeiten. Geschieht das bloß auf der mentalen Ebene, also durch Inspiration, oder arbeiten sie gemeinsam mit ihnen in Forschungslabors? Arbeiten die Weltraumbrüder mit altruistischen Wissenschaftlern oder mit Wissenschaftlern des Militärs zusammen? (März 2010)
Es stimmt, dass sie teilweise auch mit Wissenschaftlern in den USA und Russland zusammenarbeiten – sowohl auf der mentalen Ebene, durch Inspiration, als auch gemeinsam mit ihnen im Labor. Arbeiten die

Weltraumbrüder mit altruistischen Wissenschaftlern oder Wissenschaftlern des Militärs zusammen? Ja, tatsächlich mit beiden.

Was kann man tun, damit Wissenschaftler die Gefahren der radioaktiven Strahlung, die den Planeten Erde bedroht, anerkennen? (März 2010)
Bringen Sie es immer wieder zur Sprache. Schreiben Sie an Zeitungen, Fernseh- und Radiostationen. Reden Sie mit Journalisten vor Ort, damit es in die lokalen Zeitungen kommt und von dort dann in die großen Zeitungen gelangen kann. Nur Maitreya und das, was er zu sagen hat, werden unsere Wissenschaftler von der Begrenztheit ihres „brillanten" Verstandes überzeugen können. Sie verstehen einen Teil und denken, er sei das Ganze.

Was kann man auf der ersten ätherisch-feinstofflichen Ebene sehen und wie unterscheidet sich diese von der zweiten ätherischen Ebene? Wie unterscheidet sich diese wiederum von der dritten ätherischen Ebene? Was kann man auf der vierten ätherischen Ebene sehen? (März 2010)
Das ist wie bei allen anderen Dingen auch. Sie sehen die Ebene, auf der Sie sich befinden. Mit jeder Erweiterung des Bewusstseins, was eine Einweihung bedeutet, wächst auch die Fähigkeit, die Wirklichkeit zu erfahren, wie sie tatsächlich ist. Das, was man sieht und wahrnimmt, hängt davon ab, wie weit das ätherische Sehvermögen entwickelt ist. Um es einfach auszudrücken – und somit nicht unbedingt exakt: Je geringer das ätherische Sehvermögen entwickelt ist, desto unschärfer ist die Wahrnehmung auf der ätherischen Ebene. Je weiter das ätherische Sehvermögen entwickelt ist, umso subtiler wird das Wahrnehmungsvermögen auf der ätherischen Ebene. Man kann dann auch die Wahrnehmungsebene wechseln und feinstoffliche statt grobstoffliche ätherische Materie sehen.

Künftig werden sich immer mehr Kinder inkarnieren, deren ätherisches Sehvermögen bereits etwas entwickelt ist. Es handelt sich dabei um eine Entwicklung des Auges. Sobald genug Kinder die Fähigkeit erkennen lassen, dass sie Dinge wahrnehmen, die andere nicht sehen können, werden die ätherischen Ebenen bekannt und akzeptiert werden.

Physiker setzen die Suche Einsteins nach einer Weltformel fort und versuchen eine allumfassende, vereinheitlichende Theorie der vier Grundkräfte des Universums zu finden – Starke Kraft, Schwache Kraft,

Schwerkraft und Elektromagnetismus. (1) Gibt es ein vereinigendes Prinzip? (2) Kann die Stringtheorie eine annähernd genaue Beschreibung unseres Universums liefern? (3) Wie lange wird es Ihrer Ansicht nach dauern, bis die ätherischen oder feinstofflichen Ebenen weitgehend bekannt sind und – vor allem in der westlichen Welt – als Bestandteil unserer stofflichen Realität akzeptiert werden? (Juni 2008)
(1) Ja. (2) Ja. (3) Etwa 30 Jahre.

Umweltverschmutzung und radioaktive Strahlung

Kürzlich kam in den Nachrichten ein Bericht über das Projekt ITER (Internationaler Thermonuklearer Testreaktor), das ist ein Atomreaktor, der auf Kernfusion basiert. Er soll die gegenwärtigen Reaktoren, die mit Kernspaltung arbeiten, ersetzen. Es handelt sich um einen 500-Megawatt-Reaktor (Reaktoren mit Kernspaltung liegen bei 1000 Megawatt), der erst in dreißig bis vierzig Jahren betriebsbereit sein soll.

Es heißt, dass er sicherer sei als Reaktoren, die auf Kernspaltung basieren. (1) Stimmt das? Im Gegensatz zur kalten Kernfusion benötigen diese Reaktoren enorme Hitze, um funktionstüchtig zu sein. (2) Ist die kalte Fusion denn nicht die bessere Lösung, oder (3) produziert die kalte Fusion im Gegensatz zur „heißen" zu wenig Energie? (März 2004)
(1) Ja. (2) Ja. (3) Nein.

Sie behaupten, die Kernspaltungsenergie sei gefährlich, die Fusionsenergie jedoch nicht. In Japan werden Experimente mit der Kernfusion durchgeführt, die jedoch als gefährlich eingestuft werden. (Juli/August 2006)
Es wird zwar an vielen Orten der Welt mit Kernfusion experimentiert, aber bisher gab es noch keinen Versuch, der sich auch in kommerzieller Hinsicht gelohnt hätte. Es gibt eine noch zu entwickelnde Methode, die kostengünstig und sicher ist, bei der ein einfaches Wasserisotop verwendet wird.

Außerdem, und das ist wirklich kriminell, gibt es Fälle, wo die Verantwortlichen auf dem Sektor der Kernspaltung bereits entwickelte Pläne für eine Kernfusionsmethode aufgekauft und zu den Akten gelegt oder in ihren Safe eingeschlossen haben, um die weitere Entwicklung abzuwarten – die aber nie stattfinden wird, da sie den Interessen der Leute im Wege ist, die an der Kernspaltung Millionen verdienen.

Ebenso existieren bereits viele Pläne für Autos ohne Benzinantrieb, aber auch sie ruhen in den Tresorfächern großer Automobilkonzerne, bis die Ölquellen erschöpft sind.

Unser Planet bewegt sich geschwächt und kränkelnd durch den Weltraum; aufgrund unseres Ressourcenmissbrauchs und des widernatürlichen Wettbewerbs der Nationen haben wir unseren Planeten krank gemacht. Nach der Rettung der Millionen Hungernden müssen wir der Wiederherstellung und Gesundung unseres Planeten höchste Priorität einräumen.

Die schlimmste Verschmutzung, die alles – das Wasser, die Luft, die Flüsse, die Seen – vergiftet, ist die radioaktive Strahlung, die wir weder sehen noch messen können. Wir bauen überall auf der Welt Kernreaktoren, aber unsere Wissenschaftler können die Auswirkungen ihrer von Unwissenheit zeugenden Handlungsweise nicht sehen.

Am 16. Juli 2007 erschütterte ein Erdbeben der Stärke 6,8 das größte Atomkraftwerk der Welt im japanischen Kashiwasaki und verursachte in der Anlage einen Transformatorenbrand und einige Lecks. (1) War der Schaden gefährlicher, als die Regierung behauptete? (2) Gab es über dem Gebiet vor oder nach der durch das Erdbeben verursachten Störung irgendwelche Ufo-Aktivitäten? (September 2007)
(1) Ja. (2) Ja, vorher und nachher.

In einem Ihrer Bücher las ich, dass die Kernfusion ein sichereres Verfahren sei und unbegrenzt Energie produzieren werde. Inwieweit ist es den Wissenschaftlern bereits gelungen, die Entwicklung so weit voranzutreiben, dass sie der ganzen Welt zugutekommen kann? (Januar/Februar 2008)
Es gibt verschiedene Experimente mit der Kernfusion, wobei vereinzelte Wissenschaftler bereits einige Fortschritte gemacht haben. Es gibt jedoch ein einfaches, noch nicht entdecktes Verfahren, bei dem ein überall zugängliches, einfaches Wasserisotop verwendet wird. Wenn der Wille da wäre und auch nur ein Bruchteil der Milliarden, die für Atomreaktoren und Kernspaltung ausgegeben werden, für diese Aufgabe zur Verfügung stünden, würde es nicht lange dauern, bis die Kernfusion überall verfügbar wäre. Aufgrund der Allgegenwart der Atombombe setzen Politiker und Wissenschaftler irrigerweise weiterhin auf die Technik der Atomspaltung. Sie haben Angst im atomaren „Wettrennen" zurückzufallen.

Wie groß ist die Gefahr von Atomwaffen? (Juli/August 2009)
Die Entscheidung der Menschheit ist ausschlaggebend. Wenn wir Maitreyas Rat, Teilen, Gerechtigkeit, Frieden und richtige zwischenmenschliche Beziehungen zu etablieren, nicht beachten, wird diese Erde nicht weiterexistieren. Entweder wir teilen oder wir gehen zugrunde. Wir besitzen jetzt die mächtigste Waffe, die jemals entwickelt wurde, die Atomwaffe. Am Ende des Zweiten Weltkriegs wurden auf Japan zwei Atombomben abgeworfen. Im Vergleich zu den Atombomben von heute waren die damaligen wie Spielzeug, doch schon damals kamen durch sie Tausende von Menschen ums Leben. Es wird angenommen, dass heute neun Staaten (inzwischen zehn, wenn wir Nordkorea einbeziehen) über Kernwaffen verfügen. Das sind die offiziellen Zahlen; tatsächlich sind es jedoch vierundzwanzig Staaten, die offiziell oder inoffiziell über Atombomben verfügen. Wenn diese jemals zum Einsatz kämen, würde es für Abermillionen von Jahren auf dem Planeten Erde kein Leben mehr geben. Wir müssen jeder Form von radioaktiver Strahlung so schnell wie möglich ein Ende setzen.

Kann ein Atomreaktor, der nach seiner Fertigstellung nicht in Betrieb genommen, also nicht angeschaltet wurde, trotzdem eine Vergiftungsgefahr für Umwelt und Atmosphäre darstellen? (2) Kann ein Reaktor, der stillgelegt wurde, auch noch im Ruhezustand oder bei seiner Demontage eine Vergiftungsgefahr darstellen? (3) Wenn ja, wie groß wäre die Gefahr? (Oktober 2009)
(1) Ja. (2) Ja. (3) Das hängt davon ab, wie umsichtig dabei vorgegangen wird.

In Frankreich behaupten Atomgegner, dass fünfzig Millionen Menschen direkt oder indirekt durch Atomkraft und atomare Umweltverschmutzung ums Leben gekommen seien. Könnte Ihr Meister sagen, ob diese Zahl richtig ist? (Januar/Februar 2009)
Ich weiß nicht, wie die Leute auf diese Zahl kommen. Wie messen sie, wie viele Menschen infolge von atomarer Strahlung gestorben sind? Das zu ermitteln, ist unmöglich, es sei denn, man ist ein Meister. Mein Meister sagt, dass in den letzten drei Jahren weltweit ungefähr zweihunderttausend Menschen infolge von radioaktiver Strahlung gestorben sind, die auf Ebenen stattfindet, die bisher als für Menschen nicht relevant gelten. Das ist nur eine ungefähre Zahl, aber fünfzig Millionen sind es nicht.

Welche Bedeutung hat der russische Reaktorunfall in Tschernobyl hinsichtlich der Kernenergie als sichere Form der Energiegewinnung? (Juni 1986)
Es ist offensichtlich, dass dieser tragische Unfall wieder einmal deutlich macht, wie brisant und potenziell gefährlich unsere derzeitige Art der Kernenergiegewinnung ist. Bezeichnend war die Aussage beteiligter russischer Wissenschaftler, dass die Explosion und die anschließende Überhitzung der Brennstäbe nach dem derzeitigen wissenschaftlichen Kenntnisstand in keiner Weise hätten vorausgesagt werden können. Wenn das stimmt, könnte es ähnlich gefährliche Situationen auch in jedem anderen Kernkraftwerk auf der Welt geben. Daher gibt es nur eine Lösung für das Problem: die Stilllegung aller Atomkraftwerke und die Einstellung der derzeitigen Kernspaltungsmethode in der atomaren Energiegewinnung. Das würde Ressourcen für ein umfangreiches Forschungsprogramm für den Fusionsprozess freimachen, der theoretisch bereits machbar ist. Mithilfe eines überall erhältlichen einfachen Wasserisotops wird der zukünftige Fusionsprozess uns eine unbegrenzte und ungefährliche Energiegewinnung für unseren gesamten Bedarfshaushalt ermöglichen.

In seinen Erläuterungen zu der Nuklearkatastrophe von Tschernobyl sagte übrigens mein Meister, dass die Situation zwar ernst, aber die Strahlungsbelastung bei weitem nicht so weitreichend oder gefährlich gewesen sei, wie es in den westlichen Medien dargestellt wurde, und auch die Zahl der Toten nicht annähernd so hoch gewesen sei, wie im Westen angenommen wurde. Das wurde inzwischen auch von dem US-Generaldirektor der Internationalen Atomenergie-Organisation zugegeben. Mein Meister sagte auch, dass die Weltraumbrüder innerhalb einer Woche nach dem Unfall mit der Neutralisierung der stärksten Konzentration der radioaktiven Strahlung beginnen würden, soweit es ihnen nach karmischem Gesetz möglich sei. Sie hatten die Herren des Karmas um die Erlaubnis, für uns in dieser Weise tätig sein zu dürfen, gebeten und diese auch erhalten.

*Robert Hastings, Ufo-Forscher und Autor des Buchs **UFOs und Atomwaffen – Unheimliche Begegnungen in der Nähe von Nuklearwaffendepots** (veröffentlicht im Jahr 2008, auf Deutsch 2015), erzählte in einem Interview (**Share International**, März 2010), dass bei Atomraketen auf Luftwaffenstützpunkten Funktionsstörungen aufgetreten seien, während zur gleichen Zeit Ufos gesichtet wurden, die über den Raketensilos schwebten.*

Ehemalige Luftwaffenangehörige, die Hastings dazu interviewed hatte, meinten, dass Ufos bewusst auf ihre Fähigkeit, in die Funktionsweise von Atomraketen einzugreifen, aufmerksam machen wollten; den Beschäftigten, die diese Vorfälle miterlebt hatten, wurde untersagt, jemals darüber zu sprechen.

Können Sie bestätigen, dass die von Hastings erwähnten Ufos, die über verschiedenen Nuklearanlagen, Raketenstützpunkten und Kernkraftwerken schwebten, Säuberungsaktionen hinsichtlich der radioaktiven Strahlung durchführten, die in die Atmosphäre austrat? Oder ging es ihnen eher darum, auf ihre Fähigkeiten hinzuweisen? (März 2010)
Nein. Sie hielten sich dort zu Beobachtungszwecken auf, um die Konzentration der radioaktiven Strahlung aus den Nuklearanlagen zu messen. Die Behinderungen waren unbeabsichtigt. Im Laufe der Jahre haben viele Menschen berichtet, wie ihre Autos zum Stillstand kamen oder Lichter ausgegangen seien, während Ufos in der Nähe waren. Die Energie, die von dem Raumschiff ausgeht, hat eine Auswirkung auf die Motoren. Es ist nichts Außergewöhnliches, es ist lediglich eine Übergangserscheinung.

Im gleichen Interview spricht Robert Hastings von Berichten über den Tschernobyl-Unfall, denen zufolge ein „ein kugelförmiges Objekt einige Sekunden lang über dem zerstörten Reaktor geschwebt habe. Aus der Kugel seien dann zwei karmesinrote Lichtstrahlen auf den Reaktor gerichtet worden." Hat dieses Ufo die Auswirkungen der Strahlung neutralisiert? (März 2010)
Im Fall von Tschernobyl gab es den bewussten Vorsatz, die schädliche Strahlung über Russland und Europa zu verringern, obwohl der Unfall als solcher aus karmischen Gründen nicht verhindert werden konnte.

Rettung unseres Planeten

In einer britischen Fernsehsendung wurde kürzlich behauptet, dass die Erderwärmung zum großen Teil durch die Ozeane verursacht werde und daher völlig natürlich sei. Wie sehen Sie das? (Mai 2007)
Diese Ansicht ist sehr gefährlich und wird gerne von jenen akzeptiert, die froh wären, wenn wir nichts tun müssten, um unsere Kohlenstoffemissionen, die die Erderwärmung verursachen, zu verhindern oder zu reduzieren Es ist sehr wichtig, dass wir lernen, nicht nur mit der Erderwär

sondern auch mit den grundlegenden Veränderungen, die im Gefüge unseres Planeten stattfinden, zurechtzukommen. Unter den Wissenschaftlern gibt es viele Kritiker und viele Befürworter dieser Vorstellungen, und die Öllieferanten stellen natürlich nur diejenigen ein, die sagen, dass wir nichts zu befürchten hätten. Nach Ansicht der Meister – die Einzigen, die dies mit absoluter Gewissheit sagen können – werden achtzig Prozent des Temperaturanstiegs in der Welt vom Menschen verursacht. Zwanzig Prozent der Erderwärmung sind auf gewisse Veränderungen im Verhältnis zwischen Sonne und Erde zurückzuführen, die Maitreya selbst herbeigeführt hat, zum Teil auch deswegen, um uns darauf aufmerksam zu machen, dass es dringend notwendig ist, uns mit dieser Gefahr für das Leben unseres Planeten auseinanderzusetzen.

Einige Wissenschaftler behaupten, es sei Zeitverschwendung, zur Bekämpfung des Klimawandels Bäume anzupflanzen, da die meisten Wälder überhaupt keinen Einfluss auf die globale Temperatur hätten; äquatorferne Wälder könnten die Situation hinsichtlich der Erderwärmung sogar noch verschlechtern. Ich habe mich dazu entschlossen, bei jeder Flugreise ein Baumpflanzprojekt als Ausgleich für die Flugemissionen zu unterstützen. Ist das nur Zeit- und Geldverschwendung? Könnten Sie bitte etwas dazu sagen? (Januar/Februar 2008)
Nach meinen Informationen ist diese „wissenschaftliche" Behauptung falsch. Die Wälder am Äquator haben sogar den höchsten CO_2-Absorptionsfaktor, und bei allen anderen Wäldern liegt der Faktor der Absorption und der damit einhergehenden Umwandlung in Sauerstoff bei mindestens 30 Prozent.

Ist Abfallrecycling wirklich hilfreich für die Bekämpfung des Klimawandels? Manche Fachleute behaupten, dass dafür mehr Energie benötigt werde als für die Müllverbrennung. (Januar/Februar 2008)
Das Ziel des Recycling besteht darin, die Rohstoffe so sparsam zu nutzen, dass immer das Wohl des Planeten und seine geringstmögliche Zerstörung das Mittel der Wahl ist.

Lohnen sich diese vielen kleinen Maßnahmen wie, nicht zu viel Wasser zu verbrauchen, das Licht auszuschalten, besondere Glühbirnen zu benutzen und so weiter, oder verhindert das nur, dass man sich den wirklich großen Problemen stellt? (Januar/Februar 2008)
Das wirkliche Problem ist global und bedarf einer globalen Vereinbarung,

um unsere Ansprüche an die Weltressourcen drastisch zu reduzieren. In erster Linie müssen die Industrienationen ihren Lebensstil vereinfachen. Das könnte vielen Menschen sehr schwer fallen. Mit den von Ihnen vorgeschlagenen kleinen Schritten anzufangen, könnte ein guter Weg sein, sich Tag für Tag darin zu üben. Nehmen Sie es als ein gutes Training für die Zukunft.

Was halten Sie von der CO2-Abscheidung und CO2-Speicherungstechnologie, mit der Kohlendioxid abgetrennt und über lange Zeiträume unterirdisch gelagert werden soll? (Januar/Februar 2009)
Für Tausende von Jahren. Das Hauptproblem bei all diesen Ideen ist, dass der Abfall beseitigt werden muss. Die Nutzung von Nuklearenergie an sich wird nicht als Problem gesehen. Die Atomwissenschaftler sehen ein Problem in der Beseitigung des Atommülls, der durch die Nutzung von Kernenergie entsteht – er wird sogar in Meeren versenkt, in Stahl- und Betonbehältern. Dies bringt tiefgreifende Veränderungen der Meeresökologie mit sich. Es ist gegenwärtig schon schlimm genug, aber ohne den Einsatz der Weltraumbrüder wäre es unendlich viel schlimmer.

Durch die Lagerung radioaktiver Strahlung verändert sich das Klima, auch die Lebensbedingungen verschiedener Fischarten verändern sich. Aller Abfall, der sich angesammelt hat, wird als „Strahlung in geringem Umfang" eingestuft. Aber das hat nichts mit dem Umfang zu tun. Sobald der Abfall im Meer versenkt wird, ist dies verseucht; sie verfügen bloß über Geräte, die die Strahlung nur bis zu einer gewissen Stufe messen können. Alles, was darüber hinausgeht, ist mit ihrer Technologie nicht messbar und gilt daher als nicht relevant. Aber dabei handelt es sich um die gefährlichste Stufe radioaktiver Strahlung, von der sie nichts wissen.

Die Einlagerung von Kohlendioxid bringt ähnliche Probleme mit sich. Es muss irgendwo gelagert werden, wo es keinen Schaden anrichten kann. Und wo würde es keinen Schaden anrichten? Nicht vor meiner Tür, sage ich wie jeder andere auch. Das Problem ist, dass es nirgendwo sicher ist. Wo kann man Kohlendioxid in Behältern speichern und jahrtausendelang tief unter der Erde lagern, so dass es keinen Schaden anrichten kann? Sie wissen nicht, welchen Schaden es anrichten wird, ob Einsturzrisiken bestehen oder es durch die Kräfte im Erdinneren in Form eines Erdbebens wieder freigesetzt werden kann.

Das Problem wird immer vom falschen Ende her angegangen. Wir suchen nicht nach der Ursache, um sie alsdann zu beheben. Was verursacht dieses Problem? Was verursacht die Erderwärmung? Wenn die Vernichtung von Bäumen eine der Ursachen ist, dann müssen wir aufhören Bäume zu fällen, vor allem in den Urwäldern, deren Bäume große Mengen Kohlendioxid binden und dafür viel Sauerstoff in die Atmosphäre abgeben. Der Sauerstoffgehalt der Atmosphäre geht zunehmend zurück, und das Kohlendioxid kann nirgendwo mehr aufgenommen werden und heizt dadurch das Weltklima auf. Wenn wir also nicht so verschwenderisch mit dem Holz umgehen würden, könnten wir eine der Hauptursachen der Erderwärmung ausschalten.

Wir suchen nicht nach den Ursachen, weil wir von Ursachen nichts halten. Sie haben mit Gesetzmäßigkeiten zu tun wie Ursache und Wirkung, und davon halten wir nichts. Wir stehen lieber über dem Gesetz. Das heutige mechanistische Denken sucht nie nach der Ursache, weil es seine Technologien nicht ändern will. Ohne Holz geht es nicht, sagen wir. Was aber die reichen Staaten machen, ist, ihre Hartholzbaumbestände zu erhalten und sich das, was sie brauchen, in armen Ländern wie Brasilien, in Afrika und sonstwo zu besorgen. Wir zwingen diese Länder, ihre alten Wälder, die für die Menschheit absolut existenziell sind, zu fällen oder fällen zu lassen.

Wenn wir also in einer schwierigen Situation wissen wollen, was zu tun ist, müssen wir nach den Ursachen suchen. Und wenn wir sie gefunden haben, müssen wir versuchen, diese Ursachen zu beheben.

Wir können Teilchenbeschleuniger bauen, die 23 Kilometer lang sind, deren Fertigstellung zwanzig Jahre dauert und die Milliarden von Dollar kosten. Aber wenn Sie einen Esoteriker fragen, wird er Ihnen die Antworten geben. Kostenlos. Innerhalb einer Minute.

Biotreibstoffe werden als brauchbare, alternative Energiequelle besonders gefördert. Aber diese Biotreibstoffe werden auf Kosten der einheimischen Bevölkerung und ihrer Nutzpflanzen, der Wälder und ihres Wildtier- und Vogelbestands, der Luft, der Erde und der Wasserressourcen gewonnen. Wir befinden uns demnach wohl in einer Zwickmühle. Wie sehen Sie die Situation? (Dezember 2007)
Ich sehe darin eine weitere falsche Entscheidung der Menschheit, die, wie fast alle unsere Entscheidungen, heute von den Marktkräften (Maitreya nennt sie die Kräfte des Bösen) bestimmt wird, um eine Alternative zu unserer Abhängigkeit vom Öl zu finden. Nur Maitreya wird uns wieder zur Vernunft bringen können.

Welche Methode würde sich zur Beseitigung von Schadstoffen wie Kadmium, Blei und anderen Chemikalien im Erdreich am besten eignen? (Dezember 2007)
Für eine wirklich perfekte, endgültige Lösung müssen wir auf den Rat der Meister warten, aber es gibt vieles, was wir selbst dazu beitragen können, vor allem dadurch, dass wir damit aufhören, die Erde, die Flüsse und Meere als Müllkippen für unseren gierigen Wachstumswahn zu missbrauchen.

Haben Ökologen tatsächlich festgestellt, dass der Planet Erde nur noch 15 bis 20 Jahre überleben kann? Ist das nicht etwas übertrieben? (April 2008)
Nicht Ökologen, sondern die Meister haben erklärt, dass wir nicht mehr 50 bis 100 Jahre Zeit haben, um unseren Planeten zu retten (wie viele Ökologen meinen), sondern nur noch 15 bis 20 Jahre.

Wie können wir das ethische Dilemma sowohl der Übervölkerung als auch des Überkonsums auf der Erde in den Griff bekommen, damit dieser Planet zukünftigen Erdenbewohnern erhalten bleibt? (Oktober 2008)
Indem wir die Weltressourcen teilen.

(1) Könnte Ihr Meister sich bitte zu einem schwierigen wissenschaftlichen Problem äußern? Es geht um die Ansicht, dass die größtmögliche Beschleunigung grüner Technologie nicht ausreichen werde, um die Gefahren der Erderwärmung abzuwenden; darauf haben kürzlich die Wissenschaftsjournalistin Sharon Begley und der bekannte Naturwissenschaftler James Lovelock hingewiesen. (2) Wenn das zutrifft, würde Ihr Meister die von einigen vorgeschlagene Methode empfehlen, nach der landwirtschaftliche Abfallprodukte durch Verbrennung in einer sauerstoffarmen Umgebung zu Holzkohle abgebaut werden sollen, um so den Kohlenstoff abzuscheiden, den die Pflanzen während ihres Wachstums aus der Luft aufgenommen haben? (3) Oder würde er mit Freeman Dyson, einem der intelligentesten Menschen der Welt, übereinstimmen, dass wir aufhören sollten, uns Sorgen zu machen, und dass sich das Problem als gewaltiger Blindgänger herausstellen werde wie im Fall des Y2K-Computercodes zu Beginn des Jahrtausends, womit er Leute wie mich natürlich beruhigt, die in ihrer Meinung ständig hin- und her schwanken? (Mai 2009)

(1) Ja. Es gibt außer der Erderwärmung noch andere Faktoren, zum Beispiel die Abholzung. Der Verlust der vielen alten Bäume hat einen gewaltigen Sauerstoffverlust zur Folge, der wieder rückgängig gemacht werden muss. (2) Ja, das ist eines der Dinge, die wir für den Anfang tun könnten. (3) Nein, diese Haltung eines der „intelligentesten" Menschen der Welt würde in einer totalen Katastrophe enden.

*Wenn Ihr Meister davon spricht, dass die Städte der Zukunft menschlicher gestaltet und weniger dicht besiedelt sein werden, meint er damit auch, dass die globale Bevölkerungszahl sowohl auf dem Land, als auch in den Städten abnimmt? Und wenn ja, sind dafür die gleichen Faktoren verantwortlich, welche auch immer es sind, die bereits einen Bevölkerungsrückgang in Russland, Japan und einigen europäischen Ländern bewirken? Oder ist ein Bevölkerungsrückgang unvermeidlich, wie James Lovelock, Autor von **Das Gaia-Prinzip**, schreibt? Lovelock meint, dass aufgrund der Treibhausgase, die bereits in die Erdatmosphäre gelangt sind und dort noch Hunderte von Jahren verbleiben werden, die Erderwärmung um mindestens zwei Grad Celsius ansteigen werde, wodurch der Planet am Ende des Jahrhunderts nur noch Agrarprodukte für eine Milliarde Menschen produzieren könnte. (1) Ist diese Vorhersage aus Ihrer Sicht zu pessimistisch? (2) Oder ist sie richtig und, wie Lovelock sagt, nicht so düster, da eine Milliarde Menschen schon sehr viel seien und die Menschheit in der Vergangenheit noch viel härtere demografische „Engpässe" durchlaufen habe und inzwischen viel weiser und stärker geworden sei, um auch diese Situation zu meistern?* (September 2009) Wenn wir wenig oder nichts unternehmen, um der Erderwärmung in einem gewissen Maß Einhalt zu gebieten, könnten Lovelocks Prognosen durchaus richtig sein, obgleich die Erderwärmung auch die Kultivierung ganzer Landstriche in den subarktischen Regionen Nordeuropas, Russlands und Kanadas ermöglichen wird, in denen sehr viel Nahrung für die Welt erzeugt werden könnte. Wie auch immer, ich nehme an, dass Lovelock noch nichts von Maitreya und seiner baldigen Ankunft gehört hat. Dann nämlich werden wir Maitreya und seine Gruppe von Meistern um Rat fragen können, denn sie wissen, was zu tun ist, um die Erderwärmung einzudämmen und in den Griff zu bekommen. Mein Meister hat angegeben, dass diese Welt ohne weiteres 4,5 Milliarden Menschen erhalten und ernähren kann, und dass sich die Weltbevölkerung mit der Zeit auf diese Zahl einpendeln wird, aber nicht dadurch, dass viele aus Mangel an Nahrung sterben, sondern durch eine natürliche soziale Kontrolle des Sexualverhaltens und durch gerechtere gesellschaftliche Verhältnisse und Mitgefühl für alle Gruppen der Menschheit. Beispielsweise dient der Kinderreichtum der Familien in den ärmsten Ländern der Welt bisher der Absicherung der Eltern im Alter. Sie haben so viele Kinder, weil sie wissen, dass die meisten von ihnen noch vor ihnen sterben werden. Das ist ihre Form der Altersversicherung. Wenn Teilen und Gerechtigkeit in der Welt Wirklichkeit werden, werden sich diese schändlichen Zustände ändern, und dadurch wird die Bevölkerungszahl auf ganz natürlichem Weg zurückgehen.

Der „Stern", der Maitreyas Ankunft ankündigt

Im Dezember 2008 kündigte *Share International* in einer Pressemitteilung an, dass in sehr naher Zukunft ein großer heller Stern am Himmel erscheinen werde, um die Öffentlichkeit auf Maitreya und sein erstes Interview im US-amerikanischen Fernsehen aufmerksam zu machen. Dieses „sternähnliche Licht" war zunächst in der Weihnachtszeit in Norwegen und bald danach auch weltweit zu sehen. Dieses Phänomen wird bis zum Deklarationstag anhalten. Das sternähnliche Licht, das man sieht, ist jeweils eines von insgesamt vier gigantisch großen Raumschiffen, die rund um die Erde positioniert sind, damit immer eines von jedem Ort der Welt aus zu sehen ist.

Maitreyas erstes Interview
von Meister –, durch Benjamin Creme

In unmittelbarer Zukunft werden die Menschen auf der ganzen Welt ein außergewöhnliches und bedeutungsvolles Zeichen entdecken, das sich in ähnlicher Weise bisher nur einmal in der Geschichte ereignet hat: zur Zeit von Jesu Geburt. Damals erschien der christlichen Überlieferung zufolge ein Stern am Himmel und führte drei Weise aus dem Osten zum Geburtsort von Jesus. Heute wird erneut ein sternähnliches Licht zu sehen sein, dessen ungewöhnliche Leuchtkraft weltweit Aufsehen erregen wird. Was bedeutet das? Wie ist das möglich?

Die Antwort ist, dass dieses mysteriöse Ereignis den Beginn von Maitreyas Arbeit in der Weltöffentlichkeit ankündigt. Wenn dieses Zeichen am Himmel erscheint, wird er bald darauf sein erstes Interview im US-amerikanischen Fernsehen geben.

In dieser öffentlichen Sendung, bei der er noch nicht als Maitreya, als Weltlehrer auftritt, wird er seine Sichtweise hinsichtlich des Wirtschafts- und Finanzchaos darlegen, das derzeit die ganze Welt erschüttert. Er wird dessen Ursachen und Konsequenzen erklären und ansatzweise auch schon konkrete Vorschläge machen, wie das gegenwärtige schwere Los der Armen dieser Welt erleichtert werden kann. Auf diese Weise wird er die Öffentlichkeit auf seine Ideen vorbereiten, die er zu einem späteren Zeitpunkt ausführlich erläutern wird.

Wie werden die Zuschauer reagieren? Sie wissen noch nichts von seiner Herkunft, von seinem Rang. Werden sie ihm zuhören und über seine Worte nachdenken? Es ist noch zu früh, um es genau abschätzen zu können, aber Folgendes lässt sich schon jetzt sagen: Noch nie zuvor haben sie Maitreya gesehen oder ihn sprechen gehört und daher auch noch nie seine einzigartige Energie erlebt, die unmittelbar im Herzen spürbar wird. Auch historisch ist das eine einzigartige Zeit, weil ganze Nationen sich wie betäubt fühlen und sich Sorgen um die Zukunft machen. Es ist daher anzunehmen, dass viele, die seine Worte hören, offen dafür sind und mehr erfahren wollen. Nicht umsonst hat Maitreya geduldig auf diesen Moment gewartet, der ihm die Möglichkeit gibt, an die Öffentlichkeit zu treten; die Vereinigten Staaten von Amerika, um nur ein Beispiel zu nennen, hätten nicht eher reagiert. Jetzt ist zum ersten Mal seit vielen Jahren eine neue Regierung angetreten, und sie muss sich mit einem Finanzchaos, mit Arbeitslosigkeit und sozialen Unruhen von gewaltigem Ausmaß befassen. Für Amerika und für die ganze Welt ist jetzt der Augenblick der Wahrheit gekommen.

Nicht nur in den USA, sondern weltweit wird den Menschen bewusst, dass ein Wandel notwendig und möglich ist. Politiker und Ökonomen beschreiben die aktuelle Situation als „Abschwung" und als „Rezession". In Wahrheit jedoch erleben wir jetzt die letzten, taumelnden Bewegungen der alten Gesellschaftsordnung. Millionen von Menschen begreifen mittlerweile, dass ungezügelter Wettbewerb und Gier nicht der sicherste Weg für die Menschheit sind und dass solche materialistischen Doktrinen viele, die unvorsichtig oder leichtsinnig sind, auf eine „schiefe Bahn" geraten lassen, und schließlich eine internationale Krise wie die heutige heraufbeschwören.

Natürlich weisen viele reich gewordene Leute es weit von sich, dass der gegenwärtige Vertrauensverlust gravierend ist und durch dieselben Methoden verursacht wurde, denen sie ihren Reichtum verdanken, und sie halten es nur für eine Frage der Zeit, bis die Lage sich wieder beruhigt hat und die Geschäfte florieren.

Werden sie auf Maitreya hören und den Sinn seiner Argumente erfassen? Angesichts ihrer Arroganz und Selbstüberschätzung, in der sie versunken sind, vermutlich nicht. Allerdings sind viele andere weniger optimistisch, was eine Rückkehr zum Status quo angeht. Viele haben schmerzhafte Verluste erlitten und das Vertrauen in die alten Methoden verloren. Die Völker der Nationen sind reif und bereit für einen Wandel. Sie fordern Veränderungen und wollen ein sinnvolleres Leben führen. Maitreya wird die Welt an die Grundprinzipien erinnern, ohne die der Mensch keine Zukunft hat: Gerechtigkeit und Frieden. Und der einzige Weg dorthin besteht darin, die Ressourcen zu teilen. (*Share International*, Januar/Februar 2009)

[Anmerkung: Am 14. Januar 2010 gab Benjamin Creme anlässlich eines Vortrags im Friend's House in London bekannt, dass Maitreya sein erstes Interview im US-amerikanischen Fernsehen gegeben und Millionen Zuhörer, auch über das Internet, gehabt habe.]

Kann man irgendetwas tun, um Maitreyas Rückkehr in das öffentliche Leben zu beschleunigen, und wann etwa wird das sein? (Oktober 2008) Meiner Information nach wird das sehr, sehr bald sein – selbst nach unseren Maßstäben. Man hat mir seit etwa dreißig Jahren gesagt, er käme „bald", aber das sind Zeitmaßstäbe der Meister. Sie verfolgen einen zyklischen Arbeitsrhythmus von zweitausend Jahren, und daher sind einige Jahre für sie wie ein Sonntagnachmittag für uns.

Maitreyas Rückkehr folgt bestimmten Gesetzmäßigkeiten, vor allem Gesetzen, die unseren freien Willen betreffen. Seit dem Jahr 1982 hätte die Menschheit ihn durch einige wenige Initiativen jederzeit bitten können, sich der Weltöffentlichkeit vorzustellen.

Auf einer Pressekonferenz in Los Angeles im Mai 1982 teilte ich den etwa hundert anwesenden Journalisten mit (alle wichtigen US-Medien waren vertreten und auch die BBC), wo sich Maitreya aufhält – in der indisch-pakistanischen Gemeinde in London –, was ich bereits seit einigen Jahren wusste, aber bis dahin nicht bekannt geben durfte. Ich lud sie ein, nach London zu kommen und in aller Form nach ihm zu suchen. Sie mussten ihn nicht finden; ohne seine Hilfe konnten sie ihn auch nicht finden. Wenn aber ein, zwei oder drei angesehene und daher einflussreiche Journalisten nach London gekommen wären und in aller Form nach ihm gesucht hätten, hätte sich Maitreya ihnen gezeigt. Aber niemand unternahm etwas. So musste Maitreya den langen Weg in die Welt nehmen, der sich nun schon über dreißig Jahre hinzieht, weil die Menschheit nicht bereit war und ihre Medien nicht zum Handeln bewegen konnte. Die Medien reagieren nicht, wenn sie von der Menschheit nicht dazu angespornt werden – und so geschah nichts.

Es hat einige Zeit gedauert, bis Ereignisse wie der Börsenkrach, die Bankenkrise, die wir gerade beobachten, von selbst eintraten; die ökonomischen Blasen platzten, wie Sie wissen, nicht nur hier [USA], sondern auch in Europa und anderswo in der Welt. Maitreya hat den Kollaps bereits 1988 vorhergesagt und darauf hingewiesen, dass er in Japan beginnen würde. Und 1989 begann er tatsächlich in Japan, der Nikkei-Index fiel von 40 000 auf 7000 Punkte und blieb mehr als zehn Jahre bei 7000 bis 10 000 Punkten hängen. Der Zeitpunkt seiner Rückkehr in das öffentliche Leben hängt von der Menschheit ab. Wenn wir nicht handeln, kann auch Maitreya nicht handeln. Es gibt Gesetze, denen selbst ein so großer Avatar wie Maitreya unterworfen ist. Er kann nicht einfach kommen, wann Sie oder ich es wollen, und nicht einmal, wann er es selbst will.

Woran erkennen wir, dass Maitreya mit seiner Arbeit in der Außenwelt beginnt? (November 2008)
Wenn Maitreya an die Öffentlichkeit tritt, wird ein großer, hell leuchtender und weithin sichtbarer Stern am Himmel erscheinen.

Damit erfahren Sie aber noch nicht, wer Maitreya ist. Ich kann Ihnen auch nicht sagen, wie Maitreya aussehen oder wie er gekleidet sein wird. Sie müssen Maitreya selbst erkennen, aber nicht weil das ein Spiel ist, sondern weil Sie das, was er sagt, überzeugt. Es ist nicht wichtig, ob Sie glauben, dass es Maitreya ist. Wenn Sie einen Mann sehen, der über Teilen, Gerechtigkeit und Freiheit für jeden spricht, über einen grundlegenden gesellschaftlichen Wandel in den mitmenschlichen und internationalen Beziehungen, dann könnte Ihnen der Gedanke kommen: Ist das vielleicht Maitreya?

Maitreya ist nicht der einzige, der über Freiheit und Gerechtigkeit spricht, und ich bin auch nicht der einzige, der diese Themen anspricht. Ich bin nur der einzige, der sie mit Maitreya in Zusammenhang bringt, denn über diese Ideen sprechen die Menschen seit Jahren.

Bei der Geburt von Jesus erschien ein großer heller Stern am Himmel, der die „drei Weisen" zu ihm führte. In jüngster Zeit war, wie Job Mutungi in der **Kenya Times** *berichtete, eine Woche bevor Maitreya im Juni 1988 auf wundersame Weise in Nairobi erschien, „über der Stadt ein großer heller Stern zu sehen". (1) Waren das wirklich Sterne und*

wenn nicht, was war das? (2) Geschieht das immer bei der Ankunft eines neuen großen Lehrers? (April 1996)
(1) Es waren Raumschiffe. (2) Nein.

(1) Gab es wirklich drei historische Figuren, die als die „drei Weisen" bezeichnet werden? (2) Wer waren sie? (3) Warum haben sie nach Jesus gesucht? (Januar/Februar 2009)
(1) Ja. (2) Es waren Meister. (3) Sie „suchten" nicht nach Jesus. Sie kamen, um demjenigen ihre Aufwartung zu machen, der von Christus überschattet werden sollte.

(1) Ist der neue „Stern" der Stern von Bethlehem, der jetzt wiederkehrt, oder das von Jesus prophezeite „Zeichen des Menschensohnes am Himmel"? (2) Sind die vielen Phänomene in der letzten Zeit Zeichen für seine baldige Ankunft? (3) Wie erklären Sie die biblische Prophezeiung in Matthäus 24:29-31, wo Jesus sagt, er werde kommen „in den Wolken des Himmels mit großer Kraft und Herrlichkeit"? Und die Stelle im Alten Testament, in der es heißt: „Und bald wird kommen zu seinem Tempel der Herr, den ihr sucht; und der Engel des Bundes, den ihr begehrt, seht, er kommt, spricht der Herr Zebaoth." (Malachi 3:1) Hier ist von einem realen Tempel in Israel die Rede (zumindest nach meinem Verständnis). Das Problem ist, dass die Juden den alten Tempel Salomons nicht wieder aufgebaut haben. Diese Prophezeiung hat sich noch nicht erfüllt. (4) Wie wird das Ihrer Meinung nach geschehen? (Juli/August 2009)
(1) Der „Stern" ist das symbolische Zeichen des Menschensohns und kündigt Maitreyas erstes Interview im US-amerikanischen Fernsehen an, bei dem er aber noch nicht unter seinem Namen und als Weltlehrer auftreten wird, sondern als ganz normaler Mensch von heute. (2) Ja. (3) Maitreya kam am 8. Juli 1977 von seinem hoch in den Bergen des Himalaja gelegenen Rückzugsort hinunter nach Pakistan, hielt sich einige Tage dort auf, reiste dann am 19. Juli 1977 von Karatschi nach London – und kam daher „in den Wolken", was heutzutage jeder per Flugzeug tun kann. (4) Der „Tempel", der in diesem symbolischen Text erwähnt wird, bezieht sich nicht auf ein Gebäude. Maitreya hat gesagt: „Ich bin nur der Architekt des Plans. Ihr, meine Brüder, seid die bereitwilligen Erbauer des Tempels der Wahrheit" – eine geläuterte und gereinigte Menschheit, die in richtigen zwischenmenschlichen Beziehungen miteinander lebt.

Die Verbindung zwischen Maitreya und Wesen von anderen Planeten – insbesondere auch der Gedanke, dass große Raumschiffe den „Stern" darstellen sollen – verwirrt mich etwas. Welche Beziehung besteht zwischen Maitreya und diesen Wesen? Was haben sie mit seiner Rückkehr zu tun? (Oktober 2009)
Wir leben alle im selben Sonnensystem, einem gemeinschaftlichen System. Die Öffentlichkeit weiß im Allgemeinen nichts darüber oder glaubt nicht, dass es Leben auf anderen Planeten unseres Systems gibt, aber die Hierarchien aller dieser Planeten sind in ständigem Kontakt miteinander. Es gibt sogar eine Art Interplanetares Parlament, in dem alle Planeten vertreten sind. Die Weltraumbrüder sind hier, um den Menschen der Erde bei der Bewältigung der Probleme zu helfen, die wir aufgrund unserer Unwissenheit geschaffen haben, und sie arbeiten bei dieser Rettungsaktion mit Maitreya und unserer Geistigen Hierarchie zusammen.

Haben die vier „Sterne" noch andere Funktionen, als die, Maitreyas Ankunft anzukündigen? (März 2010)
Ja, sie sollen auch die Realität der Weltraumbrüder repräsentieren – das heißt, wenn bekannt wird, dass sie keine Sterne sein können, weil Sterne Millionen Kilometer von der Erde entfernt sind, wohingegen diese „sternähnlichen Lichter" sich in unserer Atmosphäre befinden. Was sind sie also? Sie sind Raumschiffe, die von verschiedenen Planeten gekommen sind und die Aufgabe übernommen haben, Vorboten von Maitreyas Ankunft zu sein – wie vor zweitausend Jahren zur Zeit von Jesu Geburt, als ein Raumschiff ausgesandt wurde, um drei Meister nach Bethlehem zu geleiten. Es ist eine Wiederholung jenes Ereignisses, nur dass es jetzt nicht nur drei Weise sind, sondern dass die ganze Menschheit davon erfahren wird.

Die Tatsache, dass wir diese „Sterne" voraussagen konnten [12. Dezember 2008], ist der Beweis, dass diese Information korrekt ist. Sie wurden kurz nach Weihnachten 2008 zum ersten Mal gesehen und werden inzwischen von Menschen auf der ganzen Welt beobachtet. Sie kündigten Maitreyas ersten Auftritt im Fernsehen an.

Wenn genug Menschen auf Maitreyas Lehre reagieren, werden sie ihn bitten, seine Ideen der ganzen Welt vorzustellen. Erst dann wird er seinen wahren Status bekannt geben. Maitreya wird im Fernsehen auftreten und weltweit zu sehen sein. Erstmals werden alle Menschen ihn sehen können. Deshalb sagt die Bibel: „Und es werden ihn sehen alle Augen." Es bedarf des Fernsehens, um das zu ermöglichen.

Der „Stern" tritt als Vorbote auf. Es ist eine symbolische Wiederaufnahme des Geschehens vor zweitausend Jahren, um jene zu überzeugen, die dazu bereit und aufgeschlossen genug sind, um es als symbolisches Ereignis zu begreifen, welches sie auf die bevorstehende Rückkehr des Christus, des Weltlehrers, vorbereiten soll, der dieses Mal weltweit bekannt werden wird.

Als der Christus das letzte Mal kam, hat kaum jemand in ihm den Christus erkannt. Er kam zu den Juden als ihr Messias in Gestalt von Jesus. Sie erwarteten den Messias. Doch als Jesus kam, haben sie, abgesehen von einigen wenigen, in ihm noch nicht einmal den Messias erkannt. Er hatte nur zwölf Jünger um sich, hinzu kam noch eine größere Gruppe von etwa 75 nicht so nahen Jüngern und weitere etwa fünfhundert Menschen, die interessierte Außenstehende waren. Das war alles. Das sah kaum wie eine Rückkehr des Christus in die Welt aus, was es jedoch war.

Die letzten drei Lebensjahre von Jesus, in denen er als „Vehikel" des Christus diente und von Maitreya überschattet wurde, haben das Gesicht der Welt verändert. Wir sind nun am Ende dieser Phase angelangt und treten in eine neue Phase ein, in der diesmal der Christus persönlich und für die ganze Menschheit in das öffentliche Leben zurückkehrt.

Die Wiederherstellung der Welt
von Meister –, durch Benjamin Creme

In beinahe jeder Hinsicht verschlimmert sich die Situation, mit der die Menschen weltweit konfrontiert sind, von Tag zu Tag. Das wirtschaftliche Chaos – das Resultat einer jahrelangen unzulässigen Gier und eines unbarmherzigen Wettbewerbs – macht die ehrliche, mühevolle Arbeit und die Hoffnungen von Millionen von Menschen zunichte. Im Großen und Ganzen machen die Männer des Geldes ungeniert und nach wie vor mit vollen Taschen weiter wie bisher, während Männer und Frauen in allen Ländern mit Arbeitslosigkeit, Armut und Angst zu kämpfen haben. Akkuratere Analysen des Klimawandels zeigen, dass dieser Planet unmittelbar vor einer irreversiblen Katastrophe steht, und auch an vielen anderen politischen Fronten läuten unüberhörbar die Alarmglocken, was den Stressfaktor erheblich erhöht. Wie viel mehr Druck kann die Menschheit noch ertragen? Wie lange noch wird sie ihr Schicksal einfach hinnehmen? Hoffnungslosigkeit kann Menschen zu Verzweiflungstaten treiben, und viele denken bereits an Revolution, auch wenn sich das vorerst noch nicht bemerkbar macht.

Hinter den Kulissen verfolgt Maitreya diese Ereignisse sehr aufmerksam und kommt zu Hilfe, wo immer es das Gesetz erlaubt. Geduldig wartet er darauf, dass die Reaktionen auf das Zeichen seiner Ankunft stärker werden – auf dieses „sternähnliche Licht von ungewöhnlicher Leuchtkraft", das bereits viele mit großer Verwunderung und auch Sympathie beobachten. Es wäre zu wünschen, dass über den „Stern" und seine mögliche Bedeutung öffentlich mehr diskutiert wird und man dieses Zeichen mit der Ankunft Maitreyas als Weltlehrer in Verbindung bringt. Je mehr darüber in der Öffentlichkeit gesprochen wird, umso besser sind die Menschen auf Maitreya vorbereitet. Es wird sich bald auch nicht mehr leugnen lassen, denn in Kürze wird die Venus weiterwandern und damit die Himmelsbühne für den Stern freimachen. Dann wird es keinen Zweifel mehr geben, dass der Stern existiert und jeder ihn sehen kann. Wenn es gelingt, in den Medien und im Internet eine entsprechende Diskussion anzuregen, wird es nicht mehr lange dauern, bis die Menschen Maitreya sehen und hören werden. Er wird jedoch nicht unter diesem Namen auftreten, damit die Zuschauer sich mit seinen Ideen und nicht mit seinem Status befassen.

Während sich die Wirtschaftskrise zuspitzt und die meisten vor allem Angst haben, den Unerschrockenen mimen oder zunehmend verzweifeln, zeigt sich in vielen Ländern bereits ein neues Verständnis für die Ursachen des Crashs – nämlich die Gier und das Wettbewerbsprinzip als Motor unseres Systems – und daher auch ein Verständnis für die Notwendigkeit des Teilens. Viele erkennen allmählich selbst, dass dies die wahren Ursachen sind und dass Teilen die Antwort auf Ungerechtigkeit und Krieg sein muss. Daher werden auch viele bereit sein, sich Maitreya anzuschließen. Diese Erkenntnis wird immer weiter um sich greifen, je mehr die Krise das brüchige Gefüge unserer überholten Strukturen und Formen erschüttert, die nicht mehr funktionieren und, selbst wenn man es versuchte, nicht mehr lange aufrechterhalten werden können. Wenn Maitreya spricht, wird er auf diese Zusammenhänge hinweisen und betonen, dass die Welt neue und bessere Strukturen braucht, die den wahren Bedürfnissen aller Menschen entsprechen. Seine Aufgabe ist es, diese wachsende Erkenntnis zu bündeln und zu stärken: die Erkenntnis der Einheit der Menschen, ihrer Zusammengehörigkeit, ihrer gegenseitigen Abhängigkeit und ihrer erwachenden Göttlichkeit. So werden Maitreya und die Menschheit zusammenarbeiten und sich gemeinsam für die Wiederherstellung dieser Welt einsetzen. (*Share International*, April 2009)

Den „Stern" bekannt machen

Seit über zwanzig Jahren warten wir auf Maitreyas Rückkehr in das öffentliche Leben, weil es zuerst einen weltweiten Börsenkrach geben musste. Maitreya hat 1988 einen Zusammenbruch vorausgesagt. Jetzt ist er endlich eingetreten, und jetzt können die Menschen in der ganzen Welt auch die Notwendigkeit der Veränderungen begreifen, die Maitreya fordert. Doch er ist noch immer nicht an die Öffentlichkeit getreten. Nun gibt es einen „Stern" am Himmel, der seine Ankunft ankündigt, aber es muss erst eine öffentliche Diskussion über die Bedeutung des „Sterns" geben, bevor seine Rückkehr stattfinden kann. Ich verstehe nicht, warum es dafür schon wieder eine neue Bedingung zu geben scheint. Könnten Sie uns erklären, warum das sein muss? (Mai 2009)

Wie Sie sagen, hat Maitreya bereits Mitte 1988 einen weltweiten Börsenkrach angekündigt, der, wie er sagte, in Japan beginnen würde. 1988 stand der Nikkei-Index bei 40 000 Punkten. Plötzlich brach er auf 7000 Punkte ein. Heute schwankt er bei 10 000 Punkten. Maitreya nannte die bis 1989 anhaltende japanische Konjunktur eine „Blase", die unvermeidlich platzen werde. Dem folgte der Kollaps der Märkte des Pazifischen Raums: Thailand, Malaysia, Hongkong, Singapur, Indonesien. Dann brachen die Märkte in Russland, Brasilien, Mexiko und Argentinien zusammen. Amerika und Europa haben, bis zu diesem letzten Debakel, eine Reihe von „Beinahekollapsen" überlebt.

Können Sie sich wirklich vorstellen, dass Maitreya gleich am Tag darauf erscheinen kann? Aber er hat uns ein Zeichen gegeben, ein „sternähnliches Licht von ungewöhnlicher Leuchtkraft" als Vorbote seiner Wiederkehr. Er möchte gern, dass es eine öffentliche Diskussion in den Medien gibt, damit eine allgemeine Erwartungshaltung entstehen kann. Ich habe nicht gesagt, dass seine Rückkehr davon abhängig ist. Das ist sie nicht, aber eine Diskussion würde Millionen Menschen zu Bewusstsein bringen, was gerade vor sich geht. Auch wenn Sie es bereits wissen und ungeduldig darauf warten, Maitreya zu sehen und zu hören, Milliarden von Menschen wissen es nicht. Haben sie nicht auch das Recht es zu erfahren? Gibt es einen besseren Weg, um ihnen von Maitreya erzählen zu können und gleichzeitig auf die Realität der

Weltraumbrüder und ihrer Raumschiffe, der sogenannten Ufos, aufmerksam zu machen?

Die Menschen wissen nichts von dem gewaltigen Ausmaß dieses Unternehmens, noch kennen sie die Gesetze, die es regieren. Sie wünschen sich etwas und sind voller Ungeduld, ihre Wünsche erfüllt zu sehen. Aber was tun sie, um das herbeizuführen? Im Allgemeinen wenig oder nichts. Wie Maitreya sagt: „Nichts geschieht von selbst. Der Mensch muss handeln und seinen Willen einsetzen."

Meine Kollegen und ich haben uns seit vielen Jahren unter Anspannung aller Kräfte bemüht, diese Informationen bekannt zu machen. Wir verbinden Maitreyas Rückkehr nicht mit einem Datum; wir wissen, dass er hier ist und dass er zum frühestmöglichen Zeitpunkt an die Öffentlichkeit treten wird.

Ich war am 23. April 2009 bei Ihrem Vortrag in London, wo Sie sehr eindringlich auf die Notwendigkeit hinwiesen, die Existenz des „Sterns" in den Medien (Radio, Fernsehen, Internet und so weiter) bekannt zu machen, damit eine öffentliche Diskussion über seine Bedeutung entstehen kann. Warum ist das so wichtig? (Mai 2009)
Maitreya wünscht eine so breite öffentliche Diskussion wie möglich, da sonst die Funktion des „Sterns" als Vorbote seiner Ankunft erfolglos wäre.

Sollten wir die Öffentlichkeit und die Medien noch deutlicher auf den „Stern" und die Weltraumbrüder und deren Verbindung mit Maitreyas Rückkehr hinweisen? (April 2010)
Sie können als Mitglied dieser Gruppe keinen Unterschied machen zwischen den Informationen über die Weltraumbrüder und der Nachricht über die Wiederkehr des Christus und der Meister der Weisheit. Beides ist Teil desselben Prozesses – kein Entweder-oder. Es handelt sich um die letzte Phase eines jahrelangen Prozesses, der bedeutet, dass Maitreya und die ihn begleitende Gruppe der Meister offiziell in die moderne Alltagswelt zurückkehren. Sie sind schon seit Jahren in der Welt und halten sich bereit. Es ist eine neue Phase, in der der „Stern" als Vorbote dieser öffentlichen Tätigkeit über Radio und Fernsehen dient.

Der „Stern" ist natürlich kein Stern. Er besteht aus vier riesigen Raumschiffen. Die „üblichen", „alltäglichen" Erkundungsschiffe haben nur einen Durchmesser von etwa sieben bis neun Metern, was auch schon relativ groß ist. Der „Stern" jedoch ist gigantisch, er hat die Größe von insgesamt fünf Fußballfeldern.

Wenn Sie die Öffentlichkeit auf den „Stern" aufmerksam machen, vermitteln Sie gleichzeitig zwei Aspekte der Geschichte: Er ist ein Vorbote der Ankunft Maitreyas in der Alltagswelt und ein Beweis für die Existenz der Weltraumbrüder. Diese „Sterne" müssen irgendwo hergestellt worden sein. Ich kann niemandem beweisen, dass sie auf dem Mars oder der Venus produziert wurden, aber so lauten meine Informationen, die ich an jeden, der es wissen möchte, weitergebe. In dieser Geschichte kommen also zwei wichtige Dinge zusammen: Einerseits Maitreyas Annäherung an die Öffentlichkeit, die mit einem Fernsehauftritt in sehr naher Zukunft beginnen wird (wenn auch noch nicht unter seinem Namen Maitreya), und andererseits das Wissen über die Realität von Ufos. Sie können nicht über das eine sprechen, ohne das andere zu erwähnen.

Wie viel Energie sollte diese Gruppe investieren, um die Medien sowie Astronomen auf den „Stern" aufmerksam zu machen? (April 2010)
So viel, wie Ihnen möglich ist. Den „Stern" bekannt zu machen, heißt, Maitreya bekannt zu machen. Das lässt sich nicht voneinander trennen. Wir sprechen nur deshalb über den „Stern", weil er auf Maitreya verweist. Der „Stern" ist nur wegen Maitreya da.

Es ist nicht sehr sinnvoll, zwischen den Informationen über Maitreya und den Informationen über den „Stern" zu unterscheiden. Je mehr Sie über den „Stern" berichten, desto mehr machen Sie Maitreyas Rückkehr bekannt. Sie können nicht nur über einen von beiden Aspekten reden. Der „Stern" hat für sich allein keine große Bedeutung.

Die Leute scheinen sich eher für den „Stern" als Ufo-Phänomen zu interessieren – also als Hinweis auf fliegende Untertassen –, statt auf Maitreya. Aber er ist ein Vorbote Maitreyas. Ihn als Vorboten Maitreyas bekannt zu machen, bedeutet auch, ihn als außergewöhnliches Ufo zu präsentieren.

Damit erfahren die Menschen von der Existenz der Ufos und von der Zusammenarbeit ihrer Insassen mit der Geistigen Hierarchie der Meister – also von einer gemeinsamen, großen Hierarchie in unserem Sonnensystem. Jeder Planet mit seiner eigenen Hierarchie steht in einer Wechselbeziehung mit allen anderen Planeten, die den Anweisungen des Sonnenlogos entsprechend zusammenarbeiten. Sie sollten daher diese Arbeit gedanklich nicht zergliedern. Alles ist Teil des Ganzen.

Wie kann man die Medien am besten auf den „Stern" aufmerksam machen? (April 2010)

...überlasse ich Ihnen. Jeder Mensch in jeder Gruppe hat Ideen – ...n Sie, was für Sie am besten ist. Versprechen Sie sich nicht zu viel von den Medien, aber das sollte Sie auch nicht davon abhalten, mit ihnen Kontakt aufzunehmen. Wenn Sie sich an die Medien wenden, werden diese dann vielleicht Astronomen in einem Observatorium befragen oder irgendeinen Laien, der glaubt, alles über den Himmel zu wissen. Sie werden sagen: „Vielen Dank. Nach unseren Informationen war das bloß Jupiter – oder Venus, Sirius oder irgendein anderer Planet oder Himmelskörper."

Die Medien wollen die Rückkehr des Christus und alles, was damit zusammenhängt, in den Schoß gelegt bekommen. Sie erwarten, dass alles, was es darüber zu wissen gibt, schon für sie parat liegt und sie nur hochschauen müssten und dann Maitreya, den Meister Jesus und alle anderen Meister und den „Stern" direkt vor ihrer Nase sehen würden. Sie wollen das alles auf einem Silbertablett serviert bekommen.

Wir müssen uns vergegenwärtigen, dass wir den „Stern" in unserer eigenen Erdatmosphäre sehen. Er ist nur ein paar tausend Meter von uns entfernt. Wenn wir Flugzeuge sehen, liegt deren Flughöhe zwischen etwa neun- und zehntausend Metern. Wir können sie nicht berühren, aber wir haben nicht das Gefühl, dass sie aus dem Weltraum kämen; wir halten sie nicht für Sterne oder andere Planeten. Wir wissen, dass es Flugzeuge sind. Genauso zeigt auch der „Stern" mit seinen Rotationen, seinen wechselnden Farben und unregelmäßigen Bewegungen sehr deutlich, dass er sich in unserer Erdatmosphäre befindet. Wenn Sie den „Stern" sehen, haben Sie nicht den Eindruck, dass er wie die Sterne Millionen von Kilometer von uns entfernt wäre. Beim Anblick der Sterne würden Sie aber niemals denken, dass sie sich direkt über Ihrem Kopf befänden. Da der „Stern" sich eindeutig in unserem Luftraum befindet, ist es offensichtlich, dass es sich nicht um einen Stern oder Planeten handeln kann. Er ist etwas anderes. In Wirklichkeit ist er ein riesiges Raumschiff.

Unser Hauptproblem beim Kontakt mit Medien und Astronomen bestand bisher darin, dass der „Stern" in der Regel noch nicht lange genug an einer Stelle zu sehen war, damit er Interesse hätte wecken können. Wissen Sie, ob sich dies in absehbarer Zeit ändern wird? (April 2010)
Sie meinen, dass Sie Informationen darüber erhalten würden, wann ein „Stern" erscheinen und für eine Weile zu sehen sein wird, zum Beispiel um 19 Uhr am Dienstag nächste Woche? Derartige Angaben zu machen ist unmöglich.

Sie müssen Gelegenheiten wahrnehmen, wenn Sie ihn sehen wollen. Wer den „Stern" bisher noch nicht gesehen hat, hat sich bloß noch nicht genug Zeit dafür genommen. Der „Stern" ist da. Er ist nicht ständig da, weil das nicht möglich ist. Insgesamt gibt es vier „Sterne", nicht hundertvier. Diese müssen hin und wieder ihre Batterien aufladen. Das bedeutet, dass sie für einige Stunden nicht im Einsatz sind, aber danach für einige Stunden wieder aktiv sein können. Sie tauchen nicht kontinuierlich auf, so dass Sie jedes Mal, wenn Sie nach oben blicken würden und der Himmel klar wäre, einen „Stern" sehen könnten. Das ist nicht der Fall.

Beim Kontakt mit Medien und Astronomen gibt es ein potenzielles Problem, wenn der „Stern" in der Nähe eines bekannten Himmelskörpers (zum Beispiel Venus oder Jupiter) erscheint. Das beeinträchtigt ihre Akzeptanz des Phänomens. Wird sich diese Situation mit der Zeit klären? (April 2010)
Nein, das glaube ich nicht. Es handelt sich hierbei um die uralte Reaktionsweise von Experten oder Autoritätspersonen. Was auch immer in ihren jeweiligen Kompetenzbereich gerät, tangiert auch ihre Voreingenommenheiten, ihre Glaubwürdigkeit, ihrer Divergenzen und Befangenheiten wie auch ihr Selbstverständnis, alles über ihr eigenes Gebiet zu wissen.

Sie müssen bedenken, dass die Vorstellung von fliegenden Untertassen in den meisten Ländern der Welt von den Medien bagatellisiert wurde. Seit über sechzig Jahren haben die Medien ihre ablehnende Haltung gegenüber einer eindeutigen und unvoreingenommenen Untersuchung dieses Phänomens deutlich gezeigt. Nichts wird heute ihre Einstellung dazu ändern.

Inzwischen glauben mehr Menschen denn je an die Existenz von Ufos. Aber seit über sechzig Jahren sind sie von den Medien bagatellisiert worden, und nun zu erwarten, dass Behörden eine unvoreingenommene Haltung gegenüber dem „Stern" einnehmen, oder dass Astronomen diesem Phänomen Glauben schenken, ist, ich will nicht sagen, töricht, aber es würde doch an ein Wunder grenzen.

Die Medien sind nicht auf Ihrer Seite. Es ist eine große Anstrengung, es bekannt zu machen. Aber das heißt nicht, dass Sie sich geschlagen geben oder aggressiv werden sollten. Sie sollten einfach weitermachen und den Medien Ihre Informationen präsentieren. Inoffizielle Medien wie YouTube sind bereits voll mit Geschichten über den „Stern", einige mit dem Titel „Maitreyas Stern", andere mit der Frage „Was ist dieses ungewöhnliche Objekt? Ist es ein Ufo?"

Genau das wollen wir den Medien vermitteln. Es müssen nicht in erster Linie die etablierten Medien sein. Allerdings gab es schon einen Bericht auf CNN in Texas, das war in den allerersten Wochen, nachdem der „Stern" aufgetaucht war und ihn jemand aufgenommen und das Video eingeschickt hatte. Das Video wurde im Fernsehen gezeigt, und ich habe es auch selbst auf YouTube gesehen. Es war ganz offensichtlich der „Stern". Es war ihnen nicht klar, worum es sich dabei handelte, aber die Moderatorin war völlig begeistert. Sie gratulierte dem Mann überschwänglich, der das Video von diesem außergewöhnlichen Objekt aufgenommen hatte. Seither gab es zwar auch andere Medienberichte, aber sie wurden nie weiterverfolgt. Es ist also schon möglich, die Medien dazu zu bewegen, über diese Geschichte zu berichten, aber sie tun es sicher nicht von sich aus.

Danke für die großartige Arbeit, die Sie seit so vielen Jahren gelassen und unermüdlich auf sich nehmen. Ich habe eine Frage, die mich seit einigen Wochen umtreibt: Warum haben Sie das Licht am Himmel „Stern" genannt, obwohl einige Ihrer regelmäßigen Leser wissen, dass es sich dabei um ein oder mehrere Ufos handelt?

Die Bezeichnung „Stern" könnte viele Leute verwirren, vor allem, wenn sie sich die Fotos und den Begleittext auf der **Share International***-Webseite anschauen, aus denen deutlich hervorgeht, dass er an vielen Orten in einer großen Vielfalt von Farben und Formen auftaucht, wieder verschwindet und sich willkürlich, anders als jeder andere Stern, bewegt, wie das nur ein Raumfahrzeug kann.*

Die Bezeichnung „Stern" könnte meiner Meinung nach die Öffentlichkeit, auch die Ufo-Gemeinde, dazu verleiten, die Geschichte als Unsinn abzutun. Wäre es nicht besser, das Täuschungsmanöver zu lassen und zu sagen, dass es sich um Ufos handelt? (Mai 2009)
Es ist kein Täuschungsmanöver. Da ich die Natur des „Sterns" kannte – vier gigantische Raumschiffe von mehreren Planeten unseres Systems – war es eine schwierige Entscheidung für mich, wie ich das Phänomen dem breiten Publikum und den Medien präsentieren sollte. Ich beschloss daher, dem Beispiel meines Meisters zu folgen. Er hatte es als ein „sternähnliches Licht von ungewöhnlicher Leuchtkraft" bezeichnet und es mit dem Stern, der die „drei Weisen" zum Geburtsort von Jesus führte, in Verbindung gebracht. Einige von uns wissen, dass auch der damalige „Stern" ein Raumschiff war, aber für Millionen Menschen ist er ein Wunderstern.

Da es kurz vor Weihnachten war, nannte ich es „Weihnachtswunder", weil ich davon überzeugt war, dass dies interessanter und zugkräftiger als die Ankündigung eines Ufos sein würde. In Großbritannien zumindest sind die Leute weitaus skeptischer, was Ufos betrifft, als in den USA beispielsweise. Natürlich stelle ich bei jedem Vortrag klar, dass das, was wie ein Stern aussieht, in Wirklichkeit eines von vier riesigen Raumschiffen ist. In einem Vortrag hat man Zeit und Gelegenheit, auf das Phänomen und seine Bedeutung näher einzugehen. In einer Pressemitteilung oder einer Anzeige muss man sich aus Platzgründen auf kürzere und prägnantere Formulierungen beschränken. Die Resonanz beim Publikum war ermutigend: Es schien interessiert und von der schieren Schönheit des Schauspiels fasziniert zu sein. Die Reaktion der Medien war gleich null, als sei die Erwähnung von etwas so Wichtigem wie dem Vorboten des Christus mit einem Informationsverbot belegt worden. Allerdings könnte es sein, dass das Medieninteresse jetzt einsetzt.

Das Verhalten des „Sterns"

Verändert der Stern seine Position und Farbe auf eine sehr subtile Weise, um die Leute unaufdringlich auf sich aufmerksam zu machen und sie nicht zu erschrecken? (April 2010)
Ja, genau. Das ist die Art und Weise, wie sich die Weltraumbrüder verhalten und wie sie beispielsweise auch die Kornkreise herstellen. Sie wollen mit der Erde Kontakt aufnehmen. Sie möchten, dass die Menschen verstehen können, was sie tun, wer sie sind und woher sie kommen, aber sie kennen auch die Verblendungen der Menschheit. Sie wissen, wie schnell wir Angst bekommen. Sie sehen es den Menschen an. Sie erleben häufig, dass Leute, die auf einem Feldweg plötzlich auf eine gerade gelandete Untertasse treffen, so erschrecken, dass sie davonlaufen. Das geschieht immer wieder. Es ist darauf zurückzuführen, dass sie von Regierungsstellen und in Filmen so negativ dargestellt werden.

Die Weltraumbrüder wollen niemanden erschrecken. Sie gehen hier ihrer Arbeit nach. Sie möchten, dass wir das wissen und anerkennen und dass uns bewusst wird, was geschieht, aber sie wissen auch, dass sie vorsichtig dabei vorgehen müssen. Also verrichten sie ihre Arbeit behutsam und in aller Stille, damit wir uns eine eigene Meinung bilden können. Auf diese Weise wird unser freier Wille nicht beeinträchtigt. Sie verletzten niemals freien Willen der Menschen.

Warum sieht der „Stern", das Raumschiff, so ähnlich wie Jupiter aus, und warum erscheint er zurzeit in der Nähe vom Jupiter? Was ist der Grund dafür, wenn es doch darum gehen soll, die Aufmerksamkeit auf den „Stern" zu lenken? (April 2010)
Er befindet sich nicht nahe an Jupiter. Jupiter bewegt sich in einer bestimmten Richtung. Er kann seinen Lauf nicht ändern. Seine Laufbahn bewegt sich um die Sonne. Er bewegt sich auf seiner eigenen elliptischen Bahn, die er nicht ändern kann. Aber der „Stern" unterliegt keinen astronomischen Gesetzmäßigkeiten. Er kann sich frei bewegen und sich nach Belieben höher oder niedriger positionieren.

Es stimmt also nicht, dass die „Sterne" sich wie Jupiter verhalten. Sie verhalten sich nicht wie ein Planet. Ihre Bewegungen können unregelmäßig sein. Sie können mal größer, mal kleiner erscheinen, sie verschwinden, kommen dann wieder, wechseln die Farbe, drehen sich, bewegen sich nach oben und unten oder seitwärts. Planeten ändern ihre Farbe nicht. Sie haben eine Farbe, und die bleibt gleich. Das Licht, das von einem Planeten ausgestrahlt wird, bleibt – was uns betrifft – immer gleich. Aber beim „Stern" gibt es eine Reihe von Farben. Er wechselt seine Farbe, von einer zur nächsten, über die gesamte Farbskala des Regenbogens.

Als Venus hoch am Himmel stand, dachte jeder, dass der „Stern" die Venus sei. Jetzt, wo Venus niedrig steht, hat Jupiter ihren Platz eingenommen. Vielen Menschen, die eigentlich die Geschichte von Maitreyas Rückkehr in die Welt glauben und sagen, dass sie ihnen sehr am Herzen liegt, fällt es äußerst schwer, die Geschichte vom „Stern" zu glauben.

Ich habe es selbst erlebt, dass manche Leute, selbst wenn sie etwas mit eigenen Augen sehen, das Offensichtliche immer noch nicht wahrhaben wollen, weil ihnen das Offensichtliche aufgrund ihrer Angst unbehaglich ist. Menschen haben Angst vor diesem komplexen Phänomen, und genau das hindert sogar Menschen, die wirklich an Maitreya glauben, daran, mit der gleichen Überzeugung an den „Stern" zu glauben. Sie lassen sich von anderen Leuten beirren, die es ihrer Ansicht nach besser wüssten und daher behaupten: „Ach, das ist wahrscheinlich Venus, Jupiter oder Sirius oder ein anderer großer Himmelskörper."

Wie kann man den „Stern" am besten beobachten? (April 2010)
Am besten mit einer auf einem Stativ befestigten guten Kamera mit Zoomobjektiv, damit man den „Stern" heranzoomen kann. Wenn man Mars, Jupiter, Venus oder andere Planeten heranzoomt, sieht man immer

bloß den Planeten. Aber wenn man Maitreyas „Stern" heranzoomt, erkennt man, dass er ein Raumschiff ist – meist in Diamantform, nur etwas abgerundeter.

Vielleicht können wir lernen, unsere Intuition einzusetzen oder auch sachliche Informationen zu nutzen, damit wir wissen, dass es der „Stern" ist. Wenn wir sicher sind, dass unsere Information richtig ist, können wir sie auch an die Öffentlichkeit, an die Medien weitergeben. (April 2010)
Ich habe alles genau dargelegt. Ich habe geschildert, wie sich der „Stern" verhält, und dass sich Sterne oder Planeten anders verhalten. Wenn Sie am Himmel ein Objekt sehen, das sich bewegt, das näher kommt, sich wieder entfernt, sich dreht und seine Farbe wechselt, dann wissen Sie, dass es nicht Jupiter oder Venus ist. Das ist eigentlich eine Frage des gesunden Menschenverstandes. Leute haben eine mystische Vorstellung von dem „Stern", aber er hat nichts Mystisches an sich.

Maitreyas möchte, dass der „Stern" auf der ganzen Welt bekannt wird und ihm den Weg ebnet. Daher denken die Leute, dass der „Stern" jede Minute, also Tag und Nacht, zu sehen sein sollte. Sie gehen davon aus, dass er sich ihren Erwartungen gemäß verhält, obwohl sie gar nicht wissen, was möglich ist. Wie oft tritt dieses Phänomen auf? Seit zweitausend Jahren ist nichts Vergleichbares vorgekommen, und damals geschah es in einem wesentlich kleineren Rahmen und mit nur einem Raumschiff.

Das derzeitige Phänomen ist ein gewaltiges Unterfangen. Diese riesigen Raumschiffe haben Antriebswerke, die direkt von der Sonne aufgeladen werden müssen. Abwechselnd steigt jeweils eines von ihnen für einige Stunden höher in die Atmosphäre auf, um näher an der Sonne zu sein und die Batterien wieder aufzuladen. Das bedeutet, dass sie nicht immer zu sehen sind. Sie sind also in einem bestimmten Rhythmus mal aktiv und mal nicht aktiv. Wie kommen manche Leute nur auf die Idee, dass es eine bessere Vorgehensweise geben könnte als die der Hierarchie, der Meister der Weisheit? Die Meister sind die am weitesten entwickelten Menschen auf dem Planeten Erde. Was veranlasst Sie zu der Vermutung, dass Sie besser wüssten als Maitreya selbst, was zur Bekanntmachung des „Sterns" und somit Maitreyas getan werden muss?

Werden Informationen über den „Stern" von Regierungen und Medien bewusst unterdrückt? (April 2010)

Von Regierungen werden die Informationen über den „Stern" nicht unterdrückt, aber mit Sicherheit von einigen Medien. Die Medien vertreten die Ansicht, dass das diesbezügliche öffentliche Interesse oder Aufsehen nicht ausreichend sei. Sie verfügen nicht über genug Informationen. Sie würden sofort ihre Kameraleute losschicken, wenn sie im Voraus wüssten, wo sich der Stern befindet. Und wenn ich ihnen mitgeteilt hätte, wann und in welchem Programm Maitreya auftreten würde, wären sie auch alle mit ihren Kameras angerückt. Sie würden versuchen zu beurteilen, ob diese Person Maitreya sein könnte oder nicht, und es am Ende doch nicht wissen. Maitreya ist ganz anders als die Vorstellung, die sie von Christus haben, so dass sie diese Person kaum für Maitreya oder Christus halten und ihn wahrscheinlich außer Betracht lassen würden.

Als Maitreya Kontakt mit der BBC aufnahm, wurde er am Ende abgewiesen. Er besuchte die BBC-Redaktion etwa um das Jahr 1986. Er wurde von dem Generaldirektor und von Mitarbeitern interviewed. Dabei wurden ihnen die letzten Stunden von Jesus am Kreuz gezeigt, wobei sie den Endruck hatten, selbst dabei zu sein. Sie haben es miterlebt. Sie haben es mit eigenen Augen gesehen. Sie haben es durchlebt. Sie haben die Qual, das Blut, das Volk erlebt, sie haben alles gesehen.

Maitreya hatte auch den Meister Jesus zu einem Treffen in die Redaktion gebeten, und er kam, so dass sie ihn ebenfalls kennen lernen konnten. Sie wurden gebeten und stimmten auch zu, eine große Pressekonferenz zu organisieren, auf der Maitreya auftreten und mit Journalisten sprechen und deren Fragen beantworten würde.

Aber sie unternahmen nichts dergleichen. Stattdessen wurde die Information zunächst der Queen unterbreitetet, die ihrer Meinung nach als Oberhaupt von Kirche und Staat an erster Stelle davon in Kenntnis gesetzt werden sollte. Vermutlich wussten sie, was die Queen tun würde, nämlich ihre Berater in der Kirche, den Erzbischof von Canterbury und die Bischöfe heranzuziehen. Sie berieten sich und waren der Meinung, dass er keinesfalls der Christus sein könne, wenn sie davon keinerlei Kenntnis hätten.

Daher wurde diese Information komplett ignoriert. Aus diesem Grund musste Maitreya den langen, langsamen Weg von nahezu dreißig Jahren einschlagen, er musste hinter den Kulissen arbeiten und Schritt für Schritt den Weg ebnen, um schließlich die Möglichkeit zu haben, wenn sich nun mit dem Zusammenbruch der Weltwirtschaft, den er bereits 1988 vorhergesagt hatte, ein Gelegenheitsfenster öffnet, an die Öffentlichkeit zu treten.

Manchmal bitten Leute aus der Gruppe den „Stern", sich zu zeigen, was dann auch hin und wieder, aber nicht immer geschieht. Warum zeigt er sich dann nur manchmal und nicht immer? Sollten wir darum bitten, dass der „Stern" sich zeigt? (April 2010)
Ich persönlich denke nicht, dass man darum bitten sollte, dass der „Stern" sich zeigt. Entweder Sie glauben daran, dass er da ist, und belassen es dabei, und wenn Sie ihn sehen, gut; und wenn Sie ihn nicht sehen, auch gut. Nicht jeder in den Gruppen sieht den „Stern", und es ist auch nicht so wichtig, ob Sie ihn sehen. Wichtig ist aber, dass ihn genug Menschen sehen und so darauf reagieren, dass die Medien das ernst nehmen. Je mehr darüber in den Medien gesprochen wird, desto besser wird Maitreya der Weg geebnet, da der „Stern" und Maitreyas Rückkehr miteinander verbunden sind.

Machen Sie das nicht zu einem persönlichen Anliegen. In den Gruppen stelle ich immer wieder fest, dass fast jeder das Verlangen hat, den „Stern" zu sehen. „Warum sehe ich den „Stern" nicht? Ich weiß, dass ihn manche Leute sehen. Haben sie einfach nur mehr Glück? Was habe ich getan, dass ich ihn nicht sehen kann? Ich kenne Leute, die meinen, einen guten Draht zu ihm zu haben und mit ihm tun zu können, was sie wollen. Und ich kann noch nicht einmal einen sehen." Damit wird er personalisiert. Mit der Persönlichkeitsebene der Gruppe hat er nichts zu tun.

Maitreyas Lichtschiff

Wozu braucht Maitreya sein Lichtschiff? Wozu benutzt er es? (April 2010)
Maitreya hat ein Lichtschiff, das man häufig in Form eines roten oder orangeroten Balls am Himmel sehen kann, und in dem viele Leute Platz haben. Er benutzt es, um herumzukommen und um den Menschen Ereignisse zu zeigen, bevor sie stattfinden.

Maitreya lebt abwechselnd, jeweils einige Jahre lang in einem der vielen Tempel in London, unterrichtet dort die Swamis und schickt sie anschließend als Lehrer in die Welt hinaus. Im Rahmen dieser Arbeit nimmt er auch immer wieder Leute in seinem Lichtschiff mit.

Die Meister sehen Ereignisse, bevor sie stattfinden. Sie wissen, dass sich diese Ereignisse auf der physischen Ebene niederschlagen und über die man beispielsweise in zwei Tagen in den Zeitungen lesen wird. Maitreya nimmt immer wieder Leute in seinem Lichtschiff mit und t ihnen, wie Ereignisse auf der höchsten Ebene stattfinden – Katastrophen, wie die Explosion von Bohrinseln oder das Ende einer Flugzeugentführung.

Ein Beispiel ist die Geschichte von drei oder vier Terroristen aus Nordafrika, die ein Flugzeug mit sechzig Leuten an Bord entführt hatten. Sie flogen von Ort zu Ort und niemand wollte ihnen eine längere Landeerlaubnis erteilen. Sie bekamen zwar weiteren Treibstoff, um woandershin zu fliegen, aber niemand wollte sie im Land haben. Das ging einige Tage so weiter. Die Weltmedien brachten die Geschichte Tag für Tag. Die Gruppe drohte, die Geiseln eine nach der anderen zu töten, bis ihre Forderungen erfüllt würden. Einen Mann brachten sie tatsächlich um und warfen seine Leiche aus dem Flugzeug. Schließlich landeten sie, glaube ich, in Algerien und erhielten dort Asyl. Aber sie waren immer noch ziemlich wütend und zunächst auch noch der Ansicht, dass sie, wenn nötig, alle Geiseln töten würden.

Maitreya nahm eine Gruppe von Leuten in seinem Lichtschiff nach Algerien zu dem Flugplatz mit, um mit ihnen die Maschine und ihre Insassen zu beobachten. Maitreya machte es möglich, dass seine Gäste im Lichtschiff die Leute unten wie durch ein Teleskop sehen konnten. Sie konnten die Mienen der Entführer sehen, die sehr wütend und erregt waren, weil sich die Situation nicht in ihrem Sinne entwickelte. Mittlerweile hatten sie aber schon nicht mehr vor, alle Geiseln umzubringen. Gleichzeitig dachten sie aber noch, dass das der einzige Weg sei, um zu bekommen, was sie wollten – Asyl mit Straffreiheit und ohne Schaden zu nehmen.

Maitreya sagte zu den Leuten in seinem Lichtschiff: „Seht sie euch an. In ihren Köpfen geht eine Veränderung vor. Ihre Entschlossenheit gerät ins Wanken." Die Leute im Lichtschiff beobachteten sie. Die Entführer waren sehr gespalten, und Maitreya sagte: „Sie überlegen sich, ob es die Sache wert ist. Sie denken: Ich weiß nicht, wie lange wir das durchhalten können." Maitreya sagte, „schaut genau hin", und deutete mit seinem Finger, den er dabei leicht bewegte, auf den Anführer.

Maitreya setzte mit seinem Finger ein gewisses Maß seiner Energie ein und berührte die Seele, das Herzzentrum auf der rechten Brustseite, wobei er darauf achtete, dass ihr freier Wille nicht verletzt wurde. Aber die Entführer mussten schon bereit gewesen sein, aufzugeben. Sie waren bereits so verwirrt, dass sie verärgert miteinander diskutierten. Maitreya sah, dass sie kurz davor waren, aufzugeben. Er sorgte nur dafür, dass das auch geschah. Aber er hätte es nicht getan, bevor sie nicht bereit dazu gewesen wären; im Innern hatten sie bereits aufgegeben.

Daraufhin lächelte der Anführer, dann lachten alle und führten zusammen einen kleinen Tanz auf, wobei sie sich an den Schultern hielten. So tanzten sie im Flugzeug herum. Dann warfen sie ihre Waffen weg, und alles war vorbei. Für solche Zwecke benutzt Maitreya sein Lichtschiff und zeigt Leuten Ereignisse, bevor sie geschehen.

Als Maitreya zu mir sagte, dass es bei seiner Wiederkehr Arbeit für mich gebe, sofern ich damit einverstanden sei, war eine meiner ersten großen Erfahrungen, dass mir gezeigt wurde, wie die Meister die Wirklichkeit sehen. Dabei befand ich mich in einer großen Lichtkugel. In diesem Licht sah ich, wenn ich meine Augen nach rechts wandte, alle Ereignisse der Vergangenheit, die immer noch stattfanden, wobei ich einige als historische Begebenheiten wiedererkannte. Wenn ich meine Augen nach links wandte, sah ich zukünftige Ereignisse, als würden sie bereits vor meinen Augen stattfinden. Auf dieser höchsten Ebene geschahen sie auch bereits, hatten sich aber noch nicht durch alle Ebenen hindurch auf der grobstofflichen Ebene niedergeschlagen. Sie waren also noch keine Ereignisse, würden aber dazu werden.

Ich sah mich, wie ich zu einer Menschenmenge sprach. Ich sah Menschenmengen durch die Straßen laufen und vor Freude weinen, weil der Christus wiedergekehrt war, und so weiter. Es war fantastisch – wie Sie noch sehen werden. So wird es nach dem Deklarationstag sein. Noch Wochen danach werden die Menschen wie elektrisiert sein. Ich konnte das alles vor mir sehen. Es hat bereits stattgefunden, nur noch nicht auf der physischen Ebene. Wir müssen begreifen, dass es Vergangenheit, Gegenwart und Zukunft nicht gibt. Es gibt nur diesen Moment jetzt. Das ist alles, was es gibt. Genau dieser Moment jetzt ist die Wirklichkeit.

Unsere verzerrte Sichtweise, unser illusionären Vorstellungen lassen uns an Vergangenheit und Zukunft denken, aber im Grunde gibt es nur das Jetzt. So sehen die Meister die Wirklichkeit. Deshalb ist es für sie auch schwierig, einem Ereignis ein konkretes, zutreffendes Datum, so wie wir es verstehen, zuzuordnen.

Viele sind enttäuscht, dass Maitreya seine Rückkehr in das öffentliche Leben anscheinend so lange hinauszögert. Das tut er nicht. Es dauert bloß länger, bis dieses Ereignis, das auf höheren Ebenen bereits stattfindet, sich auch auf der physischen Ebene realisiert.

Wir sind auch selbst dafür verantwortlich, wann ein Ereignis stattfinden kann. Das wird häufig überhaupt nicht bedacht. Wir haben enormen Einfluss darauf, was geschieht, und damit auch, wann es geschieht.

Wenn wir überhaupt nichts tun, dann findet ein Ereignis irgendwann statt. Wenn wir jedoch unseren Überzeugungen entsprechend handeln, dann erzeugen wir Umstände und damit einen Zeitfaktor für das Ereignis – es verzögert oder beschleunigt sich.

Diejenigen, die besonders bekümmert und deprimiert sind, die sich am meisten danach sehnen, dass Maitreya etwas unternimmt, um sich den Medien bekannt zu machen und mit seiner Arbeit loszulegen, sind genau diejenigen, die überhaupt nichts tun, damit das möglich wird. Sie haben nie einen Vortrag über Maitreya gehalten. Sie haben nie mit irgendjemandem darüber gesprochen oder ihrer Familie erzählt, was sie wirklich denken und hoffen. Sie behalten alles als inneres Geheimnis für sich.

Wir müssen dafür sorgen, dass etwas geschieht. „Der Mensch muss seinen Willen einsetzen und handeln", sagt Maitreya. „Nichts geschieht von selbst." Wenn wir wollen, dass etwas passiert, müssen wir unseren Willen einsetzen und es nicht dem Schicksal oder der Hierarchie oder der Zeit oder sonst jemandem überlassen. Wir müssen es tun.

Der „Stern", der Maitreyas Ankunft ankündigt

Am 12. Dezember 2008 kündigte *Share International* in einer Pressemitteilung an, dass in naher Zukunft ein sternähnliches Licht von ungewöhnlicher Leuchtkraft am Himmel erscheinen und Tag und Nacht an jedem Ort der Welt zu sehen sein wird – als Hinweis auf Maitreyas erstes öffentliches Interview im US-amerikanischen Fernsehen. Seit Januar 2009 treffen aus der ganzen Welt Berichte über diesen Stern ein, die in *Share International* sowie auf YouTube und in vielen weiteren Medien veröffentlicht wurden.

Boston, 3. Mai 2010

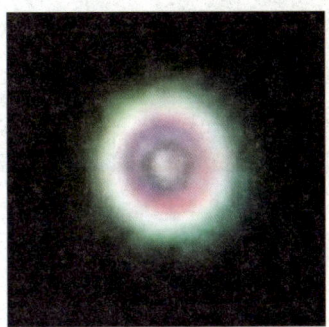

Berlin, 3. März 2010

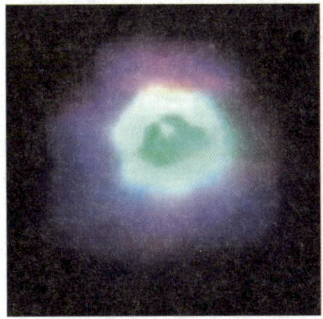

Oslo, 27. Januar 2009

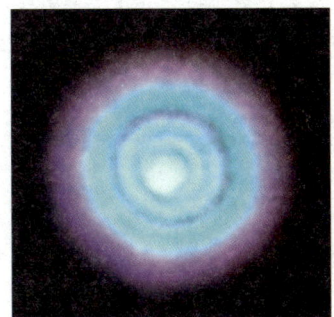

Boston, 11. April 2010

Spiralförmiges Licht über Norwegen

Über die riesige Lichtspirale mit ihrem leuchtenden Zentrum, die am 9. Dezember 2009 über Nordnorwegen fast eine Viertelstunde lang zu sehen war, wurde weltweit in den Medien berichtet. Benjamin Cremes Meister bestätigte, dass dieses Phänomen eine Manifestation des „Sterns" (eines von vier gewaltigen, rund um die Erde positionierten Raumschiffen) gewesen ist. Foto © Dagfinn Rapp

Kornkreis, Adams Grave, Alton Barnes, Wiltshire, 4. August 2003
Foto © Steve Alexander

Kornkreis, Hailey Wood, Ashbury, Oxon, 16. Juli 2007
Foto © Steve Alexander

Kornkreis, Milk Hill, Wiltshire, 12. August 2001
Foto © Steve Alexander
www.temporarytemples.co.uk

Jupiter-Ufo über Peru

Dieses Foto wurde am 16. Februar 1989 in Valle Sagrado Urubamba in der Gegend von Cuzco (alte Inkastadt) in Peru aufgenommen. Benjamin Cremes Meister hat bestätigt, dass das riesige Raumschiff vom Planeten Jupiter stammt. Das Raumschiff erschien in ätherischer Materie und war daher für die Leute nicht sichtbar. Es zeigte sich erst nach Entwicklung des Negativs.

Maitreyas Hand

Abdruck von Maitreyas Hand, den er 2001 auf einem Badezimmerspiegel in Barcelona, Spanien, manifestierte. Bei genauem Hinsehen zeigt sich, dass es sich dabei nicht um einen bloßen Handabdruck handelt, sondern um ein dreidimensionales, fotografisch detailgetreues Bild. Wenn Sie das Foto anschauen oder Ihre Hand darauflegen und Maitreya um Heilung, Segen oder Hilfe bitten, werden – im Rahmen des karmischen Gesetzes – seine Energien angerufen und freigesetzt. Näher als in dieser Form kann Maitreya uns nicht kommen, bevor er sich am sogenannten Deklarationstag der Menschheit offiziell vorstellt.

„Auf meine Hilfe könnt ihr euch verlassen,
ihr braucht nur darum zu bitten."

Maitreya, der Weltlehrer
Botschaft 49 vom 7. November 1978

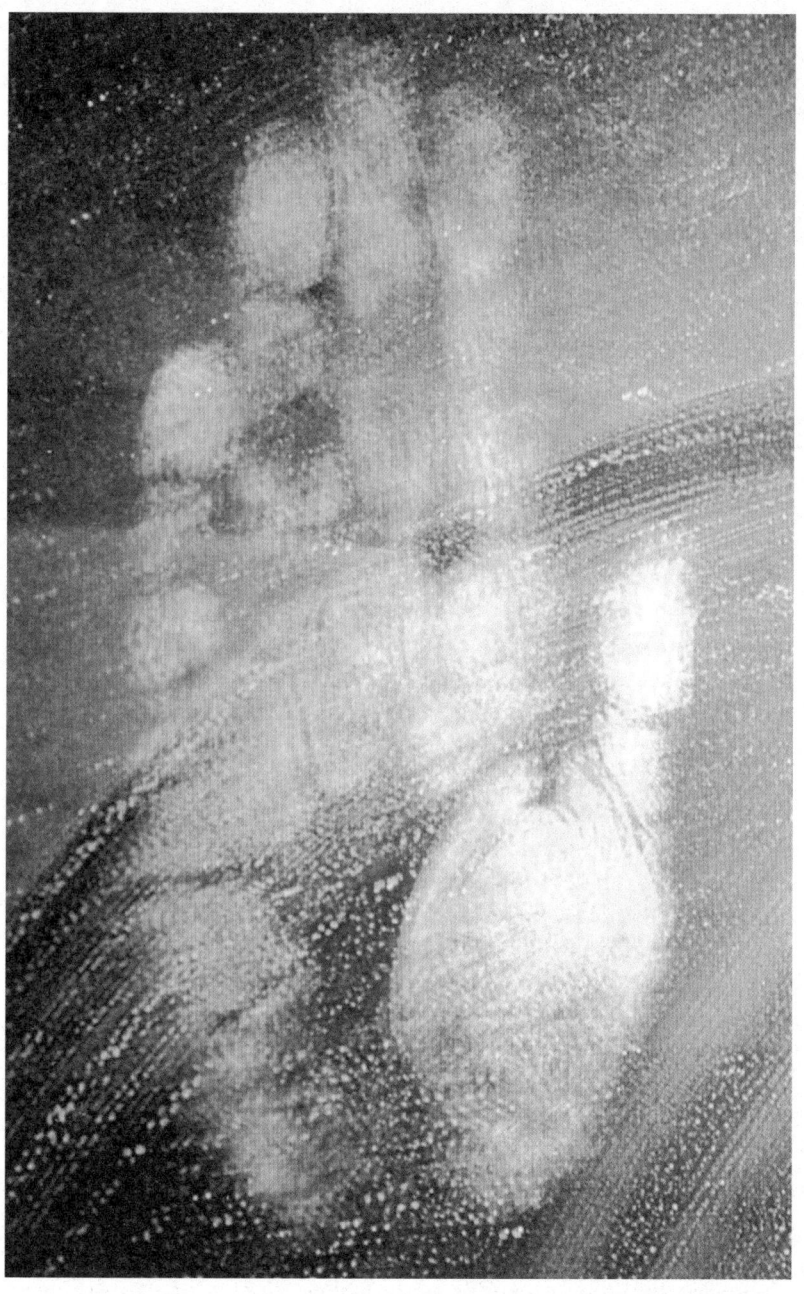

Teil zwei

Erziehung und Bildung im neuen Zeitalter

Die folgenden drei Artikel des Meisters von Benjamin Creme, die zunächst in **Share International** *und später in dem Buch* **Worte eines Meisters** *veröffentlicht wurden, sind die Ausgangsbasis von Benjamin Cremes anschließendem Vortrag und der darauffolgenden Fragen und Antworten.*

Die neue Erziehung
von Meister –, durch Benjamin Creme

Auf der Suche nach möglichen Kriterien für eine Erziehung im neuen Zeitalter ist es sicher sinnvoll, das eigentliche Ziel von Erziehung zu bestimmen und damit auch die Mängel gegenwärtiger Erziehungsmodelle zu erkennen. Zunächst muss man verstehen, wem Erziehung dienen soll und auf welchem Wege sie ihre Funktion erfüllt. Das ist vielleicht weniger eindeutig, als man auf den ersten Blick meinen könnte, weil der Mensch lange nichts von seiner wahren Natur und Konstitution wusste, deshalb den Teil für das Ganze hielt und sein eigentliches Wesen weitgehend ignorierte.

Als Seele in Inkarnation ist der Mensch ein angehender Gott, der sich unter dem Gesetz der Wiedergeburt langsam weiterentwickelt, bis er diese Göttlichkeit in ihrer ganzen Herrlichkeit beweisen kann. Erziehung im eigentlichen Sinne ist das Verfahren, mit dem ein Individuum durch die schrittweise Erweiterung seiner Erkenntnisfähigkeit sich für dieses Ziel schult und dafür geschult wird. Alles, was diesen Prozess fördert, ist Erziehung, wie formell oder informell die Methoden auch sein mögen.

Erziehung im heutigen Sinne ist eine eher klägliche Angelegenheit, da sie nur den Mindestanforderungen für ein Verständnis und eine Kontrolle der Umwelt des Menschen gerecht wird. Da die meisten Menschen mit dem täglichen Existenzkampf beschäftigt sind, gibt es nur wenige, die mehr als rudimentäre Kenntnisse über den Sinn des Lebens erwerben.

Es gibt heute noch Länder, in denen viele keine Schulbildung haben. Anderswo sind gut ausgebildete Leute ohne Beschäftigung, weil es an sinnvoller Arbeit fehlt. Die Ausbildung für den Job hat die Bildung für das Leben abgelöst, mit der Folge, dass sich die aus diesem Ungleichgewicht entstehenden Spannungen in Gewalttätigkeit entladen.

Bildung sollte die Absicht verfolgen, mit dem innewohnenden Göttlichen in Berührung zu kommen, es zu erkennen und zu offenbaren. Traditionell wurde diese Rolle der Religion zugewiesen, und eine religiöse Erziehung ist in vielen Ländern bis heute ein Bollwerk der Religionen geblieben. Da Religion aber nur einer von vielen Wegen zu Gott ist, muss man andere Möglichkeiten finden, damit alle Menschen auf ihre Weise das Göttliche erfahren und dementsprechend manifestieren können.

Diesem Ziel sollte sich die neue Erziehung zuwenden. Die Existenz der Seele, des göttlichen Mittlers, muss generell Anerkennung finden, so wie auch die Methoden der Kontaktaufnahme mit diesem höheren Prinzip Allgemeingut werden müssen.

Wenn die Strahlenstruktur, die Entwicklungsstufe und die Absichten der Seele erkannt und belegt werden können, wird man an die Erziehung von Kindern wie von Erwachsenen wissenschaftlicher herangehen und dem Prozess, durch den der Mensch lernt, ein Gott zu werden, mehr Bedeutung beimessen.

Für diese Entwicklung werden sich diejenigen, die im Erziehungssektor arbeiten, ernsthaft einsetzen müssen. Wer gerne junge Menschen unterrichten möchte, sollte sich gezielt auf diese Aufgaben vorbereiten. Wer sich den Herausforderungen einer Erziehung für das Leben in dem neuen Zeitalter, das nun vor uns liegt, stellen möchte, dem bietet sich hier eine Gelegenheit, der Welt zu dienen, wie nie zuvor.

Sobald die Menschen versuchen, die Probleme der Ausgrenzung und Spaltung zu bewältigen, werden sich ihnen ganz neue Perspektiven eröffnen. Das wird neue Kräfte wecken und zu Ausbildungs- und Lehrmethoden inspirieren, die die Menschen im Lauf der Zeit zu Gottes Füßen führen werden.
(*Share International*, Januar/Februar 1988)

Die Familie
von Meister –, durch Benjamin Creme

Die Familieneinheit ist die Grundlage der Gesellschaft. Ihre Bedeutung kann gar nicht genug betont werden. Diese Vorrangstellung wird heute durch Nachlässigkeit, durch Experimente und fehlendes Verständnis für die eigentlichen Bedürfnisse von Kindern allmählich untergraben.

Alle Kinder brauchen einen stabilen Rahmen, in dem sie wachsen können, und eine Mutter und einen Vater als Vorbilder dieses Prozesses. Dass nicht alle Eltern diese Stabilität bieten oder ein würdiges Beispiel geben, ist leider allzu wahr, und diese unglückliche Entwicklung wird von vielen Faktoren bestimmt: Mangel an Bildung, Armut, unzureichende Wohnbedingungen, Krankheit sowie verantwortungslose oder hilflose Erwachsene, die für die hohen Anforderungen des Familienlebens zu unreif oder ungeeignet sind.

Allerdings darf hier nicht unerwähnt bleiben, dass sich in jedem Land Millionen, die in großer Armut und ohne jegliche Annehmlichkeiten leben, tapfer und trotz schlechter Chancen meist erfolgreich bemühen, ihre Familien zusammenzuhalten und ihren Kindern ein stabiles und liebevolles Beispiel zu geben. Sie sind die namenlosen Helden, die mit ihrer Zielstrebigkeit und unermüdlichen Opferbereitschaft die besten Eigenschaften der Menschheit beweisen.

Die neue Erziehung muss sich mit diesem fundamentalen Problem befassen und sich um die Schulung und die Voraussetzungen für das Familienleben kümmern. Ist es nicht seltsam, dass dieser elementarste Aspekt des menschlichen Zusammenlebens nur so geringe Aufmerksamkeit erhält und so sehr den Launen des Zufalls überlassen bleibt?

In den meisten Ländern ist der Erhalt eines Führerscheins vom Alter und von einer mehr oder weniger strengen Prüfung abhängig. Ärzte und Krankenschwestern, Piloten und Zugführer – sie alle dürfen ihren sinnvollen Dienst erst nach entsprechender Ausbildung und sorgfältiger Vorbereitung ausüben. Und das ist auch richtig so. Gleichzeitig aber lässt man es zu, dass sich Millionen junger Leute in dieses Aufgabenfeld – das schwierigste auf der Welt – begeben, ohne in den meisten Fällen dafür geschult worden zu sein. Der simple biologische Drang, sich zu reproduzieren und das Diktat der biologischen Uhr der Frau gelten als ausreichend, um das Recht auf Vermehrung in einer bereits überfüllten Welt zu gewähren.

Wenn junge Paare mit der subtilen und schwierigen Kunst beginnen, Seelen in Inkarnation aufzuziehen und zu umsorgen, sind es meist nur die eigenen Konditionierungen, von denen sie sich leiten lassen. Diese Konditionierungen geben sie selbstverständlich an ihre Kinder weiter, und damit nehmen Torheit und Unwissenheit ihren Lauf. Aus diesem Grund ist es so notwendig, eine neue Einstellung zu dieser heiligen Aufgabe zu entwickeln.

Heute wird dieses Problem durch einen zusätzlichen Faktor kompliziert. Sexuelle Experimente im Bereich des Familienlebens werden immer häufiger und führen zu einer Verzerrung und einem Missverständnis der eigentlichen Eltern-Kind-Beziehung. Das Kind ist eine Seele in einer Familie von Seelen. Dadurch erhält die Familieneinheit die Gelegenheit, Karma abzutragen, das über viele Inkarnationen gemeinsam in wechselnden Verhältnissen entwickelt wurde.

Die Hierarchie der Meister der Weisheit ist Homosexuellen nicht feindlich gesinnt, aber dass homosexuelle Männer und Frauen zunehmend das Recht einfordern, Kinder aufzuziehen, beruht auf einem falschen Verständnis und ist für Kinder nicht hilfreich.

Alle Menschen sollten – unabhängig von ihrer sexuellen Orientierung – über die Dimension und den Sinn der Inkarnation tief nachdenken: das Aufziehen von Seelen, die eine Mutter und einen Vater brauchen, die ihnen sowohl ein Beispiel als auch den Beistand und die karmische Gelegenheit geben, zu wachsen und sich im Sinne des göttlichen Plans zu entwickeln. Wenn Menschen sich aus welchen Gründen auch immer für diese Aufgabe nicht geeignet fühlen, könnte es weise sein, in diesem Leben ein entsprechendes Opfer zu bringen und darauf zu verzichten.
(*Share International*, Oktober 2002)

Das Zeitalter des Lichts
von Meister –, durch Benjamin Creme

In jedem Jahrhundert gibt es einige Menschen, die ihre Zeitgenossen haushoch überragen. Ihre Begabungen sind offenkundig, ihr Genie wird von allen erkannt und bewundert. Es sind die großen Entdecker, Maler, Schriftsteller, Musiker und Wissenschaftler, deren Werk die Menschheit zu einer wachsenden Erkenntnis ihrer selbst und ihres Potenzials geführt hat.

In jüngerer Zeit lag das Hauptgewicht auf den Naturwissenschaften und der Erweiterung des menschlichen Wissens. Das hat einer bemerkenswerten Steigerung des menschlichen Denkvermögens den Weg geebnet, deren Ausmaß alle bisherigen Erwartungen übersteigt.

Man wird die kommende Zeit das Zeitalter des Lichts nennen und den Ursprung des Menschen auf Licht in jeglicher Bedeutung und Form zurückführen. Wer genauer hinschaut, kann bereits erkennen, dass der Mensch an das Tor pocht, das in die Kammer des Lichts führt. Die

...lte Blindheit und Unwissenheit weichen, da die Menschen sich mit den praktischen Folgen ihrer neuen Einsichten und Technologien auseinandersetzen. Bald wird der staunenden Menschheit die Wissenschaft vom Licht, die Göttliche Wissenschaft, vermittelt werden und damit ein wichtiger Meilenstein auf dem Evolutionspfad des Menschen erreicht sein.

Bisher haben nur wenige Spezialisten Zugang zu dieser Wissenschaft vom Licht, doch es wird bereits daran gearbeitet, sie der Allgemeinheit zur Verfügung zu stellen. Man wird den gesamten Bedarf an Strom und Licht auf sichere und einfache Weise decken können und dazu die Sonnenkraft nutzen.

Die Menschen werden gemeinsam, unter Maitreyas Banner in Liebe vereint, neue Wege zu den Sternen erkunden. Wenn der Mensch die Mysterien der Natur erforscht, wird sie ihre Geheimnisse lüften und zeigen, welche Ordnung und Schönheit allem zugrunde liegt.

So wird unter Maitreyas Anleitung und der seiner Jünger ein neues und einfacheres Leben beginnen. Frohen Herzens werden die Menschen ihre Streitigkeiten hinter sich lassen und einen neuen Bund der Harmonie mit allem Lebendigen schließen.

Seit langem schon suchen die Menschen vergeblich nach dem Schlüssel zu dieser ersehnten Harmonie. Immer wieder wurden ihre höchsten Erwartungen und Anstrengungen zunichte. Jetzt macht die aufkeimende Erkenntnis ihrer Einheit ihnen erstmals bewusst, dass sie teilen und sich in ihrer Lebensweise an gerechteren und sichereren Richtlinien orientieren müssen.

Die neue Epoche – die Epoche des Lichts – ist angebrochen. In dieser kommenden Zeit werden die Menschen die Inspiration und Führung bekommen, die ihre Vorfahren nicht hatten oder ignorierten. Jetzt endlich werden die Menschen und die Meister auf der Basis von Brüderlichkeit und Vertrauen zusammenarbeiten und gemeinsam weitergehen. Unser Beispiel wird die Menschen zu übermenschlichen Anstrengungen und Leistungen inspirieren und das göttliche Licht in alle Herzen und Köpfe lenken. So wird es sein. Damit werden die großen Geheimnisse der Schöpfung offenbar werden. Damit wird der Mensch zum Schöpfer und Lenker seines eigenen Schicksals werden – ein gottgleiches Wesen, das den Namen Mensch verdient
(*Share International*, September 1989)

Erziehung und Bildung im neuen Zeitalter

*Der folgende Artikel ist die überarbeitete Version eines Vortrags, den Benjamin Creme im August 2008 auf der Transmissionsmeditationstagung in der Nähe von San Francisco hielt (erstmals veröffentlicht in **Share International**, Januar/Februar-Ausgabe 2009). Die angeführten Zitate stammen aus den drei auf den vorhergehenden Seiten wiedergegebenen Artikeln von Benjamin Cremes Meister.*

Das Thema der diesjährigen Tagung heißt „Erziehung im neuen Zeitalter". Ich werde von einer Erziehung sprechen, die etwas anderes ist, als das, was heute darunter verstanden wird, da sie andere Ziele, Wege und Methoden verfolgt. Wenn die vom Meister empfohlenen Kriterien Anerkennung finden, werden sie die Erziehungsmodelle auf dem Planeten Erde völlig verändern.

Das eigentliche Ziel einer Erziehung im neuen Zeitalter
„Auf der Suche nach möglichen Kriterien für eine Erziehung im neuen Zeitalter ist es sicher sinnvoll, das eigentliche Ziel von Erziehung zu bestimmen und damit auch die Mängel gegenwärtiger Erziehungsmodelle zu erkennen."
Das ist natürlich die Voraussetzung. Wenn wir den Sinn von Erziehung nicht begreifen, wenn wir die Wesensnatur der Menschen, die wir erziehen sollen, nicht kennen, und wenn die gegenwärtigen Erziehungsmethoden und -ansätze nicht verändert werden, dann werden wir bei der Ausbildung von Jugendlichen und Erwachsenen im Sinne einer Vorbereitung auf das Leben und seine Qualitäten im neuen Zeitalter sicher keine großen Fortschritte machen.

Das Leben im neuen Zeitalter wird sich von allen bisherigen Erfahrungen auf diesem Planeten völlig unterscheiden. Niemand von uns, außer denjenigen, die schon sehr hoch entwickelt sind, hat bisher erfahren, was es bedeutet, unter der Anleitung der Meister der Weisheit die Stadien der Erkenntnis zu durchlaufen und dabei zunehmend den Sinn des Lebens zu begreifen.

In dieser kommenden Zeit werden die Meister im öffentlichen Leben stehen. Außer Maitreya sind bereits vierzehn Meister in die Außenwelt zurückgekehrt, mit der Zeit werden es etwa vierzig sein. Obwohl nicht alle im Bereich der Erziehung tätig sind, haben viele von ihnen in irgendeiner Weise doch auch damit zu tun. Ihre Jünger werden die Lehrer vor allem derjenigen Menschen – junge und alte – sein, die wahrscheinlich die Hauptaufgabe der Ausbildung und Erziehung aller Gruppen in dieser kommenden Zeit übernehmen werden.

Wenn die Natur der menschlichen Konstitution und die Ziele des Lebens auf dem Planeten Erde bekannt werden, und wenn die Welt durch Teilen, Gerechtigkeit und Frieden allmählich zusammenwächst, werden immer mehr Menschen das Bedürfnis haben, mehr über sich zu erfahren: wer sie sind, ihr Lebensziel und ihre Evolutionsstufe. Die Evolution wird ein weit verbreitetes Gesprächsthema und ein entscheidender Faktor auf dem Planeten Erde sein. Die Evolution des menschlichen Bewusstseins und die Entwicklung aller Naturreiche werden für alle maßgebend sein.

Wenn die Menschen sich allmählich ihrer Identität als Seelen in Inkarnation bewusst werden, können sie auch ihre Seelenqualitäten besser entfalten. Deshalb wird die Intuition, die heute bei vielen noch kaum eine Rolle spielt, immer aktiver werden. Wir werden intuitiv die Möglichkeiten und Bedeutungen erfassen, die den Erscheinungsformen des Lebens zugrunde liegen, und in jeder Hinsicht wissen wollen, wer wir sind: Warum wurden wir geboren? Wurden wir schon mehrmals geboren? Sind wir wirklich nach dem Gesetz der Wiedergeburt das Ergebnis einer Kette von Lebenserfahrungen? Ist die Wiedergeburt eine Realität?

Wenn Maitreya am Deklarationstag darüber spricht, werden viele es sofort akzeptieren. Aber schon jetzt glauben Millionen Menschen in irgendeiner Weise an Reinkarnation, vor allem Buddhisten und Hindus. Millionen Menschen werden anfangen, Fragen zu stellen. Sie werden wissen wollen, wie sich ihre uralten Glaubenslehren zu den Lehren der zeitlosen Weisheit verhalten, die von den Meistern anfänglich vereinfacht dargestellt und allmählich vertieft werden, bis sie zum Kern der Wahrheit vorstoßen können.

Mit der Zeit werden die Menschen begreifen, dass sie sich alle in unterschiedlichen Stadien als eine große Gruppe auf der Evolutionsreise befinden. Wir sind gemeinsam unterwegs auf einem Evolutionspfad, der auf etwas Gewaltiges zuführt, das wir gedanklich noch gar nicht erfassen können.

Ein Meister kann natürlich sagen: „Ihr werdet zu gottgleichen Wesen, die alle göttlichen Eigenschaften aufweisen." Wir aber wissen nicht einmal, was alles zu diesen göttlichen Eigenschaften gehört. Wir meinen vielleicht, die Intelligenz Gottes zu kennen. Zumindest haben wir eine dunkle Ahnung, was eine mächtige Intelligenz sein könnte oder eine

Fähigkeit, allumfassend und bedingungslos zu lieben. So stellen wir uns Gottes Liebe vor. Etwas so Unvorstellbares und Geheimnisvolles wie den Willen Gottes zu erfahren, wird allmählich für viele ein wichtiges Thema werden: Wie können wir Gottes Willen, seine Ziele erkennen, was ist das eigentlich und worin zeigt sich das? Welche weiteren Aspekte Gottes müssten wir kennen, um jene Aspekte, die wir meinen, bereits zu kennen, wirklich zu verstehen?

Diese Fragen werden mit der Zeit immer mehr Menschen beschäftigen. Um dieses Interesse zu fördern, ist es notwendig, dass sie mehr Informationen erhalten. Das ist das, was der Meister meint, wenn er von der Erziehung für das Leben, einer Erziehung für das neue Zeitalter spricht, in dem sich die Menschen als potenzielle Götter begreifen werden. Die Vorstellung, ein potenzieller Gott zu sein, ist etwas Inspirierendes. Dementsprechend wächst auch die Aspiration. Sie versuchen, sich dieser Idee der Göttlichkeit anzunähern, sobald der Gedanke, eine Seele zu sein, Ihre Vorstellungskraft beflügelt und Sie in Ihrem Inneren wissen, dass er wahr ist.

Wenn Sie Maitreya und die anderen Meister sehen, die mit ihm an die Öffentlichkeit treten, werden Sie erleben, wie gottähnliche Menschen aussehen und sich benehmen. Welche Art von Inspiration wird das für die Menschheit sein?

„Zunächst muss man verstehen, wem Erziehung dienen soll und auf welchem Wege sie ihre Funktion erfüllt. Das ist vielleicht weniger eindeutig, als man auf den ersten Blick meinen könnte, weil der Mensch lange nichts von seiner wahren Natur und Konstitution wusste, deshalb den Teil für das Ganze hielt und sein eigentliches Wesen weitgehend ignorierte."

Den Meistern zufolge ist die menschliche Konstitution dreifacher Natur. Auf der Ebene, mit der wir vertraut sind, besteht sie aus dem physischen Körper, dem Gefühlskörper und dem Mentalkörper. Der eine erzeugt in uns den Wunsch zu essen, der andere lässt uns je nachdem traurig oder glücklich sein, und der dritte sagt uns, wie spät es ist und dass wir den Bus verpassen, wenn wir uns nicht beeilen. Für die meisten Menschen ist dieser greifbare physische Körper, den wir im Spiegel sehen, alles, was wir sind. Man sieht im Spiegel, wie man älter wird – Woche um Woche, Monat um Monat, Jahr um Jahr werden die Wangen schlaffer, die Falten unter den Augen tiefer, das Haar schütterer. Wer oder was wird älter? Der Körper, der nur ein Instrumentarium, e Vehikel ist. Nach Ansicht der Meister besteht die wahre menschli

Konstitution darin, dass wir Funken des Göttlichen sind. Das Göttliche ist überall. Es gibt nichts anderes als das Göttliche. Wir leben in einem göttlichen, geistigen Universum. Das ist die Natur des Lebens.

Wir sind der göttliche Funke, der das ganze Potenzial des Göttlichen in sich trägt. In diesem Sonnensystem ist dieses Potenzial geringer als in einem höheren Sonnensystem wie dem Sirius, dessen Ausmaß an Göttlichkeit wir uns auch nicht annähernd vorstellen können. Es ist etwas Unendliches, Schöpferisches, das sich, aus unserer Perspektive gesehen, auf immer höheren Ebenen manifestiert. Was unser Sonnensystem angeht, werden wir die Evolutionsreise auf dem Planeten Erde vollendet haben, wenn wir unseren höchsten Aspekt in jedem unserer bisher niedrigsten Aspekte manifestiert haben.

Wir sind physische Wesen, wir sind die Seele, wir sind der göttliche Funke. Dieser göttliche Funke spiegelt sich in der individuellen menschlichen Seele wider. Diese Seele ist ein individualisierter Teil einer großen Überseele, die sich in Form des Menschenreichs manifestiert. Die menschliche Seele ist die Vermittlerin zwischen dem göttlichen Funken (der Monade in der theosophischen Terminologie) und dem Menschen auf der irdischen Ebene, der einen physischen, einen emotionalen und einen mentalen Körper besitzt. Diese drei physischen, emotionalen und mentalen Aspekte sind die Instrumente, mit denen die Seele das Leben auf der Persönlichkeitsebene erfährt.

So wie wir das Leben auf dieser Ebene – auf der physischen, der emotionalen und der mentalen Ebene – sehen, erfährt es auch die Seele auf dieser Ebene. Leider ist der Großteil der Menschen auf dem Planeten Erde so unentwickelt, dass wir der Seele kein annähernd klares, unverstelltes Bild vom Leben bieten können und sie es daher nicht wirklichkeitsgetreu sehen kann. Die Seele sieht nur das, was wir ihr präsentieren. Das ist ein Problem der Illusion. Die Menschheit lebt in der Illusion, dass das Leben sich nur auf der physischen, emotionalen und mentalen Ebene abspielt. Illusionen trüben – auf allen diesen drei Ebenen – den Blick für die Wirklichkeit, und daher bieten wir der Seele eine verzerrte Darstellung des Lebens.

Das Ziel auf der physischen, emotionalen und mentalen Ebene besteht darin, unsere Reaktionen auf unsere Umwelt steuern zu können. Auf der physischen Ebene haben wir das mehr oder weniger geschafft. Ich nehme nicht an, dass heute noch sehr viele Menschen auf der physischen Ebene „polarisiert" sind, wie man das nennt. Auf der physischen Ebene polarisiert zu sein, bedeutet, dass die Lebenseinstellung, der Bewusstseinsfokus auf die physische Ebene konzentriert sind. Vielleic noch einige Menschen, die kaum mehr als intelligente Tiere s

Heute sind 95 Prozent der Menschen auf der Astralebene p das bedeutet, dass ihr Bewusstsein dort angesiedelt ist. Das ist für die Evolution der Menschheit eine große Belastung, weil die Astralebenen die Ebenen der Illusion sind. Doch das wird sich in der kommenden Zeit allmählich ändern. Bereits jetzt stehen nahezu fünf Millionen Menschen an der Schwelle der ersten der fünf großen planetaren Einweihungen, die die letzten Lebensrunden des Evolutionsprozesses kennzeichnen und deren höchste Stufe der Rang eines aufgestiegenen Meisters ist.

Der Evolutionsplan entstammt der Gedankenwelt des unvorstellbar hoch entwickelten kosmischen Wesens, das den Planeten Erde beseelt, des Logos unseres Planeten. Unser Planet ist – mit allem, was sich darauf befindet, wir und alle Geschöpfe eingeschlossen, die je auf der Erde gelebt haben – das Manifestationsinstrument dieses großen Wesens. Sein Evolutionsplan für diesen Planeten ist auf den größeren Plan des Sonnenlogos abgestimmt. Der Sonnenlogos ist ein noch höher entwickeltes kosmisches Wesen, dessen Manifestationskörper das Sonnensystem mit unserem und allen anderen Planeten ist. Alle Planeten haben einen eigenen Logos, dessen Pläne mit dem des Sonnenlogos in Beziehung stehen. Dieser hat einen noch größeren Plan, weil er Bedeutungsebenen und Ziele erkennt, die über das, was andere planetare Logoi sehen können und bewirken wollen, hinausreichen.

Was den Planeten Erde anbelangt, sind die Meister der Weisheit und die Herren des Mitgefühls die Hüter dieses Plans. Sie haben die Aufgabe, den Plan mithilfe des Menschenreichs und der subhumanen und devischen Reiche auszuführen, soweit dies möglich ist. Die Meister kennen nicht alle den ganzen Plan, das ist entwicklungsbedingt. Höher entwickelte Meister wie Maitreya wissen sicher mehr über die Absichten des Logos als beispielsweise ein Meister auf der Stufe der fünften Einweihung.

Mit jeder Einweihung wird die Schwingung der Chakren des Eingeweihten mit einer symbolischen Platzierung des Initiations- und Kraftstabes erhöht. Die zwei ersten Einweihungen legt man vor Maitreya ab, die dritte und weitere vor Sanat Kumara, dem Herrn der Welt, auf Shamballa. Die Einweihungen vermitteln einem stufenweise ein größeres und tieferes Verständnis für die außerordentliche Dimension des göttlichen Plans.

Dieser Plan berührt jeden Lebensaspekt auf dem Planeten Erde und bringt alle verschiedenen Aspekte miteinander in Verbindung. Denken Sie an das Menschen-, das Tier-, das Pflanzen- und das Mineralreich, an die außerordentliche Vielfalt und den Umfang der Deva- oder Engel-Evolutionen: der subhumanen Elementarwesen, der niederen Aufbaukräfte, der großen Devas, deren Körperdimensionen denen eines Kontinents entsprechen. Wir können uns das Ausmaß und die Vielfalt der Deva-Evolutionen gar nicht vorstellen. Alle diese Reiche und Evolutionen stehen in einer Wechselbeziehung. Nichts besteht für sich allein.

Im ganzen Kosmos existiert nichts getrennt voneinander. Jedes Atom steht mit jedem anderen Atom in Verbindung. Das ist die Realität, auf der die beiden großen Gesetze beruhen, die den Evolutionsprozess regieren. Manche glauben daran, manche halten sie für durchaus möglich. Für andere sind sie Tatsachen. Für manche sind sie Unsinn, nichts als Märchen. Das Gesetz von Ursache und Wirkung, das Gesetz des Karmas und das mit ihnen verknüpfte Gesetz der Wiedergeburt bestimmen den Evolutionsprozess. Das gehörte in der Menschheit insgesamt bisher nicht zu den Lehrinhalten. Die diesbezüglichen Informationen stehen seit langer Zeit jedem, der sich damit befassen wollte, zur Verfügung, aber bisher haben nur Menschen mit großem Wissensdrang diese Möglichkeit genutzt. Nur ein sehr kleiner Teil der Menschheit, das betrifft vor allem den Westen, nimmt das Gesetz des Karmas ernst. Sie machen Witze darüber, aber eigentlich glauben sie nicht daran.

Dieses Gesetz bringt alles miteinander in Verbindung. Indem man handelt, verursacht man etwas, setzt man etwas in Bewegung. Indem man spricht, indem man denkt, setzt man ebenso etwas in Bewegung. Es ist ein energetischer Vorgang.

Wir leben in einem energetischen Universum. Alles im Kosmos ist Energie: verschiedene Energien, die in verschiedenen Geschwindigkeiten schwingen. Die Schwingungszahl bestimmt die Form, die die jeweilige Energie annimmt. Das kann eine Galaxis, ein Sonnensystem oder ein Planet sein. Es kann ein Nashorn oder ein Mensch sein. Sie alle bestehen aus Energie. Es gibt nichts anderes als Energie. Das ist der wichtigste Lehrsatz der Esoterik. Die moderne Wissenschaft hat zunehmend Licht in diese Zusammenhänge gebracht, aber nur einige sehr motivierte und herausragende Wissenschaftler haben sich damit befasst, sich dieses Wissen der Esoterik anzueignen Alles, was Materie ist, kann auch als Energie verstanden werden. Ebenso kann alles, was Energie ist, sich als Materie niederschlagen. Materie und Energie sind Teile eines Ganzen und stehen als Polaritäten dieses Ganzen zueinander in Beziehung.

Seit Jahrhunderten identifiziert sich die Menschheit mit dem physischen Körper: „Das bin ich. Das da drüben sind Herr Soundso und Frau Soundso. Das sind ihre Kinder." In gewisser Weise stimmt das auch, ist aber nur ein Teil des Ganzen. Das Ganze ist ein dreifältiges Wesen: der göttliche Funke, die Seele und ihr Vehikel auf der physischen Ebene, die Persönlichkeit. Der göttliche Funke, der sich auf dieser Ebene nicht manifestieren kann, schafft sich daher einen Vermittler, schafft die Seele. Die Seele ist eine Spiegelung des Göttlichen, schwingt aber auf ihrer Ebene in einer etwas niedrigeren Frequenz, um als Vermittlerin zwischen dem Höchsten und dem Niedrigsten wirken zu können. Was wir für uns selbst halten, diesen physischen Körper, diese Emotionen und diesen denkenden Verstand, das sind nur Vehikel, Instrumente, damit die Seele sich mithilfe des physischen Körpers manifestieren kann.

Im Evolutionsprozess stirbt naturgemäß der physische Körper und mit ihm auch der Gefühls- und der Mentalkörper. Sie sind Teil des physischen Aspekts der dreifachen Konstitution. Allerdings bleiben drei permanente Atome Leben um Leben bestehen: das permanente stoffliche, astral-emotionale und mentale Atom. Alle anderen Atome kehren mit dem Tod des physischen Körpers in die Erde zurück. Diese drei permanenten Atome werden von Leben zu Leben weitergegeben und sichern den Fortbestand der Genealogie eines Menschen. Was wir vor Tausenden von Jahren waren, das wird an die Person weitergegeben, die wir in unserem jeweiligen Körper sind, und das wird auch in den nachfolgenden Körpern fortdauern, bis wir vollkommene Meister sind. Um die drei permanenten Atome herum schafft sich die Seele jeweils den neuen Körper.

Wir sind letztendlich und ausschließlich Seelen. Und wenn wir uns als Seelen verstehen, ist das das richtige Selbstverständnis. Leider tun das die meisten Menschen nicht. Wenn sie religiös sind, glauben sie wahrscheinlich an die Seele, wobei sie meinen, die Seele sei etwas, dem sie bei ihrem Tod begegnen. Das stimmt schon. Wir begegnen unserer Seele, wenn wir sterben, aber wir sind die Seele, ob wir „lebendig" oder „tot" sind

Das Göttliche, unser höchster Aspekt, manifestiert sich in der Seele auf deren Ebene, und die Seele manifestiert sich in ihrer Spiegelung, der Persönlichkeit auf der physischen Ebene. Die Seele legt den Körper des Kindes im Mutterleib an und erweckt ihn zum Leben, um sich in diesem neuen Körper entfalten zu können. Wenn alles gut geht und wir nicht rückfällig werden, kann jeder der aufeinanderfolgenden Körper die Seelenqualitäten immer besser widerspiegeln. Die Seele ist, was wir sind.

Der Meister Djwhal Khul, der Urheber der Alice-Bailey-Lehren, sagte in einem seiner Bücher, dass die Realität der Seele eines Tages wissenschaftlich bewiesen werde, und dass Frankreich die Ehre zukommen könnte, diese Realität zu beweisen.

Wir neigen dazu, den Teil für das Ganze zu halten. Die meisten Wissenschaftler meinen, dass dieser physische Körper alles ist, was es gibt: Wir haben ein Gehirn, und das ist alles. Sie können vor lauter Bäumen den Wald nicht sehen. Das ist das Resultat des 5. Strahls des konkreten Wissens oder der Wissenschaft, der für die weltweit enorme Erweiterung des menschlichen Bewusstseins auf der konkreten Ebene verantwortlich ist. Er kommt in unserer modernen Technologie zum Ausdruck, die in den letzten hundert Jahren unglaubliche Fortschritte gemacht hat. Aber im Vergleich zu den nächsten fünfzig bis hundert Jahren wird sogar das geringfügig erscheinen, so groß wird die Transformation des Lebens auf der Erde sein. Die Erkenntnisfelder, die sich uns über den Ebenen des Stofflichen eröffnen werden, sind so immens, dass wir einen ganz anderen Typus von Wissenschaftler brauchen, der sich von der eingeschränkten Sichtweise, den Teil für das Ganze zu halten, befreien kann.

Der Einfluss des 5. Strahls ist beides: ein Segen und ein Hemmnis. In den letzten hundertfünfzig Jahren war der 5. Strahl außerordentlich wirksam. Die Hierarchie hatte eine besondere Anstrengung unternommen, um diesen Strahl in der Menschheit einzuführen. Er hat dem menschlichen Verstand neue Perspektiven eröffnet und alle diese außerordentlich komplexen und komplizierten Manifestationsformen der Kommunikation auf physischer Ebene möglich gemacht. Er hat unser Technikverständnis verändert. Ich bin sicher, dass einige Forscher schon einen Schritt weiter sind und noch außergewöhnlichere Entwicklungen voraussehen können.

Dennoch neigen die heutigen Techniker noch dazu, den Teil für das Ganze zu halten. Damit eröffnet sich denen, die die Zusammenhänge bereits kennen, ein großes Erziehungsfeld. Ich meine damit auch Sie, weil das, was ich sage, vielen von Ihnen nicht neu ist. Sie wissen in mancher Hinsicht, dass der Teil nicht das Ganze ist, und dass es andere Perspektiven, andere Seinsebenen gibt, die angezapft werden und zum

Ausdruck kommen müssen, um das göttliche Potenzial des Menschen entfalten zu können.

Sie können sich nicht als Gott äußern, wenn Ihnen nicht beigebracht wurde, worin das besteht. Alle Menschen sind potenzielle Götter, brauchen aber eine Schulung, um dieses Potenzial zu verwirklichen. Alle kommen mit diesem Potenzial in die Inkarnation, das zwar entsprechend ihrer Evolutionsstufe unterschiedlich entwickelt, aber insgesamt höher ist als das, was sie gegenwärtig demonstrieren.

Es gibt noch heute Länder, schreibt der Meister, in denen viele nicht lesen und schreiben können. Das ist ein schreckliches Verbrechen, weil Grundschulbildung heute leicht und billig ist. In keinem Land der Welt müsste heute noch ein so hoher Prozentsatz der Bevölkerung analphabetisch sein. Doch Millionen Menschen in vielen Teilen der Welt sind noch heute völlige Analphabeten, die mit ihrem Daumen einen Abdruck machen müssen, um etwas zu unterzeichnen. Das ist nur eine Frage der Schulbildung.

„Als Seele in Inkarnation ist der Mensch ein angehender Gott, der sich unter dem Gesetz der Wiedergeburt langsam weiterentwickelt, bis er diese Göttlichkeit in ihrer ganzen Herrlichkeit beweisen kann. Erziehung im eigentlichen Sinne ist das Verfahren, mit dem ein Individuum durch die schrittweise Erweiterung seiner Erkenntnisfähigkeit sich für dieses Ziel schult und dafür geschult wird. Alles, was diesen Prozess fördert, ist Erziehung ..."

Es ist der Prozess, durch den der Gott im Herzen aller Menschen die Möglichkeit zur Manifestation erhält. Und wir brauchen Erziehung, damit das geschehen kann.

Erziehung ist eine Frage der Achtsamkeit. Damit können wir uns dem Leben öffnen und alle Dinge als gleichwertig erfahren, wobei die gesellschaftlichen Verhältnisse diesen Prozess häufig behindern. Das Leben schwingt wie Energie, und durch die wachsende Erkenntnis der Bedeutung und der Wirkung dieser Energie entwickeln wir uns weiter und können den Sinn des Lebens immer besser verstehen.

Es ist ein intuitiver Prozess. Unsere Intuition ist unmittelbare Erkenntnisfähigkeit. Wenn sie sich entwickelt und wir uns der Natur der Seele annähern, gleicht sich unser Bewusstsein der Seele an. Durch das, was wir Intuition nennen – ein Seelenaspekt – können wir dieses Bewusstsein demonstrieren. Wir wissen, weil wir wissen. Es ist nicht der rationale Verstand, der etwas entschlüsselt. Der rationale Verstand dient anderen, rationalen Zwecken. Wenn Sie einen Zug erreichen wollen, geben Sie sich zu einer gewissen Zeit an einen gewissen Ort, um diesen Zug zu erreichen. Aber wenn Sie etwas wissen wollen, dann ist es Ihr Bewusstsein, das Sie über die Intuition, die von der Seele stammt, über die Art einer Erfahrung aufklärt.

Wenn wir den Evolutionsprozess und – in den letzten Lebensrunden dieses Prozesses – die fünf Einweihungen durchlaufen, wächst die Intuition, weil wir als Seele wachsen. Die Göttlichkeit, das Bewusstsein und das Seelenlicht werden in der Persönlichkeit des Menschen auf der physischen Ebene manifest.

„Alles, was diesen Prozess fördert, ist Erziehung, wie formell oder informell die Methoden auch sein mögen." Wenn wir an Erziehung denken, denken wir gewöhnlich an die Schule. Wir sitzen in Schulbänken und schreiben Prüfungen. Der Lehrer spricht, und alle lehnen sich zurück und hören zu. Aber Erziehung kann auch informell sein. Der Meister sagt:

„Erziehung im heutigen Sinne ist eine eher klägliche Angelegenheit, da sie nur den Mindestanforderungen für das Verständnis und die Kontrolle der Umwelt des Menschen gerecht wird."

Sie leistet nicht einmal das. Schauen Sie nur, was weltweit mit unserer Umwelt geschieht. Wir wissen nicht, was wir tun sollen. Diese Situation übersteigt unser Verständnis und unsere Fähigkeit, sie zu bewältigen. Leider geben einige Regierungen wie gegenwärtig die der USA nicht einmal zu, dass etwas getan werden muss und dass mit unserer Umwelt etwas nicht in Ordnung ist.

„Es gibt nur wenige, die mehr als rudimentäre Kenntnisse über den Sinn des Lebens erwerben ..." Das trifft zu, weil die meisten Menschen im täglichen Existenzkampf aufgehen. Sie haben keine Zeit, Kraft oder Kapazität, die notwendigen Bücher oder Lehrer aufzutreiben, um sich mit dem, wonach sie suchen, vertraut zu machen. Die Menschen suchen nach Erkenntnis, nach Aufklärung, nicht nur nach einem besseren Job.

„Es gibt heute noch Länder, in denen viele keine Schulbildung haben. Anderswo sind gut ausgebildete Leute ohne Beschäftigung, weil es an sinnvoller Arbeit fehlt." Viele Länder haben die Köpfe ihrer Bevölkerung mit Fakten vollgestopft und halten das für Erziehung. Es sind keine Fakten über den Sinn des Lebens. Es sind Fakten, mit denen man beispielsweise einen Computer bedienen kann.

„Die Ausbildung für den Job hat die Bildung für das Leben abgelöst, mit der Folge, dass sich die aus diesem Ungleichgewicht entstehenden Spannungen in Gewalttätigkeit entladen." Die Menschen wun-

dern sich, weshalb Kinder häufig so gewalttätig sind, warum Leute Gewalttaten begehen, die sinnlos erscheinen. Der entsetzliche Druck, unter dem die Menschen heute in jedem Land leiden, der mühsame Alltag, der schiere Existenzkampf entziehen den Menschen die Lebenskraft und lassen sie verkümmern. Ihr Lebensgefühl wird von der Kommerzialisierung und deren Beschränkungen diktiert. Sie sehen, dass sie ohne Universitätsabschluss heute in den meisten Sparten keine Möglichkeit haben, mehr als einen untergeordneten Job zu bekommen. Das ist eine destruktive Situation. Menschen, die so fühlen, können ihre Selbstverachtung und ihren Schmerz selten lange ertragen, ohne dass es zu Gewaltausbrüchen kommt. „Ich bin hier!", sagen sie. „Ich existiere! Ich existiere wie jeder andere auch! Ich habe kein Geld. Ich weiß auch nicht, wie ich an Geld kommen soll, weil ich ungebildet bin." Das ist die Realität. Die Leute haben keine Ausbildung bekommen und denken, das Ziel von Bildung und Erziehung sei es, Geld zu verdienen. Aber das eigentliche Ziel von Erziehung ist, zu verstehen, wer und was wir sind, was es bedeutet, ein Mensch zu ein, und worin der Sinn des Lebens besteht.

Das wichtigste Prinzip des Lebens ist, dass wir nicht getrennt voneinander existieren. Die meisten Menschen fühlen sich isoliert: Sie fühlen sich der Gesellschaft und sich selbst als Teil dieser Gesellschaft entfremdet. Daher eskaliert die Gewalt. Sie schließen sich schon als Jugendliche zu kleinen Banden zusammen und lassen sich mit der Zeit auf raffiniertere kriminelle Unternehmungen ein. Sie nehmen Drogen und ruinieren ihr Leben und das der Menschen in ihrem Umfeld. Das wird zu einem gewaltigen Problem in ihrem Land.

In den USA ist das ein großes Problem. In diesem Land haben 90 Prozent aller Verbrechen mit Drogen zu tun. In England sind es etwa 85 Prozent. In Frankreich und Deutschland und jedem anderem sogenannten modernen, gebildeten Land sieht es ähnlich aus. Wir sind eigentlich nicht gebildet, weil wir nicht für das Leben, sondern nur für Beruf und Arbeit ausgebildet wurden. Einige Länder bilden ihre Leute besser für das Arbeitsleben aus als andere und sind daher im Wettbewerb besser, der das Wesen der Kommerzialisierung und der Marktkräfte ist. Die Menschen konkurrieren miteinander, um möglichst hohe Gewinne zu erzielen, an die Spitze zu kommen, mehr Erfolg zu haben, den Markt zu beherrschen. Aber das hat nichts mit dem wirklichen Leben zu tun.

„Bildung sollte die Absicht verfolgen, mit dem innewohnenden Göttlichen in Berührung zu kommen, es zu erkennen und zu offenbaren."

Wie viele tun das? Diese Erziehungsaufgabe wurde bisher der Religion zugewiesen: Die Priester wussten besser als alle anderen und erzählten allen, dass Gott sie liebe oder nicht liebe, je nachdem, was diese taten. Die Menschheit muss begreifen, dass wir alle Götter sind. Gott ist nicht bloß in den Vorstellungen, Dogmen und Doktrinen einer Religion zu finden. In keiner Religion der Welt ist Gott wirklich existent. Eine Religion kann uns helfen, das, was wir Gott nennen, zu verstehen und damit in Verbindung zu kommen; Maitreya sagte, die Religion sei wie eine Leiter, die einem helfen kann, auf das Dach zu gelangen. Sobald man auf dem Dach ist, braucht man keine Leiter mehr.

„Da Religion aber nur einer von vielen Wegen zu Gott ist ..."

Die Menschen müssen erkennen, dass Gott nicht nur in einer Religion lebendig ist, und dass man nicht religiös sein muss, um Gott zu erfahren. Gott sollte in jedem einzelnen Menschen, in jedem Aspekt seines Lebens, in jedem Augenblick tagtäglich zum Ausdruck kommen. Wenn wir alle in einem ständigen Kontakt ständen mit dem, was und wer wir im Inneren sind, dann wäre das auch möglich. In jedem Augenblick könnte das Göttliche durch uns hindurchscheinen, entscheiden, was wir zu tun haben, und bestimmen, was wir sind, wie wir uns verhalten und wie wir dieses Licht, das göttlich ist, verstehen und demonstrieren können. Dazu brauchen wir Bildung.

„... muss man andere Möglichkeiten finden, damit alle Menschen auf ihre Weise das Göttliche erfahren und dementsprechend manifestieren können. Diesem Ziel sollte sich die neue Erziehung zuwenden. Die Existenz der Seele, des göttlichen Mittlers, muss generell Anerkennung finden, so wie auch die Methoden der Kontaktaufnahme mit diesem höheren Prinzip Allgemeingut werden müssen."

Meditation jeder Art hilft uns, mit der Seele in Kontakt zu kommen; aus der Sicht der Hierarchie ist die Transmissionsmeditation die wissenschaftlichste Methode.

Viele werden nach dem Deklarationstag Maitreyas Aussage, dass wir alle Seelen und göttlich sind, ernst nehmen. Aber wie lange wird das anhalten, wenn das nicht sichtbar wird? Es wird einer jahrelangen gewaltigen erzieherischen Anstrengung bedürfen, bis das Gros der Menschheit sich zumindest intellektuell der Frage, was die Seele ist und was es bedeutet, eine Seele zu sein, öffnen kann.

Sobald das Prinzip des Teilens akzeptiert und damit das nötige Vertrauen geschaffen wird, um Kriege zu beenden, wird es den Menschen allmählich leichter fallen, die Realität der Seele nicht bloß intellektuell, sondern auch in ihrem Inneren zu verstehen und zu akzeptieren. Dann werden „die Methoden der Kontaktaufnahme mit diesem höheren Prinzip Allgemeingut werden".

„*Für diese Entwicklung werden sich diejenigen, die im Erziehungssektor arbeiten, ernsthaft einsetzen müssen.*" Wie viele Leute in diesem Raum glauben, dass sie das nötige Rüstzeug haben, um im gegenwärtigen Erziehungssektor zu arbeiten? Es gibt hier unter Ihnen auch einige Lehrer – das ist Ihre Gelegenheit. „*Wer gerne junge Menschen unterrichten möchte, sollte sich gezielt auf diese Aufgaben vorbereiten.*" Das geschieht heute noch nicht. Bereiten Sie sich auf diese Aufgaben vor, denn damit bereiten Sie sich auch auf das kommende Wassermannzeitalter vor.

„*Wer sich den Herausforderungen einer Erziehung für das Leben im neuen Zeitalter, das nun vor uns liegt, stellen möchte, dem bietet sich hier eine Gelegenheit, der Welt zu dienen, wie nie zuvor. Sobald die Menschen versuchen, die Probleme der Ausgrenzung und Spaltung zu bewältigen, werden sich ihnen ganz neue Perspektiven eröffnen. Das wird neue Kräfte wecken und zu den Ausbildungs- und Lehrmethoden inspirieren, die die Menschen im Lauf der Zeit zu Gottes Füßen führen werden.*"

Sobald wir die Grundprinzipien – Teilen, Gerechtigkeit, mitmenschliche Beziehungen, das Ende von Kriegen, Freiheit für alle – beherzigen, werden diese Probleme der Ausgrenzung und der Spaltung verschwinden. „Das wird neue Kräfte wecken und zu den neuen Ausbildungs- und Lehrmethoden" einer Erziehung für das Leben „inspirieren". Das bedeutet Fortschritt für alle.

Das Zeitalter des Lichts

„*In jedem Jahrhundert gibt es einige Menschen, die ihre Zeitgenossen haushoch überragen. Ihre Begabungen sind offenkundig, ihr Genie wird von allen erkannt und bewundert. Es sind die großen Entdecker, Maler, Schriftsteller, Musiker und Wissenschaftler, deren Werk die Menschheit zu einer wachsenden Erkenntnis ihrer selbst und ihres Potenzials geführt hat. In jüngerer Zeit lag das Hauptgewicht auf den Naturwissenschaften und der Erweiterung des menschlichen Wissens. Das hat einer bemerkenswerten Steigerung des menschlichen Denkvermögens den Weg geebnet, deren Ausmaß alle bisherigen Erwartungen übersteigt.*" Es gibt viele Arten von Licht: Es gibt das Licht des Wissens. Wissen selbst ist Licht. Dann das Licht der Seele. Das Licht der Erkenntnis, der Weisheit. Es gibt Licht auf der physischen Ebene, das Licht der Sonne, das Licht der Elektrizität, das von der Sonne kommt. Eine neue Wissenschaft, die Wissenschaft des Lichts, wird Schritt für Schritt dann eingeführt werden, wenn die Menschheit beginnt, sich ihrer Einheit bewusst zu werden und durch Teilen und Gerechtigkeit und Freiheit für alle Krieg als Handlungsweise für überholt erklärt. Wenn sie auf Krieg endgültig verzichtet und ihre Kriegsmaschinerie vernichtet, wird die Menschheit in die Wissenschaft des Lichts eingeführt. Das ist eine gigantische Wissenschaft, und es wird, wie der Meister sagt, bereits daran gearbeitet, ihre praktische Anwendung vorzubereiten.

Wir haben die denkbar gefährlichste Waffe geschaffen, die Atombombe. Sie ist die tödlichste Waffe, die je vom Menschen geschaffen wurde und die je vom Menschen eingesetzt wurde. Würde sie wieder eingesetzt, würde es zur Zerstörung allen Lebens, alles menschlichen wie subhumanen Lebens auf der Erde führen. Sie darf also nie wieder benutzt werden. Wie können wir es schaffen, dass Nationen für immer auf Krieg und auf die Atombombe verzichten, wie auch auf ihre Atomkraftwerke und auf alles, was mit Kernspaltung verbunden ist?

Die Menschheit hat in der falschen Nutzung der Atomenergie ziemliche Fortschritte gemacht. Die Kernspaltung ist die zerstörerischste Form der Energienutzung, die je entwickelt wurde. Noch heute sehen Wissenschaftler und Techniker weltweit eine gewaltige Zunahme von Atomkraftwerken vor, um das Problem der Erderwärmung zu bewältigen. Die USA planen den Bau von über fünfzig Atomkraftwerken, Frankreich und Großbritannien planen Ähnliches, und das ist der Trend weltweit. Wenn das geschähe, würde das für die Gesundheit der Menschheit und der niederen Naturreiche eine unglaubliche zusätzliche Belastung bedeuten.

Aus jedem Atomkraftwerk der Erde tritt radioaktive Strahlung oberhalb der Dichte von Gas in die Atmosphäre aus. Das trifft auch auf jedes Experimentierstadium mit Atomkraft zur Herstellung von Bomben und anderen Waffen zu. Das hat die in unserer Atmosphäre bereits vorhandene radioaktive Strahlung um das Zehnfache erhöht. Ohne den ständigen Einsatz der Weltraumbrüder, die in ihren Raumschiffen, den sogenannten Ufos, vor allem vom Mars und von der Venus kommen und die Auswirkung dieser radioaktiven Strahlung neutralisieren, wäre die Gesundheit der Menschheit noch angeschlagener, als sie es gegenwärtig schon ist.

Die Meister sehen in der Umweltverschmutzung die hauptsächliche Todesursache in der Welt. Das schließt die radioaktive Strahlung ein, die sich am schlimmsten auswirkt. Das Auftreten der Alzheimer-Krankheit hat auf der ganzen Welt zugenommen und kommt in einem immer jüngeren Alter vor. Das ist die direkte Folge von radioaktiver Strahlung auf den höheren, feineren Ebenen, die jeden Tag in die Atmosphäre entlassen wird und die wir mit unserer Technologie noch nicht messen können.

Die Wissenschaftler müssen die Atomkraftwerke so schnell wie möglich schließen und die Arbeit an allen mit radioaktiver Strahlung verbundenen Projekten jetzt und für immer einstellen. Das ist ein tödlicher Irrtum vonseiten der Menschheit und eine zunehmende Bedrohung für ihr Überleben. Maitreya und die Meister werden in ihrer Weisheit diese Information verbreiten und die sofortige Schließung der Atomkraftwerke empfehlen.

Die radioaktive Strahlung und andere Formen der Umweltverschmutzung zerstören das menschliche Immunsystem (und das von Tieren), sodass wir den Vergiftungen durch den übrigen toxischen Abfall ungeschützt ausgesetzt sind, der in die Atmosphäre entlassen wird. Dieses Problem muss schnell gelöst werden, bevor diese Belastung selbst für die Weltraumbrüder zu groß wird, um sie ausgleichen zu können. Da ihnen karmische Grenzen gesetzt sind, dürfen sie sich nur mit einer gewissen Menge unserer radioaktiven Strahlung und anderer Umweltverschmutzungen befassen. Andernfalls würde unser freier Wille verletzt. Sie brauchten eine Sondererlaubnis für das, was sie tun. Sie verbringen viele Stunden täglich in allen Teilen der Welt damit, die Wirkung der radioaktiven Strahlung wie auch anderer schädlicher Gase, die wir in unsere Atmosphäre entlassen, zu neutralisieren und zu reduzieren. Wir stehen karmisch tief in der Schuld der Wesen dieser Planeten, und müssen sie eines Tages auch zurückzahlen.

Die Weltraumbrüder arbeiten noch an einem anderen gewaltigen Projekt. Es hat mit der neuen Wissenschaft des Lichts zu tun, die für den Tag bereitstehen soll, wo wir auf Krieg verzichtet und Frieden und Gerechtigkeit in der Welt geschaffen haben. Ohne den Verzicht auf Krieg könnte das nötige Vertrauen nie entstehen. Kein Land würde dem anderen trauen, nicht irgendwo Atomwaffen versteckt zu haben.

Die Technologie des Lichts und Kornkreise
Welche Verbindung besteht zwischen Mars, Venus, Kornkreisen und der Technologie des Lichts? Die Ufos kommen hauptsächlich vom Mars und von der Venus, hergestellt werden sie fast alle auf dem Mars. Sie

werden mit Gedankenkraft geschaffen und mit einer Kombination aus Gedankenkraft und Technologie gesteuert. Die Weltraumbrüder erzeugen auch die Kornkreise, die vor allem Kraftzentren oder Kraftwirbel sind. Kornkreise werden in der ganzen Welt und besonders in Südengland kreiert, weil Maitreya dort lebt. Sein Fokus in der Welt ist London. Kornkreise sind zwar nicht in London, aber nicht weit von dort entfernt aufgetaucht. Sie erscheinen dort in großer Zahl in Weizen- und anderen Getreidefeldern. Sie sind für die Wesen in den Raumschiffen auch eine Art „Visitenkarte", mit der sie sagen: „Wir waren hier."

Die Weltraumbrüder kreieren mit den Kornkreisen unglaublich komplexe, wunderschöne und von Jahr zu Jahr kunstvollere Muster. Dann wird das Getreide abgemäht, die Kornkreise verschwinden – und werden im nächsten Jahr erneut manifestiert. Sie werden absichtlich in Getreidefeldern angelegt, da diese saisonbedingt sind. Kraftwirbel werden auf der ganzen Welt geschaffen, auf Bergen, in Ozeanen, in Seen, in Flüssen, auf dem Land. Getreidefelder machen bloß ihre Muster sichtbar. Sie erscheinen in Form von Kornkreisen, damit wir wissen, dass es sie gibt, aber geschaffen werden sie überall. Einige der Muster, besonders die neueren Datums, haben auch eine Bedeutung Sobald sie entdeckt werden, sagen die Leute beispielsweise: „Das hier steht in der Geometrie für ein Pi."

Dieser Planet ist wie alle Planeten von einem Magnetfeld umgeben. Es besteht aus sich kreuzenden Kraftlinien. Wo sie sich mehrfach kreuzen, bilden sie einen Wirbel. Dieser ist wie ein Chakra, ein Kraftwirbel. Die Weltraumbrüder übertragen diese Kraftwirbel auf die physische Ebene. Ein Kornkreis ist ein äußeres Zeichen eines solchen Wirbels. Über die ganze physische Welt wird eine Replik des Magnetfeldes unseres Planeten gelegt, die nicht so kraftvoll wie das planetare Magnetfeld ist, aber stark und ausgedehnt genug, um die Grundlage der Technologie des Lichts zu bilden.

Das Licht wird, direkt von der Sonne kommend, mit dem Magnetismus des Magnetfeldes verbunden. Das wird der Menschheit jede benötigte Energieart liefern. Alle unsere mechanischen Objekte, unsere Heizung, unser Licht, unser Transportwesen, unsere Kochgeräte, unsere maschinellen Einrichtungen werden einmal mit der Technologie des Lichts betrieben werden, die das Sonnenlicht und den Magnetismus des Magnetfeldes unseres Planeten nutzt. Es wird große Depots in unterschiedlichen Formen geben, die der Energieart entsprechen, die sie speichern. Diese Depots werden uns unbegrenzt Energie für alle unsere Bedürfnisse liefern.

Zugfahrten beispielsweise werden scheinbar bewegungslos abl Wir werden in diesen Zügen sitzen, uns unterhalten und gar nicht m dass wir fahren. Sie werden sehr schnell, völlig geräuschlos und ruhig sein. Reisestrapazen wird es nicht mehr geben. Am Ende einer langen Zugfahrt wird es uns vorkommen, als hätten wir uns nicht fortbewegt. Wir werden genau so entspannt sein wie bei der Abreise. Damit wird unser gesamter Energiebedarf gedeckt werden können. Diese Energie wird auch Raumschiffe antreiben, die uns durch die Galaxis tragen. In Ihrem nächsten Leben sind Sie vielleicht Forscher und Entdecker von Planeten und Sonnensystemen da draußen, die bevölkert sind von …, das wissen wir nicht. Es sind natürlich Menschen, sehen aber vielleicht nicht genau so aus wie wir. Aber sie sind trotzdem Menschen. Überall im Kosmos leben Menschen. Sie werden so weit in den Weltraum hinausfahren können, wie Sie wollen, ohne dass dabei Zeit vergeht. Zeit existiert in Wirklichkeit nicht.

Wassermann-Energien

Die Menschheit wird mit der Zeit zu der unerschütterlichen Erkenntnis kommen, dass wir eine unteilbare große Gruppe – die Menschheit – sind, dass im gesamten Kosmos nichts getrennt voneinander existiert, dass alles mit allem anderen in Beziehung steht, dass die Gesetze, die die Menschheit verbinden, darauf gründen, dass es im ganzen Kosmos keinerlei Form von Spaltung gibt. Unter dem Einfluss der Synthese-Energien, der Wassermann-Qualität, werden wir ein Verständnis dafür entwickeln, dass wir alle untrennbar miteinander verbunden sind. Das ist die Essenz der Wassermann-Energien. Sie werden nur in der Gruppe wirksam, nicht in Individuen. Die Individualität geht nicht verloren, wird aber in den Dienst der Gruppe gestellt.

Die Menschen stellen heute ihre Individualität nur allzu gern unter Beweis und können auch deshalb so zerstörerisch sein, weil diese Individualität oft von Menschen in Machtpositionen ausgespielt wird, die nicht so weit entwickelt sind, um mit dieser Kraft umgehen zu können. Sie fallen in andere Länder ein, sie führen Krieg und machen Millionen Menschen das Leben zur Hölle. Unsere hoch geschätzte Individualität, auf die wir mit Recht stolz sind, muss in den Dienst der Gruppe gestellt werden.

Die Wassermann-Qualität betrifft die Gruppe. Es geht darum, die größtmögliche Anzahl individueller Teile zur Einheit, zur Synthese zu motivieren. Es geht keineswegs darum, die Individualität auszulöschen.

Es geht auch nicht darum, die Teile, die Unterschiede aufzuheben. Im Gegenteil, es geht darum, die größtmögliche Anzahl unterschiedlicher individueller Teile zu einem Ganzen zu vereinigen.

Einheit mit einem Maximum an Vielfalt ist das Ziel all derer, die bereit und gewillt sind, im Einklang mit dem neuen Wassermannzeitalter zu leben. Wenn die Menschen sich weiterentwickeln und zunehmend von der Energie und dem Licht der Seele durchdrungen sind, wollen sie der Welt dienen, weil es die Seele will. Die Absicht der Seele ist es, dem vom Logos ersonnenen Evolutionsplan zu dienen. Das ist der eigentliche Grund, warum die Seele sich inkarnieren will, sie kann damit zur Umsetzung dieses Plans beitragen.

In dieser Zeit wird die Seele unter dem Einfluss, der Inspiration und dem Beispiel der Meister, und weil die Menschen zunehmend dienen wollen, das möglich machen. Dass jeder ein geeignetes Aufgabenfeld finden kann, ist das Anliegen der Meister. Sie sind hier, um dem göttlichen Plan zu dienen und die Menschen dazu zu inspirieren, die Absicht ihrer Seele auszuführen.

Wir wissen nicht, wer wir sind

Warum haben Sie die beiden Artikel „Die neue Erziehung" und „Das Zeitalter des Lichts" miteinander verknüpft? (März 2009)
Sie sind Teil einer Dreiergruppe. „Die neue Erziehung", „Das Zeitalter des Lichts" und „Die Familie" haben ganz wesentlich miteinander zu tun: „Die neue Erziehung" befasst sich mit Erziehung in der äußeren Welt, in Schulen, im Berufsleben, in allen Lebenssituationen, „Das Zeitalter des Lichts" mit einem diesem Zeitalter gemäßen neuen Erziehungsmodell und „Die Familie" damit, wie die Erziehung von Kindern und Familien am besten umgesetzt werden könnte. Ich dachte, dass diese drei Artikel drei Aspekte von Erziehung ansprechen, die eng miteinander verbunden sind. Der Meister hat sehr viele Artikel geschrieben, die häufig in unterschiedlicher Weise das gleiche Thema behandeln. Ich hätte wahrscheinlich auch drei andere Artikel wählen können, um das Gleiche zu erreichen.

Was meint Maitreya mit „Ehrlichkeit im Denken", „Aufrichtigkeit im Gemüt" und „Gelassenheit"? (März 2009)
Wir haben eine dreifältige Konstitution. Wir sind die Monade, der göttliche

Funke, der sich als göttliche Seele auf der Seelenebene spiegelt. Wir sind auch die beseelte Persönlichkeit, wie wenig bewusst uns das auch sein mag. Alles geschieht in Dreierformation. Befinden wir uns in unserem höchsten Zustand, spiegeln wir den Funken Gottes wider, das Göttliche, das Spirituelle. Befinden wir uns fast im höchsten Zustand, spiegeln wir die Seele wider. Sie ist die Mittlerin. Haben Sie eine direkte Verbindung mit Ihrer Seele, sind Sie auch in direkter Verbindung mit dem, dessen Spiegelung die Seele ist.

Auf der physischen Ebene der Persönlichkeit besteht vielleicht ein gewisses Maß an Kontakt mit der Seele, aber nicht mit dem höchsten Aspekt, der Monade, außer über die Seele, die Mittlerin. Sie agiert so lange als Mittlerin, bis ihre Spiegelung, die menschliche Persönlichkeit den direkten Kontakt mit der Monade hergestellt hat.

Da wir mit einem physischen, einem astralen und einem mentalen Körper ausgestattet sind, spiegelt sich logischerweise alles in diesen drei Trägern wider. Ehrlichkeit im Denken hat offensichtlich mit dem Denken zu tun. Die meisten Menschen besitzen keine Ehrlichkeit im Denken. Betrachten wir, wie wir gewöhnlich unser Denkvermögen einsetzen, können wir beobachten, dass wir meistens das eine denken, etwas anderes sagen und meist noch einmal anders handeln. Es besteht keine direkte Linie vom Denken zum Handeln.

Aufrichtigkeit im Gemüt bezieht sich auf den sensitiven, astralen Gefühlskörper. Maitreya sagt, man könne sich das am besten so vorstellen, dass man mit einem geliebten Menschen, Partner oder alten Freund spricht, dem man vertraut. Mit diesen Menschen spricht man aufrichtig. Man erwartet von ihnen keine Nachsicht. Ihnen versuchen Sie nichts vorzumachen oder einen guten Eindruck zu machen. Sie vertrauen diesen Menschen, dass sie Ihnen gegenüber offen sind, dass Sie sagen können, was Sie meinen, dass Sie ganz Sie selbst sein können, ein Gespräch von Mensch zu Mensch. Nur zwei alte Freunde können so ein Gespräch miteinander führen, wobei sie einander vertrauen und den anderen nehmen, wie er ist. Aufrichtigkeit im Gemüt hat natürlich mit Ehrlichkeit im Denken zu tun. Sie sind gar nicht so verschieden.

Gelassenheit ist die höchste Ebene, die Gelassenheit der Seele. Die Seele ist gelassen. Sie wünscht sich nichts, sie braucht nichts. Sie hat nur den Wunsch dem Plan zu dienen. Die Seele versucht, ihre Spiegelung, den Mann oder die Frau, dahingehend zu beeinflussen, dass sie dem Plan dient. Das braucht in unseren Augen viel Zeit. Aus der Sicht der Seele existiert Zeit nicht, nur die unendliche Ewigkeit, daher ist die

Seele auch nicht in Eile. Aber sie versucht fortwährend, Leben für Leben, ihr Vehikel dazu anzuregen, zunehmend Gelassenheit zu entwickeln – sich von der Identifizierung mit dem physischen Körper zu distanzieren: also von Unehrlichkeit im Denken, von der Unaufrichtigkeit der Gefühle, von der Verblendung, man brauche es, geliebt, schonend behandelt und verwöhnt zu werden.

Wenn man wirklich gelassen ist, tangiert einen diese Unaufrichtigkeit nicht. Sie kann einen stören, aber sie ist bloß eine Gefühlsregung in einem Menschen, der innerlich nicht gelassen ist und möchte, dass Sie ihn lieben. Die Leute hungern nach Liebe. Sie möchten zu einem gehören. Sie möchten, dass man ihnen gute Gefühle verschafft. Sie möchten inspiriert werden. Das alles wünschen sie sich.

Grundsätzlich gilt, wenn Sie auf der Seelenebene arbeiten, dass Sie zunehmend gelassener werden. Diese Gelassenheit ist das eigentliche Ziel. Wenn Sie mehr Gelassenheit entwickeln, werden Sie auch ehrlicher in Ihrer Denkweise und in Ihren Gefühlen aufrichtiger. Wenn Sie ehrlicher im Denken werden und in Ihren Gefühlen aufrichtiger, werden Sie auch gelassener. Diese drei Aspekte wirken ineinander.

Das sind die drei zentralen Dinge, die Maitreya als die Basis seiner Lehren präsentiert. Wenn wir sie nur wahrhaft praktizierten, könnten wir viel erreichen.

Sie sagten, man könne entweder ein Gefühl der Einheit oder ein Gefühl des Getrenntseins haben, aber nicht beides gleichzeitig. Könnten Sie uns Hinweise geben, wie wir konstanter mehr im Einklang miteinander leben könnten? (März 2009)

Es ist ein inneres Gefühl der Zugehörigkeit zur Gruppe, die wir Menschheit nennen. Wir sind nicht nur eine Gruppe von Leuten, sondern wir sind als Menschheit ein energetisches Zentrum in der Welt. Es gibt drei solcher Zentren: das Menschenreich, das Zentrum, in dem sich die Intelligenz Gottes manifestiert, die Hierarchie, das Zentrum, in dem die Liebe Gottes zum Ausdruck kommt, und Shamballa, das Zentrum, das den Willen und die Absicht Gottes kennt. Das sind die großen drei Energiezentren auf dem Planeten Erde. Beim Menschenreich geht es um Wissen, die Entwicklung des Denkvermögens, um die Vervollkommnung des Verstandesaspekts des Menschen.

Der physische Körper des Menschen ist bereits mehr oder weniger lkommen. Es wird noch einige geringfügige Änderungen geben, eine gerung der Wahrnehmungsfähigkeit, besonders in den Augen, sodass die ätherischen Ebenen für uns sichtbar werden, da immer mehr Kinder zur Welt kommen, die ätherisches Sehvermögen besitzen. Es werden so viele sein, dass die ätherische Ebene der Materie mit der Zeit als real anerkannt wird.

Den Intelligenz- oder Verstandesaspekt der Gottheit zu vervollkommnen, ist eine gewaltige Verantwortung. Wir werden unseren Verstand so weit entwickeln, bis wir mit Gedankenkraft beispielsweise diese Lupe, diese Brille, dieses Glas Apfelsaft, diesen Tisch erschaffen können. Das mag uns jetzt noch unmöglich erscheinen, aber das gibt es bereits, unter anderem auf dem Mars.

Die Marsianer erschaffen mit Gedankenkraft die meisten der Raumschiffe, die wir Ufos nennen, und die teilweise einige Kilometer lang sind. Können Sie sich ein Raumschiff von vier oder fünf Kilometern Länge vorstellen, das dort draußen im Weltraum, unmittelbar außerhalb unserer Atmosphäre, schwebt und mit diversen Labors und mehreren Raumfahrzeugen bestückt ist? Das Raumschiffpersonal öffnet einen Hangar und schickt ein Raumfahrzeug nach dem anderen hinaus. Dieses Raumschiff ist eine riesige, stadtähnliche Konstruktion, aber mit Gedankenkraft erschaffen.

Können Sie sich vorstellen, diesen Tisch mit Gedankenkraft zu kreieren? Die Menschheit wird ihr Bewusstsein so weit entwickeln, dass sie alle Geräte unserer modernen Zivilisation mit Gedankenkraft erzeugen kann. Nicht sofort, auch nicht demnächst, aber in einer nicht allzu fernen Zukunft wird das menschliche Bewusstsein so weit entwickelt sein, dass der Vorgang des Denkens eine ganz andere Bedeutung bekommt.

Könnten Sie das näher erläutern? (März 2009)
Denken ist die Fähigkeit, mit Gedankenkraft etwas zu erschaffen. Wenn Sie ein Bild malen, erschaffen Sie es mit Gedankenkraft. Ihre Gedanken gehen in das Bild ein. Es geschieht nicht von selbst. Sie müssen eine Idee haben. Sie müssen Hand und Auge koordinieren, um die Idee auf der stofflichen Ebene der Leinwand, oder was immer Ihr Medium ist, zu manifestieren. Wenn Ihr Medium die Musik ist, müssen Sie mit Gedankenkraft alle Sequenzen erschaffen, die ein Musikstück ergeben.

Mozart hat das getan, aber er hat dabei nicht, wie Sie vielleicht denken, ein fertiges Musikstück gesehen, das er abschreiben konnte. Er hat mit seinem inneren Auge nicht die Noten gesehen und sie bloß kopiert. Er sah die Musik wie ein flächiges Bild. Aber er verstand es nicht als Bild, sondern als Musik. Er kopierte in musikalischen Kategorien, was er als gemalten Gegenstand sah. Indem er es betrachtete, wusste er, wie die Musik sein sollte. Das ist der schöpferische Verstand.

Es hängt von unserer Empfänglichkeit ab, davon, wie unser Verstand arbeitet. Jemand mit einer visuellen Veranlagung würde ein Bild malen. Jemand mit einer musikalischen Veranlagung schreibt Musik. Das ist für beide die gleiche Aktivität, der schöpferische Verstand ist aktiv. Mit Verstand meine ich nicht das Gehirn. Der Verstand ist etwas anderes als das Gehirn.

Wissenschaftler diskutieren noch immer, ob wir überhaupt einen Verstand oder nur ein Gehirn haben. Sie wissen, dass wir ein Gehirn haben, weil sie es anschauen können. Sie können am Gehirn Experimente und Operationen vornehmen. Aber sie können keine Operationen am Verstand vornehmen, weil der Verstand etwas anderes ist als das Gehirn. Er steht mit dem Gehirn in Verbindung, ist aber etwas anderes als das Gehirn.

Gedanken bilden einen Energiegürtel im Weltraum, in dem die Meister Ideen oder Formeln niederlegen. Wenn die Zeit zur Anwendung reif ist, stimmen sich sensitive Denker auf sie ein und Wissenschaftler wie Einstein entdecken große wissenschaftliche Theorien. Praktische, technische Wissenschaftler entdecken zum Beispiel, wie Computer entwickelt werden können. All das wird in den Gedankengürtel eingegeben. Es bedarf des sensitiven Denkvermögens der Entdecker, Wissenschaftler, Maler oder Musiker, um die Ideen „herunterzuholen" und sie nutzbar zu machen.

Wenn wir unser Denkvermögen weiterentwickelt haben, werden wir herausfinden, wie wir Fabriken und in den Fabriken Werkzeuge wie Roboter erschaffen können, die alle Dinge, die wir benötigen, mithilfe unserer Gedankenkraft herstellen werden. Es ist unglaublich, wenn man sich das vorstellt, aber auch wenn das noch nicht gleich um die Ecke liegt, so doch bloß eine Ecke weiter.

Der berühmte kanadische Neurowissenschaftler Wilder Penfield nimmt an, dass die Schnittstelle zwischen Verstand und Gehirn sich in einem Teil des Zwischenhirns befindet. (1) Stimmt das? (2) Wenn ja, gibt es einen bestimmten, identifizierbaren Teil des Zwischenhirns, der die Kontaktstelle zwischen Verstand und Gehirn ist? (November 2008)
(1) Ja. (2) Aber nicht in einem Teil des Zwischenhirns, sondern im Zwischenhirn.

(1) Was ist der Unterschied zwischen Verstand und Gehirn, was die Speicherung von Erinnerungen betrifft? Ich bin sicher, dass der Verstand Erinnerungen speichert, aber macht das auch das Gehirn? (2) Die Speicherkapazität des Gehirns ist begrenzt, aber nicht die des Verstandes, richtig? (3) Können Sie die Beziehung zwischen dem Verstand und dem Gehirn erklären? (Mai 2009)
Das Gehirn speichert Erinnerungen und macht sie allgemein zugänglich. Der Verstand „speichert" keine Erinnerungen, aber er hat Zugang zu ihnen, wenn er weit genug entwickelt ist. (2) Das kann man nicht verallgemeinern. Theoretisch gibt es keine Begrenzung des Speicherplatzes im Gehirn, aber das hängt von dem Entwicklungsstand und dem Gesundheitszustand einer Person ab. Ebenso wird der Zugang des Verstandes zu den Erinnerungen nur durch seinen Entwicklungsstand eingeschränkt. (3) Das Gehirn ist ein hoch entwickeltes Instrument, das fähig ist, sich weiterzuentwickeln, aber Teil unseres physischen Apparates. Der Verstand hat – bei einer gesunden Person – Zugang zu den gespeicherten Erinnerungen des Gehirns.

Es heißt, dass wir nur 10 Prozent unseres Gehirns wirklich nutzen. Wie viel wird prozentual von hohen Eingeweihten genutzt und wie viel von anderen Leuten? Sind es wirklich nur 10 Prozent? (Januar/Februar 2009)
Durchschnittlich nutzt ein Mensch 12 Prozent seiner möglichen Gehirnfunktionen. Ein Eingeweihter, sagen wir dritten Grades, würde vermutlich 60 bis 70 Prozent seiner Gehirnfunktionen nutzen.

Jüngste Forschungen scheinen darauf hinzudeuten, dass während der Pubertät im Gehirn eine neue Entwicklung, ja sogar ein Wachstum einsetzt. Es scheint auch, dass in dieser Zeit eine dauerhafte positive Steigerung der Gehirnkapazität entwickelt wird, wenn das Gehirn kreativ, aktiv, sinnvoll genutzt und „trainiert" wird. Ist da etwas Wahres daran? (September 2002)
Ja, das trifft hundertprozentig zu.

Zu Beginn Ihres Vortrags bitten Sie die Zuhörer um „gedankliche Offenheit". Was bedeutet das eigentlich? Wie macht man das? (September 2002)
Offen zu sein, bedeutet nicht leer, sondern unvoreingenommen zu sein. Jeder neuen Idee begegnen wir mit unserer Konditionierung, unseren Vorurteilen, die wir von der Wiege an durch Eltern, Lehrer, das Leben,

wir führen, durch das, was wir beispielsweise lesen, entwickelt ben. Das erzeugt Gedankenformen, die sich dann verfestigen und uns davon abhalten, auch etwas anderes zu sehen. Offen, aufgeschlossen zu sein, bedeutet, frei zu sein. Es bedeutet, dass Sie Ihren eigenen Verstand benutzen, der durch nichts beeinträchtigt und daran gehindert wird, Neues objektiv zu betrachten. Die meisten Leute begegnen einer neuen Information mit vorgefassten Meinungen. Wenn sie ihnen gefällt, akzeptieren sie sie. Wenn nicht, distanzieren sie sich davon. Auf der Verstandesebene gibt es aber weder Mögen noch Nichtmögen. Dort gilt nur das, was wahr ist. Wenn es wahr ist, ist es interessant. Es mag vielleicht nicht Ihr Weg sein, aber es ist interessant. Der neue Gedanke kann Ihnen wahr erscheinen, weil Sie nicht etwas dagegen gesetzt und ihn nicht abgelehnt haben. Wenn wir in diesem Sinne frei sind, sind wir mental offen und beginnen, zu lernen und uns selbst zu erziehen. Wir können in uns selbst prüfen, ob etwas wahr ist oder nicht. Wenn es wahr ist, können wir es im Zusammenhang mit allem anderen sehen. Wenn es falsch ist, stimmt es mit nichts überein. Wir können es sofort prüfen und feststellen, ob es falsch ist. Die Wahrheit besitzt ihre eigene Kraft, die Kraft des Seins, die nichts zerstören kann.

Was könnte einem helfen, etwas mehr Offenheit zu entwickeln, das heißt, weniger rigide in seinen Vorstellungen zu sein? (November 2008)
Seien Sie toleranter gegenüber Unterschiedlichkeiten. Treffen Sie Menschen mit gegenteiligen Ansichten und versuchen Sie, deren Sichtweise zu verstehen.

Was unterscheidet richtige von falscher Hoffnung? (November 2009)
Wahre Hoffnung entspringt der Seele und ist damit eine spirituelle Qualität. Sie gibt dem Menschen den Wunsch ein, nach Verbesserungen zu suchen und sich über die zukünftige Entwicklung Gedanken zu machen, und ist somit eine Triebkraft der Evolution. Darum ist Hoffnung ein so wesentlicher Aspekt des Lebens.
Falsche Hoffnung dagegen ist Ausdruck eines emotionalen Wunsches nach Glauben, Hilfe und Sicherheit. Sie beruht vor allem auf Angst und führt nicht selten zu Enttäuschungen.

Die Entwicklungspsychologen scheinen heutzutage darin übereinzustimmen, dass die Individualität einer Person von dem kulturellen und

familiären Hintergrund, der Schule und dem gesellschaftlichen Umf
geprägt wird. Dabei wird der Gedanke einer sich inkarnierenden Seele
mit eigener Absicht außer Acht gelassen. Könnten Sie etwas zur Rolle
der Seele bei der Herausbildung unserer Individualität sagen? (Juli/
August 2005)
Die Persönlichkeit eines Menschen ist – bis zu einem gewissen Grade – das Produkt der verschiedenen Einflüsse, die in der Frage angeführt wurden. Aber die Persönlichkeit ist nicht das eigentliche Wesen eines Menschen. Jeder von uns ist eine Seele in Inkarnation, die ihre Individualität zunehmend in der Persönlichkeit zum Ausdruck bringen kann. Das Problem ist nur, dass die Entwicklungspsychologen – meistens – die Idee der Seele ablehnen. Die Psychologie wird keine Fortschritte machen, solange sie die Seele nicht als Realität anerkennt.

Sigmund Freuds Theorie über die Formung der Persönlichkeit hatte in der westlichen Welt einen enormen Einfluss auf die Vorstellungen von der Entwicklung des Menschen, auch wenn viele Psychologen heute die meisten seiner Theorien und Behauptungen infrage stellen. Gibt es Aspekte seiner Arbeit, die aus der Sicht der Meister heute noch immer relevant und nützlich sind? (Juli/August 2005)
Ja.

Intuition und Kreativität

Es heißt, dass man seine Intuition entwickeln sollte. (1) Wie macht man das? (2) Bedeutet das, ein Problem rational und klar zu durchdenken? (3) Was behindert die Entwicklung der Intuition? (Mai 2001)
(1) Intuition kommt von der Seele. Deshalb dient alles, was die Seele aktiviert, der Entwicklung der Intuition. Meditation und Dienst sind die uralten Königswege zur Seele. Es ist empfehlenswert, dazu die Bücher von Alice Bailey zu lesen. Diese Abhandlungen wurden von Meister Djwhal Khul so angelegt und formuliert, dass sie die Intuition wecken. (2) Nein. Es geht darum, ein Problem von der Seele aus zu betrachten. (3) Einige Strahlen (2, 4, 6) sind der Entwicklung der Intuition förderlicher, weil sie schneller und leichter einen Zugang zur Seele eröffnen.

Beim Lesen der Yoga-Sutras von Patanjali stieß ich auf den Begriff „spirituelles Lesen"; ich vermute, dass damit gemeint ist, Symbole zu

erkennen und über diese nachzudenken. Könnten Sie erklären, welchen Nutzen es hat, über den Symbolgehalt von Dingen zu reflektieren? (Juli/ August 2001)
Es ist notwendig, um das abstrakte Denken zu schulen.

Inwieweit kann uns die Intuition bei der Erziehung helfen? Wie kann Erziehung helfen. die Intuition zu entwickeln? Wie hängt das mit der Erziehung von Menschen als Seelen zusammen? (März 2009)
Ich weiß gar nicht, wie man ohne die Fähigkeit zur Intuition, die ein Seelenaspekt ist, überhaupt jemanden erziehen kann. Wenn Sie nicht über Intuition verfügen, können Sie die Bedürfnisse eines Menschen, den Sie erziehen, gar nicht nachempfinden. Wenn Sie beispielsweise 14- bis 18-Jährige erziehen, sollten Sie ein Gespür dafür haben, in welchem Evolutionsstadium sie sich befinden. Sie müssen nicht unbedingt wissen, ob sie sich auf Stufe 1.358 oder 0.72 befinden. So genau muss das nicht sein. Aber Sie können erkennen, ob sie auf die erste Einweihung zugehen, diese gerade geschafft haben oder nicht weit davon entfernt sind. Nach dem, was sie Ihnen von sich zeigen, könnten sie auch schon bei 1.5 oder 1.6 stehen und gerade von der astralen zur mentalen Polarisation überwechseln. Das können Sie spüren, wenn Sie die Intuition einsetzen. Diese Intuition beruht auf praktischem Wissen, auf Erfahrung, das ist das Wichtigste. Aber Intuition ist vorrangig eine Seelenfunktion, und wenn Sie als Seele vorgehen, wissen Sie, weil Sie wissen; Sie benutzen nicht den logischen Verstand.

Allerdings habe ich auch schon viele Leute getroffen, die denken, dass sie wissen, weil sie wissen – aber es war falsch! Was sie unter Intuition verstanden, war überhaupt keine Intuition. Es war bloß ihre Verblendung. Da gibt es eine Verblendung, die sie für Intuition halten, so wie es eine Verblendung gibt, die sie für Wissen halten. Sie sollten Verblendung von Intuition unterscheiden können.

Intuition ist eine Fähigkeit der Seele, die auf ihrer eigenen Ebene alles weiß. Die Seele kennt Vergangenheit, Gegenwart und Zukunft. Sie ist nicht verstrickt in Zeit. Ein Aspekt dessen, was wir als Intuition bezeichnen, entwickelt sich, wenn Sie Ihr Bewusstsein der höheren Seelenschwingung annähern.

Wie malen Sie ein Bild? Mit Intuition.

Wie weiß ein Maler, was er malen soll, oder ein Musiker, welche Noten er aufschreiben soll? Irgendetwas leitet ihn. Mozart, Beethoven, Rembrandt, Leonardo machen das mithilfe der Intuition. Sie haben eine leere Leinwand vor sich oder viele Blätter liniertes Papier ohne Noten. Wie kann daraus ein Manuskript für Musik, zum Beispiel eine Symphonie werden? Wie wird aus einer Leinwand ein Gemälde? Eine Leinwand ist nur der Träger eines Bildes. Wie entsteht das Bild? Wie weiß ein Maler, was er daraufsetzen soll? Sie können die Farben Rot, Gelb, Blau, Grün und Violett wählen. Sie können die ganz Skala durchgehen, aber die meisten Maler machen das nicht. Manche machen es, und Sie sehen das Ergebnis. Irgendetwas bringt Sie dazu, auszuwählen. Was lässt Sie auswählen? Sie wählen Rot und Blau, oder Gelb und Violett. Sie suchen einen bestimmten Ton dieser Farbe und einen Ton einer anderen Farbe aus und setzen sie zueinander in Beziehung, vielleicht nebeneinander oder über das ganze Bild verteilt. All das ist mit Intuition verbunden. Sie machen das so, weil Sie wissen, was Sie machen, aber Sie wissen es erst, wenn Sie damit beginnen.

Wie kann Intuition uns bei der Erziehung helfen? Intuition ist notwendig, sonst könnten Sie nicht jemanden erziehen. Sie können sich zum Lehrer ausbilden lassen, studieren und Ihr Gehirn mit faktischem Wissen anfüllen. Sie geben diese Fakten weiter, und das gilt dann als Erziehung von Kindern. Aber wozu? Sicher nicht für das Leben. Das ist Erziehung zu der Gedankenwelt der professionellen staatlichen Erzieher. Die Fakten, die diese ausgebildeten Lehrer weitergeben, sind für ihre Studenten für eine bestimmte Arbeitsebene von Nutzen. Das fördert aber nicht die Fähigkeit der Intuition im eigentlichen Sinn. Damit will ich nicht sagen, dass Lehrer keine Intuition haben, ich bin sicher, viele haben sie.

Sie können nicht Maler, Musiker, Wissenschaftler oder Lehrer gleich welchen Niveaus sein, ohne Ihre Intuition einzusetzen. Ihre Intuition vermittelt Ihnen, dass etwas so oder so ist. Wie kam Einstein zu seiner Formel $E = mc^2$? Aufgrund von Intuition. Einstein beherrschte die Arithmetik nicht, aber er erfand die fantastische Formel, die Energie und Materie verbindet. Energie gleich Masse mal Geschwindigkeit im Quadrat. Das ist ein außergewöhnliches Bewusstsein, das man durch Intuition erlangt. Die großen Entdecker haben die Intuition eingesetzt – und die kommt von der Seele. Einstein war ein Eingeweihter zweiten Grades, also offensichtlich mit der Seele in Kontakt und aufnahmefähig für Seelenimpulse. Er hatte nicht vor, die Welt zu belehren, aber die Welt wurde dramatisch durch seine Formel und sein Wissen geprägt. Er hat die Menschen seiner Zeit weitergebildet.

In welcher Beziehung steht das zur Erziehung von Menschen als Seelen? Um die Seele mehr und mehr in das Leben eines Menschen beziehen, haben wir zwei Möglichkeiten – Meditation und Dienst. Die Seele anzusprechen, ist nichts so hilfreich wie Meditation und Dienst. Das sind die Instrumente, das ist der Weg zur Beseelung. Beseelung ist ein sehr langsamer Prozess, eine schrittweise Entwicklung. Doch jedes Leben bringt einen Menschen der Seele näher. Es kann einige Leben geben, die sehr faul oder rückwärtsgewandt verbracht werden, in denen nicht viel dazu gelernt wird. Aber wenn alles gut läuft, bringt die Seele ihr Licht in den Menschen ein. Jedes Atomteilchen eines Menschen wird allmählich in ein subatomares Teilchen verwandelt. Statt aus atomaren Teilchen besteht der Körper dann zunehmend aus diesen Lichtteilchen und enthält dadurch mehr und mehr von dem Wesen der Seele.

Wenn ein Mensch in der richtigen Weise meditiert und dient, also altruistisch, nicht auf das eigene Ich bezogen, absorbiert er automatisch das Licht der Seele, das er in seiner Meditation ständig anspricht und aktiviert. Die Seele gibt der sich entwickelnden Person etwas von ihrem Licht, sodass sich deren Körper verändern. Am Ende der Reise ist der Mensch ganz und gar subatomar oder Licht. Dann ist er ein Meister. Ein großer Unterschied zwischen einem Meister und uns besteht auch darin, dass man, sofern man den Körper eines Meisters sehen könnte, erkennen würde, dass er gänzlich aus Licht besteht, während unser Körper aus atomarer Substanz mit einigen Sprenkeln subatomarer Lichtpartikel besteht.

Die Seele ist durch und durch Licht; sie ist Energie. Sie bedarf keines physischen Körpers. Die Meister brauchen an sich auch keinen physischen Körper. Viele von ihnen haben zwar einen Körper, aber viele von ihnen sind auch in ihrem ätherischen Körper tätig. Ein physischer Körper wird nur dann benötigt, wenn das Licht gesehen werden soll. Normalerweise manifestiert sich das, was wir als Licht bezeichnen, ohne physischen Körper. Je vollendeter das Licht, umso weniger bedarf es eines körperlichen Apparates. Wir sind Licht, aber wir brauchen einen physischen Körper, um das Licht zu sehen. Wenn wir den Strom anschalten, sehen wir das daraus resultierende Licht. Aber die Elektrizität als solche bedarf keines elektrischen Geräts, um sich zu beweisen. Wir brauchen es, aber die Elektrizität, die eine physische Ebene des elektrischen Feuers in der Sonne ist, hat keinen physischen Körper. Die zentrale geistige Sonne ist Licht als solches, das sich auf dieser physischen Ebene als elektrisches Licht oder Hitze manifestiert.

Der Beseelungsprozess entwickelt sich weiter, wenn wir meditieren und der Welt dienen. Wenn man schon beseelt ist, wenn auch nur ein wenig, kann man nichts anderes mehr sein als beseelt.

Was ist das Charakteristische an einer beseelten Person? Wie manifestieren wir die Beseelung? (März 2009)
Wir tun es nicht, leider. Was ist eine beseelte Person? Denken Sie an jemanden, der so gut ist, wie Sie sich das nur vorstellen können: weise, freundlich, voller Wissen, Licht und Achtung vor allen, voller Enthusiasmus für das Leben, für Gerechtigkeit und Teilen. Das ist das Charakteristische einer schon etwas beseelten Person.

Inwiefern ist Kreativität ein wichtiger Erziehungsfaktor? (Jan/Feb 2009)
Darum geht es in der Erziehung; darum geht es im Leben. Erziehung bedeutet, der Menschheit ein kreatives Bewusstsein für den Sinn und das Ziel ihres Lebens und für das dafür nötige Rüstzeug zu vermitteln. Es geht darum, ein Geschöpf, einen unsterblichen Gott auf seinen Weg vorzubereiten. Wir müssen akzeptieren, dass wir unsterbliche Götter, ewige Götter auf der gleichen Entwicklungsstufe wie die Göttlichkeit dieses Planeten sind. Dieser Planet ist nicht der höchste in diesem Sonnensystem, das seinerseits auch noch nicht sehr hoch entwickelt ist. Es handelt sich also um eine relative Göttlichkeit, aber dementsprechend wollen diese potenziellen Götter von den Erziehern lernen, was alles zu einem erfüllten Leben gehört, in dem sich diese Göttlichkeit manifestieren kann. Also alles, was ihnen fehlt, was sie wissen müssen, damit jeder Aspekt des Potenzials, das ihnen jeweils in einem Leben zur Verfügung steht, sich voll entfalten kann.

Aufgrund des Gesetzes der Wiedergeburt müssen wir uns Leben um Leben damit befassen. Das macht Entwicklung möglich. Man kann einem Menschen am Beginn der Evolutionsreise nicht schon alles mitgeben, was er braucht, um ein Gott zu werden, weil der Apparat noch nicht genügend entwickelt ist: Das Gehirn ist noch nicht richtig entwickelt, der physische Körper noch nicht stark genug, der Astralkörper noch nicht ruhig genug und der Mentalkörper noch nicht ausreichend geschult, um neues Wissen aufnehmen zu können. Man muss schon etwas wissen, um etwas verstehen zu können.

Es geht darum, einem aufgeschlossenen, aber noch begrenzten Verstand die notwendigen Rezepte, die Erkenntnisse, das Wissen zu vermitteln, um verstehen zu können, was es bedeutet, ein Mensch zu sein, und wie wir mit den anderen Menschen in Frieden leben können und Gerechtigkeit und Freiheit für alle möglich werden. Das ist eine große Aufgabe, eine gewaltige Aufgabe, sie ist keineswegs leicht – aber eine schöpferische Aufgabe.

Die Essenz aller Kunst, aller Wissenschaft, aller Philosophie, aller Religion ist die Kreativität. Wir leben in einem geistigen Universum. Dieses geistige Universum ist ein ständig sich verändernder Motor, eine Art großer Kreativitätsgenerator, der verschiedene Aspekte dieser Kreativität erzeugt, sie ins Universum schleudert, und dann rieseln sie durch die verschiedenen Galaxien und Sonnensysteme hinab. Auf dem kleinen Planeten Erde kommen diese Kreativitätsenergien als fernes Echo einer Idee an. Diese Idee kann die Welt beflügeln und verwandeln. So merkwürdig, so einfach und so gigantisch ist das.

Diese großen Ideen strömen in unseren Weltraum ein, aber es braucht Zeit, bis sie bei uns ankommen. Darauf muss unser Denkvermögen so eingestimmt werden, dass das Bewusstsein für ihre Bedeutung und ihre Wirkung auf unser Leben ständig wachsen kann und wir den besten Weg finden, diese Ideen in die Praxis umzusetzen. Das ist die Natur des Lebens.

Wir sind Seelen in Inkarnation. Das ist Kreativität; sie ist das Wesen unseres Lebens. Man kann also nicht meinen: „Ein Stück meines Lebens wird kreativ, ein anderes Stück muss aber nicht kreativ sein." Das ganze Leben muss in jedem Augenblick etwas Schöpferisches sein. Die Kreativität ist keine Zutat, die man wie Butter aufs Brot streichen kann, damit es besser schmeckt, damit es leichter hinuntergeht. Kreativität ist das Eigentliche – das Wesen des Lebens. Wenn das Leben richtig wahrgenommen wird, empfindet man es als sinnvoll, als bedeutungsvoll, und wenn wir den Sinn und den Zweck des Lebens begreifen, wird diese Kreativität in uns geweckt, die sich in vielfältiger Weise äußern kann. Unsere Entfaltungsmöglichkeit als Mann oder Frau basiert natürlich auf den Erfahrungen unserer vorangegangenen Leben.

Wir müssen diesen schöpferischen Zustand als etwas Alltägliches, Kontinuierliches erleben. Wir stellen ihn nicht her, wenn wir dafür Zeit haben. Er ist etwas, das wir tun, weil er etwas ist, das wir sind. Wenn wir schöpferisch sind, sind wir immer schöpferisch. Selbst wenn es so aussieht, als ob wir nichts täten, können wir dennoch schöpferisch sein. Kreativität ist ein Seinszustand. Je mehr wir unseren Fokus und unsere konzentrierte Aufmerksamkeit in unserem Alltagsleben beibehalten können, umso näher sind wir diesem schöpferischen Zustand. Und das ist Göttlichkeit. Das ist Schöpfung. Das ist das Leben. Das ist das, was wir sind, was jeder ist.

Könnten Sie bitte etwas zum Wert persönlicher Erfahrungen – etwa am Deklarationstag – im Hinblick auf Erziehung sagen? (März 2009)

Nichts ist so wichtig wie persönliche Erfahrungen jeder Art. Die persönliche Erfahrung am Deklarationstag wird außergewöhnlich transformierend sein. Einige Wochen lang werden die Menschen sich vermutlich anders fühlen und auch verhalten. Sie werden sich mögen, sich auf der Straße grüßen. Eine eigene Erfahrung bringt immer mehr Gewissheit, als wenn man etwas von jemand anderem hört. Niemand kann Ihnen diese wegnehmen. Ich weiß, dass der Christus in der Welt ist, weil ich es erfahren habe. Wenn ich darüber spreche, stelle ich es Ihrer Beurteilung anheim, aber ich weiß es. Darum kann ich auch mit Überzeugung darüber sprechen. Alles was auf eigener Erfahrung beruht, ist transformierender als etwas, was Sie nur von jemand anderem gehört haben.

Werden die meisten Menschen am Deklarationstag, wenn Maitreya spricht, ihre Seele spüren? (April 2009)
Die meisten Menschen werden dann – vielleicht auch zum ersten Mal in ihrem Leben – ihre Seele spüren. Das wird für die Menschheit ein ganz außergewöhnliches Erlebnis sein. Die Menschen werden sich wie Kinder fühlen und diese wunderbaren Worte mit dem Herzen hören und ein Lebensgefühl erfahren, das sie schon vergessen hatten – das sie weit in ihre Kindheit zurückführt, als sie unbeschwert und vertrauensvoll, voller Liebe und einfach glücklich waren.

Wird sich die Erfahrung des Deklarationstags auch auf unsere nächste Inkarnation auswirken? (März 2009)
Wie könnte es anders sein? Wenn der Deklarationstag auch nur annähernd so sein wird, wie ich es verstanden habe, wird er in uns so einschneidende Veränderungen bewirken wie nichts je zuvor. Das wird zu einem gewissen Grad jeden auf der Erde verwandeln. Vielleicht werden die hartgesottenen Fundamentalisten jeglicher Glaubensrichtung nicht allzu glücklich darüber sein und dem vielleicht keine große Bedeutung beimessen wollen, aber verändern wird dieses Erlebnis auch sie. Niemand kann den Deklarationstag erleben, ohne in irgendeiner Weise verwandelt zu werden.
An diesem Tag wird sich unser Lebensgefühl vollkommen verändern, und die damit verbundenen Empfindungen werden noch einige Wochen anhalten, bevor sie allmählich wieder verblassen. Der Meister sagte: „... eine Zeit lang werden die Menschen wie auf Zehenspitzen gehen."
Dann wird die Wirklichkeit sie wieder einholen. Die Probleme sind

noch nicht bewältigt. Das Elend und das Leiden von Millionen, denen der Hungertod droht, wurden noch nicht beendet. Wir müssen uns immer noch mit der Umwelt befassen und sehen, wie wir die Erderwärmung und die Zerstörung des Planeten beenden können. Die Weltprobleme werden bei Millionen von Menschen wieder im Vordergrund stehen. Aber die Erfahrung des Deklarationstages wird alle in ihrem Selbstverständnis, ein Mensch zu sein, bestärken und vielen zum ersten Mal in ihrem Leben das Gefühl geben, wichtig zu sein. Diese außerordentliche, geistige Erfahrung wird befreiend wirken. Der Meister sagte: „In diesem Augenblick wird jeder ... wieder die Anmut der Kindheit, die reine, selbstlose Aspiration erfahren."

Die Menschen werden wieder wie Kinder sein. Wir werden die Welt mit der Anmut, der Freude, dem Staunen, der Unbefangenheit und dem Vertrauen sehen, wie alle Kinder die Welt sehen. Zum ersten Mal in Tausenden von Jahren wird in der Menschheit wieder Vertrauen entstehen.

Niemand hat genug Vertrauen ins Leben. Jeder ist verhärtet und meint, noch härter werden zu müssen, um der Kommerzialisierung, dem Überlebenskampf in einer Welt, in der allein der Markt zählt, gewachsen zu sein. Wettbewerb ist das allgemeine Lebensgefühl.

Zusammenarbeit ist die für die Menschheit natürliche Lebensweise. Wenn der Mensch sein wahres inneres Wesen, seine Seele entdeckt, hört das Wettbewerbsverhalten von selbst auf und mit ihm die Kommerzialisierung. Jeder Mensch ist – ohne Ausnahme – göttlich.

In ihrem letzten Buch **From the Mundane to the Magnificent** *(1979) beschreibt die Esoterikerin Vera Stanley Alder ein faszinierendes Ereignis aus ihrem Leben, das sich 1942 zutrug. Sie erzählt, wie ein hoch entwickeltes Wesen, das sie Raphael nennt, ihr einige Aspekte der Wirklichkeit in einer Serie von praktischen Erfahrungen auf den inneren Ebenen enthüllte. In der letzten dieser Unterweisungen erfüllt er ihr den Wunsch, in die Zukunft zu sehen. Auf ihre Frage, wie eine so herrliche Zukunft je verwirklicht werden könne, versicherte ihr Raphael, dass dies in naher Zukunft durch die Intervention des „Kommenden", des Christus möglich werde, der im Osten als Maitreya Buddha bekannt sei. (1) Können Sie sagen, ob dieses Erlebnis sich wirklich 1942 abspielte, also drei Jahre vor Maitreyas Entschluss, zum frühestmöglichen Zeitpunkt zurückzukehren? (2) Hat Raphael lediglich eine karmische Schuld beglichen, wie er Frau Alder erzählte, oder hatte/hat er eine bestimmte*

Rolle bei Maitreyas Rückkehr zu spielen? (3) Wissen Sie, ob Frau Alders Erlebnis noch durch Ihre Informationen bestätigt werden konnte, bevor sie 1984 starb?* (September 2001)
(1) Ja. Außerhalb des physischen Gehirns existiert keine Zeit. (2) Beides. (3) Ja. Sie kontaktierte mich, und wir trafen uns bei ihr in Bournemouth.

Wie empfänglich ist aus der Sicht der Hierarchie die Menschheit zurzeit für Maitreyas Ideen? Verschließen sich die Menschen, psychologisch gesehen, seinen Prioritäten aufgrund zunehmender Ängste und Spannungen? (Dezember 2002)
Nein, im Gegenteil. Angst treibt die Menschen dazu, entweder hysterisch zu handeln – wie in den USA heute – oder nach Lösungen für die Probleme zu suchen.

Warum fürchten Menschen sich vor Unterschieden – vor anderen Kulturen, Religionen und so weiter? Warum ist „Andersartigkeit" so beängstigend? (Juni 2004)
Weil sie unbekannt ist und daher möglicherweise gefährlich.

In dem Artikel des Meisters „Das fehlende Bindeglied" (Januar/Februar 2002) *steht, dass die Menschheit ihre Lehrzeit abgeschlossen hat. Wenn man sich umschaut, hat man allerdings den Eindruck, verzeihen Sie, dass wir nichts gelernt haben! Was meint der Meister damit?* (März 2002)
Dass die Menschheit älter und erwachsen geworden ist. Esoterisch gesehen, ist das der Fall. Erstmals in unserer langen Geschichte sind jetzt im okkulten Sinne die mentalen, astralen und physischen Träger der Persönlichkeit allgemein integriert und korrekt an die Seele angeschlossen. Das heißt natürlich nicht, dass alle Träger – was die Schwingungsrate betrifft – synchron schwingen.

Kindererziehung

Wie können wir verhindern, dass wir ein Kind konditionieren, und wie können wir seinen freien Willen respektieren und trotzdem mit vernünftigen Regeln für Stabilität und Sicherheit sorgen? (Januar/Februar 2009)
Das ist die 64-Milliarden-Dollar-Frage. Das ist in der Welt, wie sie gegenwärtig ist, fast unmöglich. Das heißt nicht, dass Sie es nicht versuchen sollten.

Sie müssen sich selbst beobachten. Sie müssen sich Ihrer selbst und der Reaktionen Ihres Kindes sehr bewusst sein. Versuchen Sie zu erreichen, dass das Kind sich selbst Regeln gibt. Ein Kind für etwas zu loben, was es gut gemacht hat, stärkt zwar sein Selbstvertrauen, aber ständiges, übertriebenes Loben kann sein Selbstgefühl anderen gegenüber verzerren. Andererseits sollte man nie auf Verurteilungen und Bestrafungen irgendwelcher Art zurückgreifen.

Das Kind ist nur ein Kind und bloß das kleine Tier, das es auf dieser Stufe ist. Es handelt völlig aus dem Instinkt heraus und muss geliebt, liebkost, gehegt und unterhalten werden, man muss ihm zuhören, es tolerieren und behutsam auf die Möglichkeiten des Lebens einstimmen. Wenn man es bittet, ruhig zu sein, kann es lernen, ruhig zu sein. Wenn man es bittet, gewisse Dinge nicht zu tun, kann es ohne Strafen lernen, gewisse Dinge nicht zu tun. Dafür braucht man Geduld. Die Eltern müssen geduldig sein und dürfen nie erwarten, dass das Kind geduldig ist, weil es nicht weiß, was geduldig sein ist.

Aber Kinder sind klug, selbst Kleinkinder sind sehr klug und sich der Mutter und des Vaters, der Familie und der Leute um sie herum bewusst. Sie werden sich anderer Leute als Persönlichkeiten durchaus bewusst und nehmen sehr direkt und doch subtil wahr, was sie erfahren – Liebe oder Hass, Abneigung oder Ungeduld oder was immer.

Es braucht sehr viel Einfühlungsvermögen, um einem Kind nicht zu schaden, seinen freien Willen nicht zu verletzen und zu vermeiden, ihm Ihre eigene Lösung für irgendein Problem aufzudrängen. Ein Kind aufzuziehen, ist immer ein Kompromissakt. In dieser alles andere als vollkommenen Welt sind unweigerlich auch die Menschen heute alles andere als vollkommen und sollten nicht zu viel von sich erwarten oder sich durch zu starke Selbstkritik schaden. Und sie sollten Kinder auch keinesfalls durch Kritik verletzen. Das Kind weiß manches nicht, weil es das Leben nicht in der Weise sieht, wie ältere Leute es tun. Die Leute behandeln Kinder manchmal, als seien sie Erwachsene oder bereits älter, als sie sind. Aber das Kind ist noch kein völlig bewusstes menschliches Wesen. Sein Bewusstsein ist begrenzt. Wenn es sehr klein ist, kann es sich noch gefühlsmäßig in seiner vorangegangen Inkarnation befinden.

Es gibt also keine einfache Antwort auf diese Frage. Zu allererst müssen Sie das Kind lieben. Aber leider lieben viele Eltern das Kind nicht immer, da sie einen unausgesprochenen Groll auf es haben, weil es ihre Freiheit einschränkt. Und das Kind ist immer da – voller Ansprüche –, und die Eltern haben vielleicht wenig Geld. Sie können die

Wünsche des Kindes nicht erfüllen und beschuldigen und verletzten es unbewusst, ohne dass sie es wollen. Ich habe gesehen, wie heftig und gewaltsam das sein kann, mit Schlagen, Anschreien und Beschimpfen. Aber das geschieht häufig aus Ignoranz und Erschöpfung. Wir geben unsere Konditionierungen weiter.

Sie fragen, wie man vermeiden kann, das Kind zu konditionieren? Wenn Sie ein normaler Mensch sind, können Sie es nicht vermeiden. Wir sind nicht vollkommen und werden es nicht sein, bevor die Welt nicht vollkommener ist.

Wir können versuchen, uns zu bessern, und das ist das Höchste, was wir tun können. Denken Sie daran, dass Sie das Kind unter allen Umständen lieben, in welcher Situation auch immer, selbst wenn es Sie zum Wahnsinn treibt. Es ist schwierig, aber so ist das Leben.

Könnten Sie uns bitte an einigen Beispielen erklären, wie Eltern ihre Kinder, außer durch Ausübung einer Religion und unserer Meditation, dazu erziehen können, mit dem innewohnenden Gott in Verbindung zu kommen und ihn zum Ausdruck zu bringen? (März 2009)

Der beste Weg ist immer, ihnen ein Beispiel zu geben. Sie sollten mit Ihren Kindern nicht über Gott sprechen. Kleine Kinder wissen nichts über Gott. Es sollte ihnen überlassen bleiben, Gott in ihrem Inneren selbst zu finden und diese Empfindung auf eigene Weise auszudrücken. Sie sollten ihnen keine Vorstellung von Gott vermitteln, noch sie zur Meditation anleiten oder Regeln für die Manifestation der Seele aufstellen. Sie sollten mit gutem Beispiel vorangehen. Kinder sind wie Schwämme. Sie saugen auf, was Sie ihnen anbieten. Wenn Sie ihnen vermitteln, dass Sie auf alles eine Antwort finden, alles ertragen, geduldig und liebevoll sind (also eine echte „Fußmatte"), dann nehmen sie es an und können ihre Seelenqualitäten zeigen.

Sie müssen gewillt sein, sich dem Kind oder den Kindern völlig zu widmen. Wie viele Leute können das? Sie müssen meist ihren Jobs nachgehen, sind viel beschäftigt und haben selbst Ängste. Es ist unvermeidlich, dass sie diese Angst und diese Unrast weitergeben. Niemand hat Zeit. Wir werden beherrscht von diesem Zeitgefühl. Das ist nicht die richtige Lebensweise.

Im Grunde gibt es so etwas wie Zeit nicht. Sie ist bloß eine Übereinkunft, um rechtzeitig Flugzeuge oder Züge zu erreichen und so weiter. Aber sie taugt nicht zum Leben, Verstehen, Wachsen. Wenn es Zeit braucht, um etwas zu tun, das der Mühe wert ist, dann braucht es eben

Zeit. Wenn es der Mühe wert ist, braucht es Zeit. Wenn es nicht der Mühe wert ist, verbringen Sie keine Zeit damit.

Widmen Sie den Kindern Ihre Zeit, Ihre Hingabe, Ihre Liebe, Ihre Bereitschaft, jede Frage zu beantworten. Das ist das, was ein Kind braucht. Es braucht Beispiele. Sie müssen ihm keine Religion anbieten. Das ist das Schlimmste, was man tun kann. Sie müssen es auch nicht zur Meditation anleiten. Sie sind noch nicht so weit. Schenken Sie ihnen Ihre Liebe.

Wenn Kinder Fragen zu Wiedergeburt, Ufos und ähnlichen Themen haben, was können wir ihnen als Eltern erzählen, auch im Hinblick darauf, dass Lehrer, andere Eltern und Kinder sagen könnten, das sei alles Blödsinn? (Januar/Februar 2009)
Wenn Eltern oder Lehrer beispielsweise Ufos für Blödsinn halten, dann sagen sie ihnen das auch. Dagegen können wir nichts tun, außer dass wir sie solchen Leuten nicht anvertrauen.

Die richtige Antwort hängt sehr vom Alter der Kinder ab. Ich glaube nicht, dass man bei Kindern bis zum Alter von sechs oder sieben Jahren das Interesse an Ufos oder Themen wecken sollte, die allgemein als Esoterik bezeichnet werden. Sie sollten nicht an irgendwelche religiöse oder esoterische Überzeugungen ihrer Eltern herangeführt werden. Sie sollten in ihrem eigenen Tempo in ihren Lebensprozess hineinwachsen dürfen. Je nachdem, wer sie als Seelen in Inkarnation sind, kann es länger oder kürzer dauern, aber es sollte ihnen überlassen bleiben, diesen Augenblick zu wählen. Älteren Kindern von etwa acht bis vierzehn sollte man eher einfache Antworten auf Fragen zu Ufos oder Wiedergeburt geben.

Die Reinkarnation ist ein sehr schwieriges Thema. Es handelt sich dabei um eines der wichtigsten Gesetze, das wir im Leben erfahren – das Gesetz der Wiedergeburt. Irgendwann werden wir hoffentlich alle dieses Gesetz begreifen und von ihm überzeugt sein und es auch unmittelbar erfahren. Aber ich würde das keinem Kind unter sechs oder sieben Jahren vermitteln.

Sieben ist ein kritisches Alter, ein Wendepunkt, und von da an kann man dem Kind einiges genauer erklären, aber immer nur auf die jeweilige Frage bezogen und nicht im dogmatischen Interesse seiner Eltern. Ich würde Kinder generell von irgendwelchen religiösen oder philosophischen Glaubensinhalten fernhalten, damit sie frei sind, sich zu gegebener Zeit ihre eigene Meinung zu bilden.

Ich kenne einige Leute, die von der Geschichte der Rückkehr der Meister und des Christus in die Welt so begeistert sind, dass sie ihre Kinder schon von klein auf in diese Geschichte einbinden wollen. In einigen Fällen wirkte sich das so aus, dass die Kinder allmählich eine sehr vitale, aber völlig verdrehte Rolle darin übernahmen. Sie begannen, „Botschaften" von Meistern zu erhalten – was natürlich Unsinn war. Die Meister übermitteln an Kinder dieses Alters keine Botschaften. Und dann wenden sich die Eltern mit der Frage an mich, ob ihr Kind tatsächlich Ratschläge und Lehren von den Meistern erhalte oder ob es nur wiederhole, was sie von ihren Eltern gehört hatten.

Natürlich haben sie nur wiederholt, was sie von den Eltern gehört hatten, es war also eine Verblendung vonseiten dieser Kinder. Lassen Sie die Gedanken und religiösen Vorstellungen Ihrer Kinder in Ruhe, bis sie alt genug sind, sich ihre eigene Meinung über das zu bilden, was sie in ihrem Umfeld erleben. Selbst wenn das bedeuten sollte, dass sie das, was ihre Eltern denken, völlig ablehnen. Kinder verändern sich.

Ich bin als „wiedergeborene" Christin aufgewachsen und mittlerweile selbst Mutter. Aus Gründen, die mein persönliches Wachstum betreffen, habe ich den Eindruck, es wäre falsch, meinen Kindern dieses Christentum, mit dem ich groß geworden bin, zu vermitteln, aber ich möchte ihnen auch irgendetwas mitgeben. Ich möchte ihnen einen spirituellen Halt im Leben geben, auf den sie bauen können, wenn sie heranwachsen und Entscheidungen für ihre Zukunft treffen. Bietet **Share International** *Gottesdienste für Familien an? Haben Sie einen Rat für mich, wie man mit Kindern umgehen kann, damit sie sich zu spirituellen Menschen entwickeln können?* (Dezember 2006)

Die beste Lehre – ich denke die einzig wahre Lehre – ist die, ihnen ein Beispiel zu sein. Wenn ich es wagen darf, Ihnen einen Rat zu geben, ist es dieser: Schenken Sie ihren Kindern die Freiheit von Indoktrinationen und Konditionierungen. Lassen Sie sie einfach sie selbst sein und werden. Halten Sie sie fern von „Glaubenslehren" und bremsen sie niemals ihre Spontaneität, denn darin äußert sich ihre Einmaligkeit als Seele.

Vermitteln Sie ihnen, indem Sie ihnen ein Beispiel sind, alle Menschen jeder Hautfarbe und Kultur zu lieben und tolerant und gerecht zu sein. Vermitteln Sie ihnen durch Ihr Verhalten das grundlegende geistige Lebensgesetz, das Gesetz von Ursache und Wirkung – in ganz einfachen Worten: „Was du säst, das wirst du ernten" – und die notwendige Konsequenz daraus, in jeder Situation nichts und niemanden zu verletzen.

Vermitteln Sie ihnen durch Ihr Beispiel die Kraft des guten Willens, und wie man entspannt und glücklich sein kann.
Ein spirituelles Leben hat nichts mit Glaubenssystemen und Anbetung zu tun. Es ist eine konstante Empfindung, mit dem Göttlichen verbunden zu sein, von dem man nicht getrennt ist und daher auch nicht von anderen, da es in ihnen ebenso zum Ausdruck kommt. Seien Sie Ihren Kindern darin ein Beispiel und Sie werden sehen, wie sie vor Ihren Augen zu Beispielen dieser Göttlichkeit heranwachsen.

Bisher habe ich fünf Ihrer großartigen Bücher gelesen und dazu verschiedene Fragen: (1) Ab welchem Alter sammelt ein Kind Karma an? Wenn ein Dreijähriger seine Schwester verletzt, verschlechtert er damit sein Karma? (2) Bei mir wurde ein Aufmerksamkeitsdefizitsyndrom (ADHS) diagnostiziert, aber Medikamente helfen bei mir nicht – wegen der starken Nebenwirkungen. Auf der Webseite von **Share International** *habe ich gelesen, dass ADHS möglicherweise auf nukleare Strahlung und Umweltverschmutzung zurückzuführen sei. Gibt es für diese Erkrankung irgendein Heilmittel, abgesehen davon, dass man auf Bioprodukte umsteigt und möglichst in einer Gegend lebt, in der die Umweltverschmutzung nicht so groß ist, und Transmissionsmeditation praktiziert? (3) Auf der Astralebene kann man reisen, wohin man will und so schnell man will. Gibt es auf dieser Ebene gefährliche Orte – wie einen anderen Planeten, die Sonne oder sogar das schwarze Loch im Zentrum der Galaxie?* (Juli/August 2008)
(1) Ein Kind ist bis zum Alter von sieben Jahren nicht dem Karma unterworfen; und bis zum Alter von 14 Jahren wird sein Karma immer noch weitgehend abgemildert. (2) Zurzeit nicht. Solange wir nicht in der Lage sind, mit den höheren Aspekten der Giftigkeit nuklearer Strahlung umzugehen, lässt sich ADHS nicht eindämmen. Ich würde empfehlen, die „Hand" von Maitreya zu benutzen und ihn um Hilfe zu bitten*. (3) Ja, durchaus. Die Orte, die Sie schilderten, schwarze Löcher und dergleichen, sind auf den Astralebenen nicht zugänglich. Aber auf den niederen Astralebenen gibt es viele Gefahren, denen man sich ohne Aufsicht aus höherer Quelle nicht nähern sollte. [* Siehe die Aufnahme von Maitreyas Hand auf den Fotoseiten.]

Erziehung von Jugendlichen

Immer mehr junge Menschen verlieren durch Depressionen und Drogen den Halt. Wie können wir ihnen helfen? (Januar/Februar 2004) Das ist ein schreckliches Problem. Laut Maitreya leiden sie an spirituellem Hunger. Man muss in ihnen wieder das Gefühl für den Sinn des Lebens wachrufen. Sie begehen langsamen Selbstmord, indem sie beispielsweise Drogen nehmen. Sie wissen nichts von Maitreya, sie wissen nichts über die Transformation der Menschheit, die unvermeidlich ist und die diesen jungen Menschen wieder zum Leben – zu wirklichem Leben – verhelfen wird. Man kann ihnen zum jetzigen Zeitpunkt sehr helfen, wenn man ihnen von Maitreya und den Meistern und der damit verbundenen neuen Hoffnung für die Welt erzählt und damit ihre Selbstachtung stärkt. Sie haben alle Selbstachtung und Hoffnung verloren. Sie brauchen Hilfe von Menschen, die es besser wissen und ihnen auf eine Weise helfen, die sie verstehen können. Man muss die Hilfe weitergeben, die man selbst bekommen hat.

Einem kürzlich erschienenen britischen Bericht zufolge hat der Drogenkonsum unter den Jugendlichen trotz aller staatlichen Eindämmungsversuche zugenommen. Könnten Sie sich bitte dazu äußern? (Mai 2007) Die Rauschgifthändler und „Dealer" sind tüchtiger als die (Polizeikräfte), die den Handel unterbinden wollen. Sie gehen auch systematischer und aufgrund langer Erfahrung effizienter vor. Die erzieherischen Bemühungen zur Drogenbekämpfung sind nur halbwegs erfolgreich und rechtfertigen bisher, obwohl sie sehr umfangreich angelegt sind, weder den zeitlichen noch den finanziellen Aufwand. Die eigentliche Ursache für die Zunahme des Drogenkonsums ist jedoch, dass die Regierung mit ihrer Haltung, „blind den Marktkräften zu folgen", wie Maitreya es bezeichnet, gesellschaftliche Verhältnisse geschaffen hat, die den Jugendlichen als einzigen Anreiz den Ausblick auf einen trostlosen Konkurrenzkampf bieten; sie haben vor allem den Eindruck, dass ihre Aussichten wenig erfreulich und nicht der Mühe wert sind, und suchen deshalb die flüchtige Wirkung von Drogen, um ihr Gefühl der Beklemmung zu lindern. Man müsste in ihnen wieder Hoffnung wecken und sie inspirieren, ihren angeborenen Idealismus zu entdecken. Da diese Inspiration fehlt, sehen sie nur eine sinnentleerte Zukunft vor sich. Sie befinden sich in einem inneren Zwiespalt und fühlen sich der Gesellschaft, die ihnen nichts Lohnenswertes zu bieten hat, entfremdet.

Angesichts der gegenwärtigen politischen und ökonomischen Situation wird der Drogenkonsum unter den Jugendlichen daher weiterhin zunehmen. Das kann sich erst dann ändern, wenn Maitreya in das öffentliche Leben zurückgekehrt ist und die Jugendlichen durch seine Anwesenheit wieder Hoffnung schöpfen und zu ihrem eigentlichen Enthusiasmus inspiriert werden, den sie verloren oder noch nicht entdeckt haben.

Auf Großbritanniens Straßen werden Kinder in Mord und Gewalttaten verwickelt – warum? Was ist falsch gelaufen? Was kann getan werden, um die Ursachen zu bekämpfen? (Oktober 2007)
Diese tragische Situation beschränkt sich nicht allein auf Großbritannien, sondern wird in allen Industrieländern immer augenscheinlicher. Da die westlichen Politiker „blind den Marktkräften folgen", haben sie eine gespaltene Gesellschaft geschaffen, in der die Reichen immer reicher und die Armen immer ärmer werden. Das ist in Großbritannien sehr deutlich zu sehen – genauso wie in den USA und anderen „erfolgreichen" Ländern. Diese Gewaltverbrechen finden vor allem in den ärmsten Gegenden der Innenstädte statt, wo Kinder und Jugendliche vernachlässigt werden, für Spiel und Sport keine Einrichtungen zur Verfügung haben und von ihren Eltern meist wenig oder keine Unterstützung erhalten. Sie fühlen sich unerwünscht, sind vereinsamt und im Krieg mit sich und der Gesellschaft, der sie angehören. Ihre einzige Familie oder Gemeinschaft sind die Straßenbanden, die unweigerlich den Platz der Familie einnehmen. Sie haben das Gefühl, dass das Leben für sie sinnlos oder hoffnungslos sei, und greifen zur Gewalt, um ihrem Leben einen Sinn zu geben. Und gleichzeitig sind die Zeitungen voller Berichte über Rekordprämien für Manager, die ihren Unternehmen zu riesigen Gewinnen verholfen haben. Diese „Prämien" können 30 Millionen Euro im Jahr betragen. Ist es da ein Wunder, dass sich die Kinder ausgeschlossen fühlen und auf Rache sinnen?

Im September und Oktober 2006 gab es in den USA vermehrt Schießereien an Schulen, wobei Erwachsene in die Schulen eindrangen und Schüler oder Lehrer töteten oder verwundeten. Sie erwähnten einmal, dass Gewalt an Schulen die Folgeerscheinung einer Gesellschaft sei, die Wettbewerb und Vergeltung lehre, und auch eine Reaktion instabiler Menschen auf die hereinströmenden neuen Energien sei. Trifft das auch auf Situationen zu, wo eine Gewalttat die kranken

Wünsche anderer instabiler Personen „zur Entladung" bring vember 2006)
Ja.

Es ist erschütternd, wie sehr Depressionen in den westlichen Ländern zunehmen. In England beispielsweise ist in den letzten zehn Jahren die Verschreibung von Antidepressiva um 700 Prozent gestiegen. Was ist der Grund für diese „Epidemie"? (Dezember 2002)
Depression ist die Zeitkrankheit einer Gesellschaft, die sich dem Materialismus verschrieben hat. Es ist ein „geistiges Verhungern", das in der westlichen Welt immer mehr zunimmt. Die höchste Depressionsrate und den größten Verbrauch von Antidepressiva und Beruhigungsmitteln haben die USA zu verzeichnen.

Welche Auswirkung hat es auf die jüngere Generation, dass sie sowohl in der Schule als auch in ihrer Freizeit sehr häufig elektronische Geräte benutzt? Wird dadurch nicht eher eine kopflastige Entwicklung statt ein seelisch-intuitives Verständnis gefördert und damit das geistige Wachstum der Kinder gehemmt? Wenn ja, was kann man tun, um diese Auswirkungen zu mildern? (März 2009)
Die Instrumente des modernen Lebens – wie elektronische Geräte – können schädlich für das Nervensystem oder auch außerordentlich nützlich sein, wenn die Kinder dadurch nicht so viele Fakten in ihrem Gehirn speichern müssen. In der modernen Erziehung werden zu neunzig Prozent Fakten gelehrt. Sie verstopfen das kindliche Gehirn, vor allem in den Industrieländern. Wenn Computer das alles speichern, bleibt der Kopf frei.

Es gibt aber gute und schlechte Computer – Computer, die einen vor der Faktenspeicherung bewahren, und Spielcomputer. Die Beschäftigung mit Computerspielen sollte von den Eltern eingeschränkt werden. Das kann, wie viele Spiele, zu einer Obsession werden – genauso wie zu viel Fernsehen. Es ist eine Droge, die kräftezehrend wirkt und uns daran hindert, die Missgeschicke und Glücksfälle des wirklichen Lebens zu erfahren.

Sie haben gesagt, dass Computerspiele abhängig machen können. Könnte man vom allgegenwärtigen Gebrauch digitaler MP3-Player und Mobiltelefone mit ihrer Unzahl von Kommunikationsfunktionen das Gleiche behaupten? Unterminiert die ständige Ablenkung durch Popmusik,

Textmeldungen und Chats nicht die Fähigkeit der Person, sich zu fokussieren und zu konzentrieren? Welche Auswirkungen haben diese elektronischen Geräte auf die mentale und geistige Entwicklung junger Menschen? (Mai 2009)
Alle diese Geräte haben eine gewisse nützliche Funktion. So wie sie heute weitgehend benutzt werden, besteht ihr Haupteffekt allerdings darin, ihre Benutzer davon abzulenken, sich selbst und das wirkliche Leben zu erfahren; mit anderen Worten, sie sind bei übermäßigem Gebrauch eine Flucht vor der Realität. Es wird wohl Maitreyas Inspiration nötig sein, um diese jungen Menschen wieder für Sinnfragen und die Herausforderungen des Lebens begeistern zu können, sodass sie nicht länger nach Fluchtmöglichkeiten suchen.

Viele Jugendliche behaupten, sie bräuchten viel Schlaf. Stimmt das? Was meint Ihr Meister dazu? (September 2002)
Nein. Das ist natürlich individuell verschieden, aber die meisten Jugendlichen schlafen aus Gewohnheit und wegen falscher Essgewohnheiten lange. Die meisten bräuchten nicht mehr als fünf Stunden Schlaf.

Werden Teenager in Zukunft lieber mit Gleichaltrigen zusammenleben? (März 2009)
Einige ja, andere nicht. Einige tun es bereits. Das ist aber kein besonderes Verhalten, das sich in der ganzen Welt durchsetzen würde. In einigen Teilen der Welt wie den USA und Europa werden sich einige vielleicht eine Zeit lang zusammenschließen. Teenager werden jedoch begreifen, dass sie sich nicht völlig auf sich selbst gestellt entwickeln können und ältere Leute brauchen, vielleicht ihre Eltern oder irgendwelche Lehrer, um sich in die Gesellschaft einzugliedern. Sie können sich nicht für lange Zeit von der Gesellschaft absondern. Die Gesellschaft ist ein Ganzes, und sie sind ein Teil dieses Ganzen. Aber in diesem Sinne wird es auch viele verschiedene Experimente geben.

Manche Jugendlichen bezeichnen die Menschheit als einen Virus auf der Erde, der ausgerottet werden sollte. Wie könnte eine hilfreiche Antwort lauten, damit sie sich ihrer Göttlichkeit bewusst werden? (Januar/Februar 2009)
Auch das hängt vom Alter der Jugendlichen ab. Ein 19-Jähriger braucht eine andere Antwort als ein 13-Jähriger, ich würde auch sagen, das hängt vom Evolutionsstadium und daher von der Verstandesreife der Person ab.

Sie sagen, die Menschheit sei ein Virus auf der Erde und sollte ausgerottet werden, und ich würde entgegnen: „Versuche es. Versuche sie auszurotten." Ich denke, das würde reichen. Und wenn sie fragen: „Wie?", würde ich sagen: „Das weiß ich nicht. Mach es so, wie du meinst." Sie werden sehen, dass sie dann verstummen. Das ist bloß eine kleine Idee.

Es gibt Leute in der Welt, die in sehr gefährlicher und zerstörerischer Weise agieren, und Jugendliche haben noch sehr hohe Ziele. Ihre Aspiration ist frisch und ungetrübt, sie kommt aus dem Herzen. Und sie sind entsetzt über das Leid und das Elend in der Welt. Sie empfinden das sehr stark. Aber auf diesen Aufschrei nach Mitgefühl – denn das ist es – mit der Vorstellung von der Vernichtung der Spezies zu reagieren, ist einfach töricht.

Einige kämpfen gegen die Gesellschaft, aber auch gegen sich selbst als Teil dieser Gesellschaft. Sie fühlen sich der Gesellschaft entfremdet und meinen zu Recht, dass diese nichts für sie tut. Wenn sie sich umschauen und die Kommerzialisierung der Welt und die destruktiven Tendenzen der Regierungen und Politiker sehen, wundert es nicht, dass sie das so empfinden. Aber weil sie mental nicht sehr entwickelt sind, meinen sie, Vernichtung wäre die Lösung. Sie sehen dann bald, dass das nicht geht.

Dann werden sie realistischer und merken, dass sie ihre Umgebung und die, denen sie begegnen, durch ihr eigenes Verhalten beeinflussen können. Es liegt an uns, an jedem von uns, ob wir uns bemühen, gemäß unserer Tradition so gut wie möglich zu sein, ob man, wenn man beispielsweise religiös ist, ein guter Christ sein will – so wie Maitreya sagen würde: Sei der beste Christ, den es gibt, der beste Muslim, der beste Hindu, der beste Buddhist oder der beste Jude – sei einfach so gut, wie du nur sein kannst.

In meinen Jugendjahren gab es eine Zeit, da wachte ich morgens mit einem Gefühl der Liebe auf, wie ich es seit dem nie wieder gespürt habe. Es war eine absolute Liebe, die alles betraf. Es war ein sehr gutes Gefühl, und ich wünschte mir, ich könnte immer in diesem Zustand leben. Nach wenigen Augenblicken verschwand dieses Gefühl dann wieder, weil sich, wie ich vermute, wieder die Konditionierungen in meinem Bewusstsein breit machten. Ist dies, zumindest ansatzweise, die Erfahrung, im gegenwärtigen Moment oder im „Jetzt" zu leben? (Juni 2004)

Ja. Bei Kindern ist das noch normal, verschwindet aber meist allmählich, wenn die Schwierigkeiten der Pubertät beginnen.

Unter den Jugendlichen in den USA haben die Störungen Aufmerksamkeitsdefizit (ADD) und Aufmerksamkeitshyperaktivität (ADHD) stark zugenommen. (1) Was ist die primäre Ursache dieser Störungen? (2) Hängt das damit zusammen, dass der menschliche Körper mittlerweile verschiedenste körperfremde und giftige Chemikalien in sich trägt, die sich bei großen Mengen fatal auswirken? (Oktober 2006)
(1) Umweltverschmutzung, vor allem die nukleare Strahlung – sie ist der größte „Killer". Ebenso wirken sich auf Menschen jeglichen Alters die hohen Potenzen der neuen kosmischen Energien aus, die in unseren Planeten einströmen. (2) Genau, das ist die Vergiftung, die ich meine.

Wandel in Bildungsprogrammen und bei Lehrern und Erziehern

Würden Sie uns als Gruppe raten, Unterrichtseinheiten oder Lehrprogramme zu entwickeln, die auf Maitreyas Rückkehr und seinen Lehren basieren, und diese dann Schulen anzubieten? (Januar/Februar 2009)
Ich würde sehr empfehlen, solche Programme auszuarbeiten und sie der Allgemeinheit anzubieten, nicht speziell den Schulen. Wenn man sie Schulen anbietet, dann für höhere Klassen. Ich würde ab 14 Jahre aufwärts ansetzen und natürlich auch Universitäten einbeziehen. Und es wäre sicher sehr nützlich sie auch der Allgemeinheit anzubieten. Sie haben nicht mehr viel Zeit, bis Maitreya an die Öffentlichkeit tritt. Diese Frage hätte man vor 20 Jahren stellen sollen, und ich hätte sie ebenso beantwortet, aber dann hätten Sie bereits 20 Jahre Erfahrungen gesammelt. Sie haben keine Ahnung, wie nah Maitreyas öffentlicher Auftritt bevorsteht – in sehr kurzer Zeit.

Die Antwortet lautet also Ja, in Schulen, aber erst ab 14 aufwärts. Nur Menschen ab 14 Jahren werden Maitreyas Worte am Deklarationstag telepathisch hören. Bis zu diesem Alter sind sie noch Kinder, und das sollte respektiert werden. Es gibt Grenzen bei dem, was man Kindern anbieten kann oder sollte.

Wird sich die Bildung und Erziehung nach dem Deklarationstag langsam oder schnell verändern? (Januar/Februar 2009)
Denjenigen, die sich um Veränderungen bemühen, wird es unendlich

langsam erscheinen. Veränderungen zuzulassen, ist immer schwer. Auf dem Gebiet der Erziehung kommen sie sehr langsam zustande – nachdem Ideen jahrelang diskutiert, zurückgewiesen, dann wieder akzeptiert, wieder aufgenommen und erneut verworfen wurden – schon bei den einfachsten Dingen; und diese neuen Lehren sind keine einfachen Veränderungen. Also können Sie davon ausgehen, dass diese Entwicklung sehr langsam erscheinen wird.

Aber auf lange Sicht gesehen, wird es sehr schnell gehen. Es wird enorme Veränderungen im menschlichen Denken und Erleben geben, sogar ohne die persönlichen Anstrengungen der Leute an der Basis. Radio und Fernsehen werden ihren Aufgaben nachkommen. Das Internet ebenfalls. Und die Leute werden rasch damit vertraut gemacht werden – das ist der springende Punkt – sie werden nicht erzogen, sondern mit dem Gedankengut und den Konzepten vertraut gemacht, die der neuen Zeit entsprechen. Und sobald diese Ideen den Leuten vertraut sind, werden sie selbst ihre Umsetzung beschleunigen oder bremsen, je nach ihrer mentalen Ausrüstung.

Die Menschen im Osten kennen das Gesetz der Wiedergeburt schon seit Tausenden von Jahren. Für Millionen von Buddhisten und Hindus beispielsweise ist die Doktrin der Wiedergeburt wahr, sie verstehen aber nicht immer die Zusammenhänge. Viele haben eine verzerrte Vorstellung vom Gesetz des Karma – dem Gesetz von Ursache und Wirkung – zum Beispiel, warum sie arm sind. Sie gehen davon aus, dass sie in einem früheren Leben etwas getan haben, was das rechtfertigt; vielleicht waren sie reich, aber grausam und herzlos und sind daher in diesem Leben arm. Sie sehen nicht, dass Armut eine politische Ursache hat. Sie hat beispielsweise auch etwas mit der Ursache und Wirkung von Aktionen der indischen Regierung zu tun. Die indische Regierung hat zur Zeit viel Geld, sie bietet als finanzieller Gigant dem Westen Anleihen, um unsere Banken zu füttern, damit diese nicht kollabieren, und doch sind Millionen Inder hungrig, und das nicht aufgrund von Karma, sondern weil der Reichtum Indiens nicht verteilt wird.

Welche Vorgehensweise empfehlen Sie Lehrern, um sich auf die von Ihrem Meister beschriebenen erzieherischen Ziele vorzubereiten? (März 2009)

Noch mehr lesen. Lesen Sie so viel, wie sie aufnehmen können. Die Bücher stehen jedem zur Verfügung, aber nur wenige lesen sie gründlich. Die Bedürfnisse existieren, sind aber nicht unbedingt bekannt. Daher

sind sie bisher nur wenigen bewusst. Wenn sie aber allgemein mehr ins Bewusstsein rücken, wird sich der Wunsch nach mehr Erkenntnis und daher nach mehr Experimenten allmählich durchsetzen. Geschulte Leute werden sich melden und andere schulen, die wiederum schulen werden ... Wie lange das dauern wird? Wer weiß das schon?
Wie können wir uns vorbereiten? Lesen Sie die Bücher von Alice Bailey, studieren Sie diese. Sie können auch meine Bücher lesen, wenn Sie mögen, aber es ist nicht an mir, sie anzupreisen. Ich denke, dass die Bailey-Bücher das behandeln, wonach Sie suchen.

Welche Bücher von Alice Bailey empfehlen Sie hinsichtlich der neuen Erziehung? (März 2009)
Ich würde vor allem *Erziehung im neuen Zeitalter* empfehlen. Dann *Intuition – menschliche und solare Einweihung*. Und falls Sie mal ein freies Wochenende haben, auch *Eine Abhandlung über kosmisches Feuer*. Dann die Bücher über die Strahlen, esoterisches Heilen, esoterische Astrologie. Gehen Sie alle durch. Alle handeln von Erziehung. Sie wollen den Verstand und die Intuition stimulieren und Ihnen bewusst machen, dass sich in Ihnen Seinsebenen befinden, die Sie vielleicht noch gar nicht kennen.

Zu meinen Leseempfehlungen an meine Pädagogikstudenten gehört auch das Buch von Krishnamurti **Vertrauen zum Leben. Ein Beitrag zur Erziehung** *(1954), da es relevante und praktische Erkenntnisse über das Wesen einer guten Erziehung vor allem im Hinblick auf die Bedürfnisse der Menschheit und der Welt bietet. Immer wieder beklagen sich die Studenten, dass Krishnamurti die Welt und die Menschheit zu negativ sehe, und dass seine Ideen nicht praktikabel und realistisch seien. Wenn ich darauf hinweise, dass man seine Beobachtungen auf sich selbst beziehen sollte, kommt meist der Einwand, dass die Welt seit dem Kalten Krieg, als das Buch erstmals publiziert wurde, nicht sicherer geworden sei – ganz im Gegenteil. Vor ein paar Tagen kam ich zu dem Schluss, dass meine Studenten aufgrund ihres Alters (zwischen 22 und 24) einfach noch nicht genug von der Welt gesehen haben, um die Dringlichkeit seiner Aussagen erfassen zu können. Wäre es vielleicht besser, den Studenten das Buch deshalb nicht mehr zu empfehlen? Oder soll ich es weiterhin versuchen, um Samen zu säen? Ich wäre sehr dankbar, wenn Sie sagen könnten, wie Sie das sehen.* (September 2008)
Es braucht Zeit und Konzentration, um Krishnamurtis Aussagen zu

begreifen. Geben sie nicht auf, mit der Zeit verstehen sie, was er meint. Diese jungen Leute werden in Kürze selbst hören, was Maitreya sagt. Er ist Krishnamurtis Mentor.

Vor einigen Jahren sagten Sie, dass Maitreya in London Erzieher ausbildet. Gilt das auch heute noch? (März 2009)
Soviel ich weiß, ja. Maitreya bildet Erzieher aus. Einige Leute haben eine sehr einfache Form von Ausbildung, von Neuorientierung durchlaufen. Darüber hinaus wurden auch Gruppen gebildet, in denen die Beteiligten sich um verhaltensauffällige Kinder kümmern, die gewalttätig, schwer erziehbar und völlig orientierungslos sind. Ich weiß nicht, wie weit das inzwischen fortgeschritten ist. Aber diese Experimente werden durchgeführt.

Den Kindern wird eine sehr einfache Atemmeditation vermittelt. Sie dient dazu, die Denkweise dieser verstörten Kinder zu verändern. Sie haben sich der Gesellschaft, zu der sie gehören, völlig entfremdet. Sie haben nicht das Gefühl, dass die Gesellschaft ihnen etwas zu geben hat. Sie hätten einige Forderungen, die sie gern der Gesellschaft stellen würden, und sind vielleicht nicht in der Lage, sie in Worte zu fassen, aber sie wollen etwas von der Gesellschaft – Jobs, Geld, Freiheit, Gerechtigkeit – und bekommen nichts davon. Deshalb gelten sie nur als „Schläger", „Nichtsnutze", Kleinkriminelle. Maitreya hat dieses einfache Verfahren mit einem kleinen ausgebildeten Team in die Wege geleitet, das mit diesen jungen Menschen arbeitet, wodurch sich in sehr kurzer Zeit ihre ganze Lebenseinstellung verändert.

Es beginnt mit einer Atemübung, in der sie sich als das Selbst spüren. Sie machen das täglich mehrmals und entwickeln ein immer stärkeres Selbstwertgefühl.

Wie können wir uns selbst vorbereiten? Lesen Sie die Alice-Bailey-Bücher, studieren Sie sie wirklich. Sie können auch meine Bücher lesen, wenn Sie möchten, aber die Alice-Bailey-Bücher behandeln das, wonach Sie vermutlich suchen.

Maitreya sagte: „Ohne Selbstachtung kommt man nicht weiter." Welche kleinen Schritte könnten einem, wenn nötig, helfen, mehr Selbstachtung zu gewinnen? (Juni 2009)
Eine Art von Leistung, in irgendeiner Hinsicht etwas zu bewältigen, hilft, die Selbstachtung zu stärken. Man sollte sich daher wirklich bemühen, irgendein Ziel zu erreichen, sei es groß oder klein; und dann

Ziel allmählich immer höher stecken, bis das Selbstvertrauen, das mit den Leistungen wächst, etwas Beständiges und Zuverlässiges wird. Die Aspiration, das Streben nach Verbesserung, nach Höherem, ist der Schlüssel. Wenn wir diese latent in uns und anderen vorhandene Aspiration wecken und fördern können, entwickeln sich Selbstwertgefühl und Selbstachtung von selbst.

Werden jetzt bereits Jünger, die im Erziehungswesen tätig sind, für die von den Meistern angestrebte Erziehungsreform ausgebildet, sowie auch in anderen Sparten Leute für neue Aufgaben geschult? (Januar/Februar 2009)
In der Außenwelt werden in einigen Ländern da und dort Versuche einer solchen Reform unternommen; interessanterweise geschieht das in Amerika vermutlich mehr als anderswo vonseiten kleinerer Gruppen. Doch in keinem Land steht die Einführung dieses Gedankenguts auf der politischen Tagesordnung.

Die ersten fünf Meister kamen 1975 in die Alltagswelt zurück, dann folgten zwei weitere und danach die anderen. Außer Maitreya sind jetzt also vierzehn Meister in der Welt. Doch alle Meister haben in gewisser Weise auch eine erzieherische Funktion. Sie sind auf ihrem jeweiligen Gebiet im Grunde immer auch als Lehrer tätig, aber nicht unbedingt im formellen Sinn. Viele von ihnen haben anderweitige Aufgabenbereiche, aber letztlich besteht ihre Arbeit, soweit sie uns betrifft, darin, zu lehren. Sie gehen dabei so vor, dass sie ihre Lehren an ihre Jünger, an Männer und Frauen in der Alltagswelt, weitergeben. Daher gibt es jetzt eine weltweite Gruppe von Männern und Frauen, die geschult werden, anderen die Ideen, die Grundsätze, die Methoden eines besseren Erziehungskonzepts zu vermitteln – das auf einer Erziehung für das Leben basieren muss.

Das alles braucht Zeit. Aber zunächst wird sich die Arbeit auf politische Aufgaben konzentrieren müssen und erst später auf eine Erziehung für das Leben im eigentlichen Sinn. Das wird sich nur langsam umsetzen lassen. Er hat eine andere Funktion, obwohl beide Aufgabenbereiche miteinander verknüpft sind. Doch zuallererst muss dafür gesorgt werden, dass wir die Welt nicht zerstören. Wenn wir also erklären, dass wir die Atombombe loswerden wollen, muss das ausgeführt werden. Dieser Abbau muss von Menschen, denen die Welt vertrauen kann, beaufsichtigt werden. Das werden die Hierarchie und ihre Repräsentanten, fortgeschrittene Jünger jener Meister sein, die bereits hier sind.

Der Wandel im Erziehungssektor wird also etwas langsamer vor sich gehen, aber er wird stattfinden. Zurzeit werden einige Leute geschult, ein Gesamtbild der allgemeinen Richtlinien der neuen Erziehung zu vermitteln. Andere werden ausgebildet, um in Klassenzimmern oder anderen Einrichtungen diesbezügliche Wissenslücken zu beheben. Diese Lehrtätigkeit spielt sich nicht immer in einem Klassenzimmer ab. Sie kann auch in der Industrie ausgeübt werden.

Sollten also Leute, die als Lehrer tätig sind, nicht versuchen, ihre Ideen über Erziehung umzusetzen? (Januar/Februar 2009)
Nein, das will ich damit keineswegs sagen. Jeder gute Lehrer sollte es auf jeden Fall versuchen, aber es kommt auf das Alter Ihrer Schüler an. Sie müssen das, was Sie sagen, dem Auffassungsvermögen der jeweiligen Klasse entsprechend präsentieren. Wenn es jüngere Schüler sind, sollten Sie sehr darauf achten, ihnen nichts vorzusetzen, was eine Überstimulierung bedeuten und damit Verblendungen hervorrufen könnte, also ein falscher Weg für sie wäre.

Aber für Jugendliche, vor allem ab 14, ganz sicher, sie hungern nach Wissen, sie wollen wissen.

In einem Gespräch über Erziehung, bei dem es darum ging, dass richtige mitmenschliche Beziehungen im Mittelpunkt stehen müssten, wollte ich einem jungen Kollegen erklären, dass in unserem täglichen Leben die ökonomischen Werte schon fast alle menschlichen Werte verdrängt hätten. Zu meiner Verwunderung meinte er, er sei gar nicht so sicher, ob das unbedingt schlecht sei, denn schließlich habe der freie Markt den Menschen doch viele Freiheiten gebracht – vor allem in der freien Auswahl von Produkten und Diensten. Ich war sprachlos über diese offensichtliche Ignoranz und wüsste gern, was die Meister wohl auf solch eine Bemerkung entgegnen würden. (September 2008)
Sie würden vermutlich sagen, dass das nichts Schlechtes sei, solange jeder die gleiche Chance habe, in den Genuss dieser Freiheiten zu kommen.

Ich würde als Lehrer gern wissen, wann wir wohl öffentlich über Maitreya und den Sinn des Lebens sprechen könnten, ohne unseren Job zu verlieren? (Januar/Februar 2009)
Das ist eine schwierige Frage. Ich kann Ihnen nicht garantieren, ob das, was ich Ihnen erzähle, Ihnen den Job sichern oder dafür sorgen wird, dass Ihnen gekündigt wird.

*...m wird in **Share International** immer wieder auf die Macht des ...es hingewiesen?* (Mai 2003)

...l eine gut organisierte, gut informierte und von Maitreya inspirierte Macht des Volkes sich als kollektive Meinung der Weltöffentlichkeit manifestieren wird, der sich kein Land entziehen oder widersetzen kann. Wir stehen noch am Anfang dieses Prozesses, aber im Laufe der Zeit wird die Macht des Volkes die stärkste Kraft auf der Erde.

Menschen in Machtpositionen scheinen heute voller Illusionen zu sein. Wie können normale Menschen wie wir dazu beitragen, dass jetzt Veränderungen in Gang kommen? (Mai 2003)

Schließen Sie sich mit anderen Gruppen zusammen, um die „Stimme des Volkes" zu schaffen. Bringen Sie Ihre Stimme in den Chor der anderen Menschen ein, der normalen Bürger, die sich nicht auf glamouröse Machtpositionen und auf eine Illusion der Weisheit berufen. Machen Sie mit, wenn demonstriert wird. Stärken Sie die Idee der „Stimme des Volkes" – die einmal zur einflussreichsten Kraft in der Welt werden wird, wenn sie Maitreyas Ideen aufgreift und, von Maitreya zentriert, die vielen Probleme der Menschheit realistisch angeht: eine gut informierte, zentrierte, globale öffentliche Meinung. Tragen Sie mit Ihrer Stimme zum Chor von Millionen Menschen bei.

Am 15. Februar 2003 haben über 12,5 Millionen Menschen weltweit gegen den Krieg im Irak und damit verbundene Verstöße gegen Gerechtigkeit und Freiheit demonstriert. In London nahmen fast zwei Millionen Menschen daran teil – auch Maitreya. Er ist der Ansicht, dass es sich lohnt und sinnvoll ist, bei diesen Demonstrationen mitzumachen, und hat weltweit an ähnlichen Aktionen teilgenommen. Verschaffen Sie sich Gehör. Sagen Sie, was Sie für richtig halten. Wenn Sie an Gerechtigkeit und Frieden für alle glauben, dann sagen Sie das. Schreiben Sie Artikel und schicken Sie sie an Zeitungen. Sagen Sie deutlich, wie Sie darüber denken, und tragen Sie damit zur Befreiung der Menschheit von uralter Knechtschaft, Illusion und Unterdrückung bei. Denken Sie daran, dass die Menschheit die Welt selbst verändern muss. Maitreya kommt, um uns zu inspirieren und beizustehen, tun müssen wir es aber selbst.

Erzieherische Rolle der Gruppen

Was kann unsere Aufgabe nach Maitreyas Rückkehr in die Alltagswelt sein? (Januar/Februar 2009)
Bei diesem Vortrag ging es vor allem darum, die Notwendigkeit dieser Erziehungsarbeit, die tatsächlich mit einer vollständigen Veränderung des Weltbildes verbunden ist, zu vermitteln. Wenn man die Ausführungen zu jedem der drei Meisterartikel – *Die neue Erziehung* und Erziehung für *Die Familie* und *Das Zeitalter des Lichts* – ernst nimmt, bietet sich jedem ein Arbeitsfeld, der sich auf die Aufgabe vorbereitet – das ist der springende Punkt: sich auf diese Aufgabe vorzubereiten –, um einem wissbegierigen Publikum Wissen zu vermitteln.

Alle, die mit dem Internet zu tun haben, die wie gebannt vor diesem kleinen Rechteck sitzen, wissen, dass Leute immer und überall Fragen haben – unendlich viele Fragen. Ich erhalte Fragen, die zeigen, dass viele keine Ahnung haben, wovon ich wirklich spreche und was auf unserer Webseite steht. Aber sie lechzen nach Informationen. Sie wollen unbedingt etwas über Ufos erfahren. Gibt es sie tatsächlich? Woher kommen sie? Was ist ihre Funktion? Was ist ihre Aufgabe? Sind sie freundlich? Sind sie aggressiv? Die Leute sind ausgesprochen informationshungrig. Also gibt es Arbeit für jeden, der etwas tun will – um unsere Informationen mit fundierten Kenntnissen der neuen Zeit, der neuen Regierungsformen, der neuen Erziehungsformen, der neuen Technologieformen in vernünftiger und ausgewogener Weise zu vermitteln. Sie haben also ein großes Aufgabenfeld vor sich.

Ich wollte mit diesem Vortrag auch deutlich machen, wie kurz die Zeit ist, bis Maitreya in die Außenwelt zurückkehrt, und wie kurz daher die Zeit bis zum Deklarationstag ist, nach dem das Informationsbedürfnis sehr groß sein wird. Jede mit dieser Arbeit verbundene Gruppe wird zu einem Informationszentrum werden. Sie kommen hier alle aus verschiedenen Ländern und Gruppen, aber das Publikum wird sich an diejenigen Gruppen wenden, die dafür bekannt sind, dass sie Vorträge halten, Informationen in Bibliotheken und anderen Orten auslegen und die Bücher publizieren. Sie werden die Ansprechpartner in Ihrer Region oder in Ihrem Land sein.

Glauben Sie aber bloß nicht, dass Sie mich anrufen könnten, um alle richtigen Antworten auf an Sie gestellte Fragen zu erhalten. Ich werde nicht über Sie Ihrem Publikum Fragen beantworten. Sie müssen sich mit den Informationen selbst vertraut machen. Lesen Sie die Bücher; je mehr Sie lesen, desto mehr werden Sie wissen. Ich frage mich, wie viele von Ihnen die Bücher überhaupt gelesen haben. Nach den Fragen zu urteilen, die an mich gestellt werden, scheint das höchst selten der Fall zu sein.

Wie wird die Beziehung zwischen den Meistern und der **Share International**-*Gruppe im Hinblick auf deren Rolle als Lehrer und Erzieher aussehen?* (März 2009)
Das hängt davon ab, was Sie daraus machen. Die Meister, die in die Welt zurückkehren, haben nicht alle die gleiche Aufgabe. Sie sind sehr spezialisiert. Manchmal überschneiden sich ihre Spezialbereiche, doch alle haben ihr eigenes Arbeitsfeld und ihre eigene Jüngergruppe. Sie arbeiten mit ihren unmittelbaren Jüngern, die in jedem Bereich tätig sind – in der Politik, im Erziehungswesen oder wo immer.

Diejenigen, die sich mit Erziehung befassen, könnten möglicherweise auch mit Leuten aus dieser Gruppe hier zusammenarbeiten. Diese Gruppe weiß zumindest schon etwas, was andere Gruppen noch nicht wissen. Schon durch ihr bisheriges Engagement in dieser Arbeit kann sie bereits einige esoterische Ideen verstehen. Wenn Sie Ihr Wissen über die Konstitution des Menschen, den Sinn des Lebens, die Natur der Seele und so weiter an die Allgemeinheit weitergeben, könnten Sie sich außerordentlich nützlich machen. Es gibt Tausende von Fragen, auf die Sie eine Antwort haben könnten. Das Publikum wird vieles wissen wollen. Die *Share International*-Webseite wird brandaktuell sein, die Fragen aus dem Publikum nehmen bereits zu.

Diese Fragen müssen beantwortet werden, und das kann ich nicht allein bewältigen. Jeder, der heute hier an dieser Tagung teilnimmt, könnte viele der eingehenden Fragen beantworten. Das ist ein eigenes Aufgabenfeld.

Wenn Ideen formuliert und der Öffentlichkeit präsentiert werden – wie beispielsweise durch die Zeitschrift **Share International** –, *hat das nicht nur auf die Leser eine positive Wirkung, sondern indirekt auch auf die Mentalebenen durch die Weiterverbreitung von Gedankenformen?* (Juli/August 2003)
Ja, genau so ist es.

Wie kann man zu einem Gedankenaustausch in Erziehungsfragen inspirieren? (Januar/Februar 2009)

Auf jeden Fall: lächeln; lächeln Sie und sehen Sie immer forsch und energiegeladen dabei aus. Das ist die Hauptsache. Dann sagen Ihre Zuhörer: „Sie kennen offensichtlich alle Antworten. Gott sei Dank, denn ich kenne sie nicht. Bitte inspirieren Sie mich." Wenn Ihnen das Dauerlächeln nicht mehr ganz so leicht fallen sollte, geben Sie nicht auf, behalten Sie es auf jeden Fall bei. Und dann können Sie auch nickend Ja, Ja signalisieren. Wenn es Ihnen gelingt, das, was Sie sagen, mit einer nickenden Kopfbewegung zu begleiten, betonen Sie damit, dass das, was Sie sagen, wahr ist. Das begeistert die Leute. Daran erkennen sie, dass Sie sehr inspirierend sind. Sie könnten auch stimmlich variieren und mal etwas lauter werden, wenn es inhaltlich sinnvoll erscheint. Und wenn Sie damit auch noch faszinierend klingen und vermitteln können, dass Sie etwas außerordentlich Wichtiges und vor allem Wahres und sehr, sehr Esoterisches zu sagen haben, dann wirkt das inspirierend. Das ist alles, was ich dazu sagen kann; ich mache bloß Spaß!

Aber im Ernst, um Leute zu etwas inspirieren zu können, muss man selbst davon überzeugt sein. Sie können niemanden zu etwas inspirieren, wenn Sie es selbst nicht glauben. Aber wenn Sie es glauben, ist es ganz leicht. Sie erzählen es ihnen einfach. Seien Sie einfach Sie selbst, übertreiben Sie nicht. Die Wahrheit der Geschichte als solche ist inspirierend – wenn Leute dafür aufnahmebereit sind.

Wie kann man sich darauf vorbereiten, das Wesen eines Kindes hinsichtlich seiner Strahlenstruktur und Evolutionsstufe zu erkennen? (März 2009)
Es gibt von Alice Bailey zwei Bücher über die sieben Strahlen (*Eine Abhandlung über die sieben Strahlen*, Band eins und Band zwei), studieren Sie sie genau, befassen Sie sich über Jahre gründlich damit. Einige lesen ein Buch in ein paar Wochen durch und bestimmen dann ihre Strahlenstruktur. Die stimmt dann natürlich überhaupt nicht. Was kann man in zwei Wochen schon lernen? Sie müssen sich die Strahlenqualitäten erarbeiten, um sie instinktiv erkennen zu können. Sinnvoll wäre es auch, sich mit der Liste der Strahlenstrukturen bekannter Persönlichkeiten in meinem Buch *Maitreyas Mission*, Band drei, näher zu befassen.

Was schätzen Sie, wie lange es dauern wird, bis man die Strahlenstruktur, den Einweihungsgrad und die Seelenintentionen der Studenten in der Welt erkennen kann? Mit welcher Methode wird das möglich werden?

Wer wird dafür geschult werden und wie? (März 2009)
Nicht bevor die Meister öffentlich in der Welt sind und ihre Jünger darin geschult wurden, bei Menschen die Strahlenstrukturen, Evolutionsstufen und Seelenintentionen zu erkennen. Was ist die vorrangige Intention der Seele dieses Kindes, die sich aus seiner Strahlenstruktur ergibt? Um das zu erkennen, bedarf es geschulter Leute, die von den Jüngern der Meister dafür ausgebildet wurden.

Die Meister können das natürlich, könnten aber nicht alle Studenten der Welt annehmen. Es werden zunächst 14 und schließlich einmal höchstens 40 Meister und Maitreya in der Außenwelt tätig sein. Ich weiß nicht, wann noch mehr Meister hinzukommen. Das hängt sicher davon ab, in welchem Maße die Menschheit die evokative Wunschintensität entwickeln kann, das heißt, wann wir das geordnet haben, was wir selbst in Ordnung bringen können, wann wir das gelernt haben, was zu lernen uns möglich ist, und wir so weit geschult werden konnten, wie es unserer Kapazität entsprechend bisher möglich ist. Dann werden weitere Meister hinzukommen, da der Bedarf zunimmt. Nichts wird der Menschheit vorenthalten, soweit es ihr risikolos anvertraut werden kann. Wir selbst schränken diese Möglichkeit aufgrund der Natur unserer Aufnahmefähigkeit und unserer Aufnahmebereitschaft für mehr Wissen ein.

Könnten Sie etwas zu einem Strahl-3-Verstand sagen? (März 2009)
Auf seinem höchsten Niveau ist der dritte Strahl der Strahl des höheren abstrakten Denkvermögens, nachdenklich und kreativ. Es ist der Strahl der Philosophie und der höheren Lehren. Er ist auch der Strahl der Anpassungsfähigkeit. Für den Strahl-3-Verstand ist es einfach, die äußere Form zu handhaben und zu beherrschen.

Die Verblendungen des Strahl-3-Verstandes können ihn manipulativ und prinzipienlos machen – die „Spinne im Zentrum des Netzes" –, er ist mit allen in Kontakt und der Strippenzieher in der Gruppe. Er möchte jeden in seinem Umfeld kontrollieren. Er bringt Leute zusammen, die nicht zusammengehören. Er hält Leute voneinander fern, die zusammengehören. Er manipuliert alles in seinem Umkreis und empfindet sich als zentrale Person. Er möchte mit jedem in Verbindung sein, wissen, was jeder macht, denkt und fühlt, und sie in eine Konfrontation dirigieren. Er hat gern alles unter Kontrolle. Er kann auch nachlässig mit der Wahrheit umgehen und scheut sich nicht zu lügen, um etwas zu erreichen. Das sind die Verblendungen eines Strahl-3-Verstandes.

Bei einer Kombination mit den Verblendungen des 6. Strahls ergibt sich meiner Meinung nach die schlimmste Variante – die Milosevics der Welt. Milosevic trat als Kommunist an, gab den Leuten die Welt, nahm ihnen aber alles – für sich selbst, seine Frau und seine Partei – und schickte seine Truppen nach Bosnien und Herzegowina, sobald Tito starb.

Wie können wir der Welt, in der so viel Armut und Erniedrigung herrscht, am besten dienen? (März 2009)
Es gibt etwa 6,5 Milliarden Menschen auf der Welt, viel zu viele. Diese Erde verträgt etwa 4 bis 5 Milliarden Menschen und wird sich schließlich auf diese Anzahl einpendeln. Es leben weitaus mehr Menschen in dieser Welt, als dieser Planet braucht oder angemessen versorgen kann. Es gibt jedoch mehr Nahrungsmittel und Rohmaterial in der Welt, als wir brauchen. Sie werden nur nicht verteilt.

Wenn Sie beispielsweise in Mexiko-Stadt leben, einer Stadt mit 22 bis 24 Millionen Einwohnern, wäre es für sie offensichtlich, dass das zu viele sind. Die meisten leben in den Randbezirken dieser Stadt, die sich immer weiter ausdehnen. Die Leute dort sind sehr arm und absolut mittellos. Sie leben in armseligen Hütten.

Wenn man zum Flughafen fährt und an einer Ampel halten muss, kommen sofort Leute ans Auto, um einem Rosen oder Lotterielose vom letzten Jahr zu verkaufen. Ein kleines Mädchen, das nichts zu verkaufen hatte, schlug Rad vor unserem Auto. Es war das einzige, was es machen konnte, um einige Pesos zu bekommen. Und das in einer Stadt mit reichen Hotels und reichen Menschen.

Ich erinnere mich an eine alte Frau, die auf einer Bank auf einem verdorrten Rasenfleck vor einer geschlossenen Kirche saß. Sie saß auf dieser Bank, weil die dort stand, weit abseits vom Bürgersteig, wo die Leute hin und her gingen – bei ihr kam daher niemand vorbei. Zu ihren Füßen hatte sie eine kleine Personenwaage aufgestellt, damit Passanten sich wiegen lassen und ihr einige Pesos für die Mühe geben könnten. Natürlich wollte sich niemand wiegen lassen. Niemand kam der Waage auch nur nahe. Die Passanten haben sie nicht einmal wahrgenommen. Das war alles, was sie verkaufen konnte, die mit einer Badezimmerwaage verbundene Hoffnung, jemand käme und wolle sein Gewicht erfahren.

Die Armut ist herzzerreißend. Und die riesigen Müllberge in den Randbezirken von Mexiko-Stadt, die Tag und Nacht brennen. Hunderte von Menschen leben davon, in diesem Müll nach Verwertbarem zu suchen.

Wir haben vor längerem in *Share International* darüber einen Artikel veröffentlicht. Wenn die Weltressourcen endlich einmal geteilt werden und Frieden und Gerechtigkeit Lebensgrundlagen sind, werden sich denen, die sich wirklich nützlich machen wollen, viele Wege zum Dienst und zur Wissensvermittlung eröffnen. Bis dahin ist die oberste Priorität, Vernunft und Gerechtigkeit in der Welt zu verbreiten, sodass Leuten, die wirklich der Gesellschaft dienen wollen, viele Türen offenstehen.

(1) Viele Leute in unseren Gruppen interessieren sich für das Heilen, aber dazu wurden bisher keine speziellen Anweisungen gegeben. Liegt das daran, dass die vorrangige Aufgabe, zumindest am Anfang, eher eine pädagogische sein wird? (2) Werden die Meister Heilweisen lehren? (1) Wird das schon in einigen Jahren geschehen? (Dezember 2002)
(1) Teilweise, ja. (2) Nicht direkt, sondern durch Jünger. (3) Ja.

(1) Warum tendieren einige Länder eher zu Paranoia als andere? (2) Warum sind manche Bevölkerungen leichter zu manipulieren als andere? (Juni 2004)
(1) Nationen befinden sich auf unterschiedlichen Entwicklungsstufen, daher ist auch der Zustand der inneren Reife der jeweiligen Bevölkerung unterschiedlich entwickelt – ihr Weitblick, ihre Toleranzbereitschaft, ihr Verständnis für die Notwendigkeit der Zusammenarbeit zwischen den Nationen und ihre Achtung vor einer internationalen Herrschaft des Rechts. (2) Wenn wenig Nachdruck auf Bildung und die Erhaltung demokratischer Prinzipien gelegt wird, kann eine Regierung die Bevölkerung leichter manipulieren. Eine der gefährlichsten (und wirksamsten) Maßnahmen, die von Regierungen heute praktiziert wird, ist ganz sicher die Manipulation durch Kontrolle der Medien.

Familie und Karma

(1) Stimmt es, dass Menschen nicht immer durch Karma mit ihrer Familie verbunden sind? (2) Wenn ja, aus welchem Grund? (3) Wird das Familienleben erschwert, wenn wir mit unseren engsten Angehörigen – Eltern und Geschwistern – keine karmische Verbindung haben? Ist das gegenseitige Verständnis unter solchen Umständen möglicherweise geringer? (4) Inkarnieren wir uns nicht immer in Gruppen? (5) Die Vorstellung,

gemeinsames genetisches Material, aber keine gemeinsame „Vergangenheit" zu haben, erscheint mir seltsam. (November 2007)
(1) Ja, das geschieht zwar selten, aber es kommt vor. (2) Es ist eine Variante des Lebens, das viele Geheimnisse in sich birgt. Damit wird in eine sich inkarnierende Gruppe eine für sie neue und stimulierende Energie eingebracht und einem bestimmten Seelenplan der Weg geebnet. (3) Nicht unbedingt. (4) Ja, aber eine Gruppe ist ein dynamischer Prozess. (5) Das Leben ist sehr einfallsreich und kreativ.

Wenn Karma für Familienbeziehungen ein wichtiger Faktor ist, was heißt das für die Adoption von Kindern? Wer sollte Waisenkinder aufziehen? (März 2009)
Waisenkinder sollten nur von Menschen adoptiert werden, die in der Lage sind, einem Kind einen stabilen familiären Rahmen mit Mutter und Vater zu bieten, ihm die Liebe und Weisheit, die es braucht, zu geben und ihm jegliche Konditionierung zu ersparen, so wie es hoffentlich die meisten Kinder vonseiten ihrer Eltern erfahren. Das wäre der Idealfall. Alle Menschen sind konditioniert, weil sie Kinder von Eltern sind, die selbst von ihren Eltern konditioniert wurden. Eltern geben ihre Verblendungen, Vorurteile, Hoffnungen und Ängste an ihre Kinder weiter. Kinder wachsen unter dem hemmenden Einfluss dieser fundamentalen Ängste und Verblendungen auf. Das gilt genauso für adoptierte Kinder.

Für viele Kinder ist die Alternative zu einer Adoption das Waisenhaus, wo sie meist in einer großen Gruppe von genauso verlassenen oder vernachlässigten Kindern aufgehen. Sie werden zusammen von Menschen aufgezogen, die oft nur wenig Liebe und auch nur wenig Gelegenheit haben, zu lernen, wie man Kinder betreut und sie gesund und liebevoll erzieht, wie sie es bräuchten.

Wenn es um die Frage einer Adoption in einer Familie oder eines Lebens in einer Institution geht, würde ich sagen, dass in neun von zehn Fällen das Aufwachsen in einer Familie besser wäre. Mit all ihren Fehlern ist die Familie entschieden die beste Gemeinschaft, in der ein Kind aufwachsen kann. In einer Adoptionsfamilie trifft es nicht die karmische Situation an, wie es sie gewöhnlich in einer leiblichen Familie vorfindet. Es müssen keine Bindungen und Knoten entwirrt und aufgelöst werden, wozu die Familiengemeinschaft die Gelegenheit bietet. Aber in einer Adoptionsfamilie könnte das Kind – und würde es hoffentlich auch – die Liebe, die Fürsorge und das Vertrauen erfahren, wie sie durch Liebe und eine gesunde, unkompetitve Behandlung des Kindes entwickelt werden können.

Einer Familie anzugehören, in der es zwei oder drei andere Kinder gibt, ist wahrscheinlich die beste Lösung. So können die Bedürfnisse des Kindes am besten befriedigt werden. Vielleicht ist es für das Kind zu Beginn besser, allein mit den Eltern zu sein, aber nicht zu lange. Einer größeren Familie anzugehören, die bereits glücklich und eingespielt ist, und die dem Zuzügler, der von den Kindern der neuen Familie geliebt und mit Offenheit empfangen wird, einen wohltuendes Umfeld bietet, wäre wahrscheinlich das Beste.

Wir möchten Ihrem Meister einige Fragen zur Adoption von Kindern stellen. „Adoption" bezieht sich in den folgenden Fragen auf: (a) kinderlose verheiratete Paare;(b) verheiratete Paare mit eigenen Kindern; (c) Adoption des Kindes eines Partners aus einer früheren Beziehung. Was hält die Hierarchie der Meister der Weisheit generell von der Adoption von Kindern? (November 2007)
Die Hierarchie befürwortet die Adoption elternloser Kinder sehr. Sie ist nicht dafür, dass relativ reiche Leute aus dem Westen arme Kinder aus anderen, hauptsächlich östlichen Ländern, die noch Eltern haben, adoptieren.

Ist eine Adoption ein unzulässiger Eingriff in das Leben eines Kindes mit nachteiligen Folgen für das Kind? (November 2007)
Gewöhnlich nicht.

(1) Sollten Eltern dasselbe Ursprungsland wie das Kind haben, das sie adoptieren wollen? (2) Dürften Eltern und das Kind, das sie adoptieren wollen, verschiedene Nationalitäten haben? (3) Was hält die Hierarchie von der Adoption von Kindern aus einer anderen Ethnie? (November 2007)
(1) Nicht wichtig. (2) Ja. (3) Möglich, wenn die übrigen Bedingungen für eine Adoption erfüllt sind.

(1) In welchem Alter ist eine Adoption für Kinder am besten? (2) Ab welchem Alter sollte ein Kind nicht mehr adoptiert werden? (November 2007)
(1) So jung wie möglich. (2) Ab vierzehn ist es für ein Kind meist zu spät für eine engere Bindung an seine Adoptiveltern, aber das muss eine Adoption nicht ausschließen.

Welche Bedingungen sollten Eltern erfüllen, um ein Kind zu adoptieren? (November 2007)
Dass sie dem Kind Liebe und Schutz geben können, als sei es ihr eigenes.

Welche Einstellung hat die Hierarchie zu homosexuellen Paaren oder Alleinstehenden, die ein Kind adoptieren? (November 2007)
Die Hierarchie weiß, dass Adoptionskinder bei homosexuellen Paaren oder Alleinstehenden häufig in einem sehr glücklichen Umfeld aufwachsen können. Allerdings kann aus der Sicht der Hierarchie nur ein stabiles heterosexuelles Paar ein ideales Rollenvorbild für ein heranwachsendes Kind sein.

Spricht der Meister in dem Artikel „Die Familie" von homosexuellen Paaren, die ein Kind durch künstliche Befruchtung zeugen, oder über solche Paare, die ein sonst ungewolltes Kind adoptieren? Ist beides nicht hilfreich? (März 2009)
Er spricht über beides. Männliche Homosexuelle können keine Kinder bekommen. Sie müssen adoptieren. Weibliche Homosexuelle können durch künstliche Befruchtung ein Kind bekommen. Der Meister spricht über beide Fälle, da keines der Paare der Notwendigkeit, dass Kinder Mutter und Vater haben sollten, gerecht werden kann. Es stimmt natürlich, dass viele homosexuelle Paare, die durch Adoption oder künstliche Befruchtung Kinder haben und für sie sorgen, mit großer Liebe und Zuwendung nur an das Wohl der Kinder denken. Aber prinzipiell ist das nicht hilfreich, da dem Kind das weibliche und männliche Element fehlt, um die eigene emotionale Struktur entwickeln zu können. In beiden Fällen gäbe es meist auch keine karmischen Verbindungen, die Kind und Eltern zusammenführen.

Ganz allgemein gesprochen, ist das für die Entwicklung des Menschengeschlechts als solches und hinsichtlich des göttlichen Plans nicht konstruktiv. Der Meister bezieht sich in seiner Sichtweise immer auf diesen Plan. Der Plan steht fest, und die Meister sind seine Hüter. Der Plan existiert in der Gedankenwelt des Logos des Planeten. Die Meister sind die einzigen Menschen, die den Plan wirklich kennen. Auch wenn einige ihrer engeren Jünger schon eine gewisse Vorstellung davon haben, sind die Meister die einzigen, die den Plan des Logos kennen. Nur darum geht es ihnen. Alles konzentriert sich auf die Förderung dieses Plans. In diesem Fall bedeutet das, das zu fördern, was für das Kind und das Menschengeschlecht im Einklang mit den Grundsätzen des Plans das

Beste ist. Diesen Aspekt beziehen die Menschen nicht in ihre Überlegungen ein, aber die Meister grundsätzlich. Sie halten homosexuelle Beziehungen, sofern es um Adoption oder künstliche Befruchtung geht, für nicht konstruktiv für den Plan.

Ich weiß, dass der Artikel Ihres Meisters über Kinder und Homosexuelle noch tiefgründiger und hilfreicher ist, als ich auf meiner Evolutionsstufe begreifen kann. Aber ich wüsste gern, wie ich mit der Kritik von Lesern umgehen könnte, die diese Aussagen als bigott missinterpretieren. (Dezember 2002)
Der Artikel meines Meisters handelt nicht von „Kindern und Homosexuellen", sondern von der Familieneinheit als der Grundform für Kinder, weil sie darin die notwendigen Beziehungen vorfinden können, um sich esoterischen und karmischen Aspekten gemäß richtig entwickeln zu können. Der Meister betont ausdrücklich, dass die Hierarchie den Homosexuellen nicht feindlich gesinnt ist, dass aber gleichgeschlechtliche Beziehungen den Notwendigkeiten der inneren kindlichen Entwicklung nicht gerecht werden können. Ich habe keinen Zweifel daran, dass gleichgeschlechtliche Partner fähig und in der Lage sind, adoptierten Kindern die Liebe und Fürsorge angedeihen zu lassen, die alle Kinder brauchen.

Wenn man es in diesem Leben schwer hat, heißt das, dass man in den vergangenen Leben etwas Unrechtes getan und aus den Erfahrungen nichts gelernt hat? (September 2008)
Ja, normalerweise schon, aber nicht immer. Es gibt ja auch ein Welt- oder Gruppenkarma, dem wir alle unterworfen sind. Was wir als schwer erleben, ist allerdings auch relativ; andere würden das vielleicht als geradezu paradiesisch empfinden.

Wie kann man sich jemals zu einem besseren Menschen entwickeln und der Menschheit helfen, wenn man sich an seine vergangenen Leben und das, was man getan hat, nicht erinnern kann? (September 2008)
Es geht um Aspiration, nicht um die Erinnerung an vergangene Leben. Jeder gewinnt mit der Zeit an Erfahrungen, ob wir uns daran erinnern oder nicht. Wenn Menschen die Aspiration, den Wunsch haben, sich und die Welt zu verbessern, umso besser. Mit Erinnerung hat das nichts zu tun; wir sind, wer wir sind.

Heutzutage heiraten viele junge Menschen nicht mehr. Hat diese Tendenz einen spirituellen Hintergrund? (Juli/August 2006)
Nur gelegentlich gibt es einen spirituellen Grund dafür, dass Menschen nicht heiraten und keine Kinder haben sollten. Aber das ist wirklich die Ausnahme. Die Ehe ist eine soziale Einrichtung – die Gesellschaft verlangt das im Allgemeinen. Heutzutage verändert sich das in einigen Kulturkreisen, Menschen leben zusammen und haben auch ohne Ehe Kinder.

Das hat, denke ich, verschiedene Gründe – einer ist sicher der veränderte soziale Sittenkodex. Die jungen Leute sind frei geboren, sie empfinden die Restriktionen der Vergangenheit und die sozialen Zwänge nicht mehr.

Eine spirituelle Ehe ist etwas anderes als ein unterschriebener Vertrag auf dem Standesamt. Die Religionen betonen die Notwendigkeit der Ehe. Viele spirituell orientierte Menschen heiraten nicht. Viele lassen sich scheiden, und daher entscheiden sich viele junge Menschen dafür, nicht zu heiraten. Wenn junge Menschen wie Eheleute zusammenleben und keine Kinder planen, denke ich, macht das nichts. Wenn sie aber Kinder haben wollen, ist es zu deren Schutz besser, wenn sie heiraten, auch wenn es schwierig ist; für ein nicht verheiratetes Paar mit Kindern ist es leichter, sich zu trennen. Für Kinder ist es besser, sowohl eine Mutter- als auch eine Vaterfigur zu haben, auf die sie sich beziehen können, damit sie beim Heranwachsen eine ausgewogene, psychische Haltung sich selbst und eventuellen sexuellen Problem gegenüber entwickeln können.

Es gibt fünf Begegnungsebenen mit einem Partner, die für jeden gelten, aber heute noch sehr willkürlich beachtet werden. Bei einer wirklich spirituellen Ehe muss man sich auf der Seelenebene, auf der persönlichen, der mentalen, emotionalen und physischen Ebene begegnen können. Bei wem ist das so? Bei einem unter Millionen wahrscheinlich – wenn Leute zusammentreffen, die sich vielleicht in vergangenen Leben schon auf diesen Ebenen begegnet sind. Wenn sich in Zukunft eine diesbezüglich richtige Erziehung in der Menschheit durchsetzt, können mehr wirklich spirituelle Ehen mit einer Übereinstimmung auf allen Ebenen zustande kommen. Wenn heutzutage Menschen zu richtigen Beziehungen auf mehr als einer Ebene fähig sind, kommt das schon einem Wunder gleich. Das alles ist Teil einer neuen Erziehung und einer neuen Psychologie.

Ich fürchte mich vor dem Schmerz, den ich durchmachen muss, wenn meine Schwestern oder meine Eltern einmal auf die Astralebenen gehen.

erde sie schrecklich vermissen. Ich tröste mich, indem ich mir „Ich werde sie wiedertreffen, wenn ich selbst einmal dorthin gehe." Doch was dann, wenn sie sich bereits wieder inkarniert haben, bevor ich sie wiedersehen konnte? Bin ich dann dazu verurteilt, sie nie wiederzusehen? Können Sie mir irgendwie dabei helfen? Bitte seien Sie gnädig mit Ihrer Antwort. (März 2009)
Verzweifeln Sie nicht, wir inkarnieren uns in Gruppen und tauschen dabei immer wieder die Rollen. Das heißt, Sie könnten einmal der Vater Ihrer Eltern und Schwestern sein, um nur ein Beispiel zu nennen.

Die Schädlichkeit der Umweltverschmutzung bekannt machen

Wann wird der schädliche Aspekt der nuklearen Strahlung publik gemacht? (Januar/Februar 2009)
Ich mache praktisch in jedem meiner Vorträge darauf aufmerksam, immer wenn ich den Mund aufmache, in jedem Buch, das ich schreibe, immer wenn ich von einem neuen Atomkraftwerk höre oder vom Ausbau von Atomkraft zur Eindämmung der Erderwärmung. Wenn die Welt auf uns hören würde, hätte sie in den letzten 30 Jahren erfahren, dass nukleare Strahlung schlecht für uns ist. Nicht zum Verzehr geeignet! Sie sollte überhaupt nicht angetastet werden, da unsere heutige Technologie diese Strahlung nicht messen kann, weil ihr schädlichster Aspekt auf einer höheren, mit der heutigen Technologie noch nicht messbaren Ebene angesiedelt ist. Es wird ja noch nicht einmal verstanden, dass es Strahlungsgrade gibt, die noch nicht messbar sind. Ich habe das seit Jahren gesagt, nicht wahr? Man will einfach nicht hinhören.

Wir warten also nicht auf eine Enthüllung. Die Frage sollte eigentlich lauten: Wann wird die Information ernst genommen? Vielleicht kommt es dabei auf Maitreya an. Die Leute werden ihn nach den möglichen Gefahren der Atomenergie fragen, und darauf wird er ohne Zweifel eine klare Antwort geben. Wie bei vielen anderen Dingen, die vermutlich auch erst durch ihn in Gang kommen.

Wenn die Gefahren der radiaktiven Strahlung auf der ätherischen Ebene nicht gemessen werden können, wie kann man dann Politiker von der Notwendigkeit überzeugen, die Atomkraftwerke abzuschalten? (März 2009)
Wie erreicht man in diesem Land, dass etwas getan wird? Sie müssen

protestieren. Darüber müssen so viele Menschen sprechen, dass Politiker Notiz davon nehmen. Auch wenn sie nicht glauben, was Ṣ sagen, sie müssen dennoch Notiz davon nehmen.

Wenn Maitreya sich an die Öffentlichkeit wendet, wird er auch dazu etwas sagen. Wenn er darauf angesprochen wird, wird er sehr deutlich sagen, dass die Pläne für den Bau von weiteren Dutzenden von Atomkraftwerken in der Welt aufgegeben werden müssen. Sie sind nicht zukunftsfähig, sondern gefährlich und schädlich für die Menschheit und die Naturreiche.

Sie werden dazu angespornt werden, etwas zu unternehmen. Schließen Sie sich allen besorgten Stimmen gegen die Atomkraft an. Marschieren und demonstrieren Sie, schreiben Sie an Zeitungen, Zeitschriften und Blogs und geben Sie Ihren Widerspruch bekannt.

Die Menschheit ist mächtig. Sie hat keine Ahnung von ihrer Macht. Es gibt nichts Mächtigeres als eine gut informierte, geballte öffentliche Meinung. Maitreya zählt auf eine massierte öffentliche Meinung, damit die gegenwärtige Kommerzialisierung zu Fall gebracht und die Prinzipien des Teilens und der Gerechtigkeit eingeführt werden können. Wir sind es uns selbst schuldig, das zu tun. Niemand sonst wird es tun. Sie wissen Bescheid, also können Sie den Ball ins Rollen bringen. Er wird nicht von selbst rollen. Ich erzähle Ihnen, was ich erfahren habe, aber das ist allgemein noch unbekannt. Ich habe Mittel und Wege zur Verfügung, um Informationen zu erhalten und an Sie weiterzugeben. Sie wiederum geben sie weiter an alle, die es auch erfahren müssen ... und so weiter ... und so bauen Sie eine Schranke auf gegen jede zukünftige Nutzung von radioaktiver Strahlung, Atomkraftwerken und dergleichen. Die Gefahr der höheren Strahlungsstufen ist nur einer der Faktoren. Ich habe nur den schlimmsten erwähnt, aber gefährlich sind alle Faktoren der Kernspaltung.

Wäre es hilfreich, homöopathische Mittel gegen radioaktive Strahlung einzunehmen? Gibt es andere Gegenmittel, oder müssen wir damit leben, bis wir sie aus unserer Atmosphäre eliminieren können? (März 2009)
Die Weltraumbrüder tun im Rahmen des Karmagesetzes ihr Bestes, um die Auswirkungen der nuklearen Strahlung zu neutralisieren. Das ist eine enorme Hilfe. Die Meister könnten das ebenfalls, aber solange sie nicht öffentlich in der Welt arbeiten, halten sie sich dabei eher zurück. Es besteht bereits eine Zusammenarbeit zwischen unseren Meistern und den Weltraumbrüdern, vor allem mit den Menschen von Mars und

Venus. Sie arbeiten daran, wie sie noch mehr radioaktive Strahlung im Rahmen des Karmagesetzes neutralisieren können. Im Moment sind sie durch dieses Gesetz in ihren Möglichkeiten eingeschränkt. Neue Möglichkeiten werden sich dann eröffnen, wenn die Akzeptanz der Weltraumbrüder in der Menschheit zunimmt, wenn die Idee ihrer Existenz sich ausbreitet und allgemein erkannt wird, dass sie tatsächlich hier sind und der Menschheit helfen. Das heißt, dass sie auch so dargestellt werden, wie sie wirklich sind und nicht, wie bisher von Regierungen und vor allem von der amerikanischen Regierung praktiziert, als degenerierte, außerirdische Monster, die die Menschheit in den Klauen haben. Das ist eine schreckliche Verleumdung der Weltraumbrüder, denen wir, karmisch gesehen, sehr viel verdanken.

Es gibt kein Heilmittel für radioaktive Strahlung, das ich kenne, aber wer davon betroffen ist, könnte einen Homöopathen aufsuchen. Dabei kommt es darauf an, dass dieser für Sie einen speziellen Impfstoff entwickeln kann. Das könnte wahrscheinlich die Strahlung erheblich reduzieren. Möglich ist es, erfordert aber großes homöopathisches Geschick und Erfahrung, sodass der Behandler weiß, was er, energetisch gesehen, macht. Ich weiß nicht, ob es in diesem Land (USA) solche Leute gibt.

Ich kann diese Frage nicht umfassend beantworten. Aber ich weiß, dass solche Heilmittel entdeckt und zur allgemeinen Anwendung entwickelt werden. Es ist möglich, den Körper mithilfe der Homöopathie von dieser Feinstrahlung, von der wir sprechen, zu befreien.

Kann die Einnahme von homöopathischen Tlacote-Wasser-Tabletten* die Auswirkungen radioaktiver Strahlung neutralisieren? (März 2010) In einem gewissen Ausmaß, ja. Ihre Wirksamkeit besteht darin, die Immunität zu stärken, und was immer die Immunität stärkt, stärkt auch die Widerstandsfähigkeit gegen die Folgen radioaktiver Strahlung. Tlacote- und Nordenau-Tabletten wirken direkt auf die Körperzellen ein, auf deren Erneuerung. Wie Sie wissen, verändern sich diese Zellen ständig. Alle paar Wochen und Monate sterben welche ab und erneuern sich. Die regelmäßige Einnahme von Tlacote- oder Nordenau-Tabletten unterstützt diesen Prozess, der in der Immunisierung des physischen Körpers besteht.

[*Am 11. Juni 1988 erschien Maitreya auf einer öffentlichen Gebetsversammlung in Nairobi, Kenia, plötzlich „wie aus dem Nichts" und wandte sich in der Landessprache an die etwa 6000 Menschen, die sich dort versammelt hatten und in ihm auf Anhieb den Christus erkannten. Berichte und Fotos von diesem Ereignis wurden von CNN, BBC und anderen internationalen Medien weltweit verbreitet.

In ähnlicher Weise trat er seitdem auch auf anderen größeren religiösen Veranstaltungen jeder Glaubensrichtung in der ganzen Welt auf und lud zudem in der Umgebung der jeweiligen Erscheinungsorte Wasserquellen mit Heilkraft auf. Insgesamt wird es einmal 777 solcher Quellen geben, die man, wie bereits in Mexiko (Tlacote), Indien (Nadana), Deutschland (Nordenau) und anderen Orten geschehen, nach und nach entdecken wird. Das Tlacote- und Nordenau-Wasser, das von Maitreya mit heilenden Eigenschaften aufgeladen wurde, ist in Form homöopathischer Heilmittel erhältlich.]

Sind angesichts der allgemeinen Umweltverschmutzung homöopathische Heilmittel, beispielsweise „Tabletten gegen Luftverschmutzung", sinnvoll, solange man nicht zu viel davon einnimmt? Könnte man Symptome erzeugen, wenn man zu viel einnimmt? (Januar/Februar 2008)
Ich kann homöopathische Heilmittel gegen die Auswirkungen der Umweltverschmutzung sehr empfehlen. Eine Grundregel der Homöopathie lautet, dass ein Heilmittel, das man zu lange einnimmt, die Symptome hervorrufen kann, die es zu heilen versucht. Also sind Zeitgefühl und gesunder Menschenverstand erforderlich.

Was meinten Sie, als Sie über karmische Schuld bezüglich radioaktiver Umweltverschmutzung sprachen? (Januar, Februar 2009)
Wir schulden den Weltraumbrüdern, besonders den Menschen von Mars und Venus, karmisch gesehen, sehr großen Dank. Sie neutralisieren nicht nur radioaktive Strahlung, sondern auch die Auswirkungen großer Mengen toxischer Gase und Chemikalien, die wir in die Atmosphäre pusten und die das Atmen auf dem Planeten problematisch machen. Es wäre wahrscheinlich sehr schwierig, auf diesem Planeten zu leben, wenn die Weltraumbrüder nicht damit befasst wären, die schlimmsten Auswirkungen dieser schädlichen toxischen Gase, Dämpfe und verdampften Flüssigkeiten, die wir täglich, stündlich in unsere Atmosphäre, in den Boden und in die Ozeane strömen lassen, weitgehend zu neutralisieren. Das heißt, dass wir ihnen, karmisch gesehen, Dank schulden. Nach Ansicht der Meister ist die Umweltverschmutzung die häufigste Todesursache weltweit.

Die Technologie des Lichts

Wird Autismus durch radioaktive Strahlung verursacht? Können Autismus und Alzheimer und andere durch radioaktive Strahlung bedingte Krankheiten geheilt werden, oder müssen diese Menschen damit leben? (Januar/Februar 2009)
Autismus ist nicht immer, aber häufig eine Folge radioaktiver Strahlung in der Atmosphäre. Kann er geheilt werden? Derzeit nicht. In der Zukunft wird das hoffentlich wie auch bei Alzheimer bis zu einem gewissen Grad mit der Technologie des Lichts möglich sein – das heißt nicht sofort, sondern in etwas fernerer Zukunft mithilfe weiterentwickelter gentechnischer Methoden und der Energie des Lichts, die durch die Wissenschaft des Lichts verfügbar sein wird. Leute werden für einige Stunden in eine Klinik gehen und sie beispielsweise mit einem wieder heilen Gehirn verlassen. Bei Alzheimer schrumpft das Gehirn buchstäblich, sodass immer weniger Gehirnmasse bleibt, um die für unsere Reaktionsmöglichkeiten notwendigen Verbindungen zu schaffen. In der neuen Zeit wird das viel seltener auftreten und auch nur in späteren Lebensjahren.

In den Kliniken der Zukunft wird die Verbindung der Technologie des Lichts mit einer weiterentwickelten Form der Gentechnologie es möglich machen, Herz, Leber, Niere und andere Körperorgane in einigen Stunden zu erneuern. Daher wird selbst die fortschrittlichste Chirurgie unserer Zeit überflüssig werden. Menschen können vollständig geheilt und mit den jeweils erforderlichen Körperteilen ausgestattet werden. Transplantationen werden unnötig. Es wird noch etwas dauern, aber die Aussichten für Alzheimer und Autismus sind gut.

Autismus kann aber häufig auch die Folge einer von der Seele verursachten Einschränkung ihres Trägers sein. Die Seele verfolgt Leben für Leben bestimmte Ziele, und wenn sie sieht, dass die Persönlichkeit keines der Ziele der Seele umsetzt, kann sie mitunter im nächsten Leben ihren Träger in seinen Möglichkeiten einschränken. Das kann Autismus oder ein Down-Syndrom oder eine andere physische oder mentale Behinderung sein. Im nächsten Leben, das auf diese Einschränkung folgt, wird der Mensch einen neuen Lebensimpuls haben und dann gute Fortschritte machen. Heute wissen wir noch nicht, ob eine Erkrankung auf Umweltverschmutzung oder auf eine karmisch bedingte Limitation zurückzuführen ist – was ist das eine, was das andere? Das kann nur ein Meister beurteilen.

Könnten Sie etwas zur positiven Nutzung von Atomenergie, etwa im medizinischen Bereich, sagen? (Januar/Februar 2009)
Derzeit wird Atomenergie beispielsweise in der Behandlung von Krebs eingesetzt, aber das ist ein sehr grober Prozess, bei dem sowohl der Tumor als auch Gewebe zerstört wird. Diese Methode wird von der Technologie des Lichts und der Gentechnologie abgelöst werden.

Wilhelm Reich (1897–1957) entdeckte die ätherische Materie vor vielen Jahren, wurde aber von der Gesellschaft abgelehnt. Wird seine Arbeit noch rechtzeitig Anerkennung finden, um den Planeten von den Auswirkungen radioaktiver Strahlung auf den ätherischen Ebenen zu befreien? Wird man auch die ätherische Materie entdecken? Wird die Wissenschaft etwas über die ätherische Verschmutzung herausfinden? (März 2009)
In seinen Experimenten fand Wilhelm Reich das heraus, was Esoteriker als höhere Ebenen der ätherischen Materie bezeichnen. Reich war Wissenschaftler, nicht Esoteriker. Er hat nicht nach einer ätherischen Materie gesucht, sondern stieß infolge seiner Experimente darauf. Er sah, dass es eine primordiale Energie in jedem Aspekt von Materie jedweder Form gab. Er nannte sie „Orgon".

Die Gesellschaft lehnte Reich nicht ab. Sie wusste gar nicht so viel über ihn. Die US-Behörde für Lebens- und Arzneimittel lehnte ihn ab. Er wurde eingesperrt, weil er Instrumente schuf, seine „Orgonakkumulator" genannten Kästen baute, um mit deren Hilfe „nicht existente Energien" zu medizinischen Zwecken einzusetzen. Für die Beamten dieser Behörde existierte Orgon nicht, weil sie nichts darüber wussten. Er wusste durch seine Experimente davon.

Für Reich war Orgon eine allgegenwärtige Energie-Ebene. Ich würde sie als höhere Ebenen ätherischer Materie bezeichnen. Es gibt vier Energie-Ebenen, nicht nur eine.

Reich lag mit seinen Experimenten völlig richtig. Es gibt viele Experimente, die die Existenz von Orgon beweisen. Reich bot an, diese Experimente vor seinen Anklägern von der Lebens- und Arzneimittelbehörde zu wiederholen, aber unter der Bedingung, sie selbst durchzuführen, um mögliche Manipulationen der Technologie auszuschließen. Die Experimente sind wiederholbar. Er bot ihnen an, sie vorzuführen, wurde aber abgewiesen. Reich starb im Gefängnis. Er war ein Großer, der völlig verkannt wurde, und ein Eingeweihter zweiten Grades, als er starb. Wird sein Werk in der Zukunft Anerkennung erfahren? Ich bin sicher, das wird es.

Ich habe 1948 bei mir zu Hause selbst einen Orgonakkumulator gebaut, und ich kenne andere Leute, die das auch gemacht haben. Ich kenne auch einen Mann, der einen Orgonraum gebaut hat – oder vielmehr einen „esoterischen Raum" –, der so beschaffen ist, dass er die Energie von den vier ätherischen Ebenen anzieht. Der Orgonakkumulator, den ich baute, zieht die vierte und dritte dieser Ebenen an. Welche Ebenen angezogen werden, hängt von dem jeweils verwendeten Material ab. Wenn man in der Natur ein grundlegendes Prinzip entdeckt, entweder durch Intuition oder durch Experimente, erkennt man, wie einfach alles in der Natur eigentlich ist.

Beispielsweise ist auch die neue Wissenschaft des Lichts, die der Menschheit anvertraut wird, sobald wir auf Kriege und all die Schrecken unserer modernen wirtschaftlichen und politischen Systeme verzichtet haben, im Grunde einfach. Aber wir müssen das Prinzip verstehen. Dann ist der eigentliche technische Prozess sicher und relativ einfach.

Laut dem Wissenschaftsmagazin **New Scientist** *haben Wissenschaftler eine bisher unbekannte Radiostrahlung entdeckt, die das Universum erfüllt. Sie strahlt sechsmal stärker als alle astronomischen Quellen in diesem Frequenzbereich zusammen. Die Forscher suchten eigentlich nach kleinen Veränderungen in der kosmischen Hintergrundstrahlung, nach dem Mikrowellenecho des Urknalls. Doch sie entdeckten etwas weitaus Interessanteres: eine mysteriöse Radiostrahlung, deren Herkunft völlig unklar ist, die aber das Universum zu erfüllen scheint.*

Die Astronomen nehmen an, etwas völlig Neues entdeckt zu haben. Den NASA-Forschern zufolge konnte das Signal bisher noch nicht aufgefangen werden, da die auf der Erde installierten Teleskope dazu nicht sensibel genug waren. Was ist das? Könnten Sie bitte etwas dazu sagen?
(Januar/Februar 2009)
Wenn die Forscher korrekt wiedergeben, was sie sehen, dann entdecken sie jetzt selbst etwas, was bereits von Wilhelm Reich (1897–1957), einem bekannten Psychoanalytiker und späteren Forscher entdeckt wurde, nämlich eine Urenergie, die er als „Orgon" bezeichnete. Er sah darin eine Energie, von der alle Formen der Materie durchdrungen sind. Er machte viele Experimente mit der Orgonenergie – zu Heilzwecken oder, um Wolken zu zerteilen und es regnen zu lassen, und wo und wann immer er sie brauchte, und das mit geringen Mitteln. Die amerikanische Lebens- und Arzneimittelbehörde hat ihn leider eingesperrt, und er starb im Gefängnis.

Ich denke, dass es sich bei der von den Wissenschaftlern entdeckten Frequenz und der Orgonenergie von Reich und den höheren ätherischen Ebenen der Materie um ein und dieselbe Energie handelt. Wissenschaftler betrachten die Materie heutzutage als fest, flüssig oder gasförmig, aber Esoteriker wissen, dass es darüber hinaus eine vierte, dritte, zweite und erste Ebene ätherischer Materie gibt. Anstatt dreier Aggregatzustände gibt es also sieben Ebenen der Materie.

Alle Materie ist ein Niederschlag von Licht, daher ist Materie eine Präzipitation von Licht in sieben mehr oder weniger stofflichen Ebenen.

Kornkreise

Warum kreieren die Weltraumbrüder Kornkreise? (Juli/August 2004)
Die Kornkreise werden von Menschen geschaffen, die vor allem vom Mars und von der Venus und in wenigen Fällen auch von anderen Planeten stammen. Sie sind ein weltweites Phänomen, aber vor allem im Süden Englands zu sehen. Unser Planet besitzt wie alle Planeten ein Magnetfeld; seine magnetische Energie bewegt sich in einem Netz sich kreuzender Linien fort, und an den Kreuzungspunkten entsteht mit der Zeit ein Wirbel, ein Kraftzentrum. Mit den Kornkreisen erzeugen die Weltraumwesen auf der grobstofflichen Ebene eine Replik dieser magnetischen Wirbel im Magnetfeld unseres Planeten. Es gibt also ein planetares Magnetfeld auf seiner eigenen Ebene und ein physisches Pendant dazu, das von den Weltraumwesen, den Insassen der Ufos, die auch die Kornkreise herstellen, auf die Erde übertragen wird.

Sie tun das, um auf der physischen Ebene die Grundlage für eine Energie neuen Typs und eine Technologie neuen Typs zu schaffen, die diese Energie nutzt, die auf diesem Planeten erst noch erschlossen werden muss. Das ist ein Geschenk für die kommende Epoche, die jetzt beginnt und die wir das Wassermannzeitalter nennen, in dem man gewaltige neue Entdeckungen auf dem Gebiet der Energienutzung (Energien des Planeten und der Sonne) machen und umsetzen wird. Das wird unsere Lebensweise auf diesem Planeten grundlegend verändern und zu einer Beherrschung der universellen Energie führen, wie wir uns das jetzt noch nicht vorstellen können.

In den nächsten 2500 Jahren werden wir ein Entwicklungsstadium erreichen, wo es uns möglich sein wird, nach Belieben in unserem Sonnensystem herumzureisen – und noch weiter in die Galaxis hinaus.

Wir werden erst unser Sonnensystem und dann den unermesslichen galaktischen Raum erforschen, indem wir Energien nutzen, die außerhalb der Realität von Zeit und Raum funktionieren. Damit werden Entfernung und Zeit aufgehoben. Die Menschen denken, dass etwas in die Galaxis zu schicken Jahrhunderte dauern würde, dass Menschen sterben würden, bevor sie eine lohnenswerte Region im All erreichen könnten, und dass sie niemals zurückkehren würden. Das ist nicht wahr. Die Wesen von Mars und Venus, die nicht so weit entfernt liegen, doch nach unseren Entfernungsmaßstäben immer noch sehr weit entfernt, können in Minuten zu uns gelangen. Dazu braucht man keine Zeit, wenn man einmal weiß, dass Zeit nicht existiert, so wenig wie der Raum existiert, den man nach unserer Vorstellung durchqueren muss, um von einem Ort zum anderen zu gelangen – und dass man in Minuten große Entfernungen im Universum zurücklegen kann.

Warum legen sie diese Muster in Getreidefeldern an? (Juli/August 2004)
Kornkreise werden deshalb angelegt, weil sie saisongebunden sind. Getreidefelder gibt es nur für eine kurze Zeit, dann werden sie abgeerntet, sodass die Kornkreise nicht mehr zu sehen sind. Wenn im nächsten Jahr das Getreide wieder wächst, erscheinen wieder Kornkreise an denselben Orten, weil sie jedes Mal an derselben Stelle von Neuem erzeugt werden, sodass die Energie in dieses Feld oder den jeweiligen Boden gelangt. Das ist ein unaufdringlicher Weg, die Menschen wissen zu lassen, ohne unseren freien Willen zu verletzen, dass die Weltraumbrüder, die Bewohner anderer Planeten wie Mars und Venus hier sind, Teil des Systems sind und systemisch vorgehen, sich nicht als separate Planeten verstehen. Sie helfen diesem Planeten, die Technologie der Zukunft zu entwickeln, und sie wollen uns auch im Stillen wissen lassen, dass sie hier sind, dass sie uns helfen und hundertprozentig gutgesinnt und harmlos sind.

Es fällt schwer, an diese wahre Herkunft der Kornkreise zu glauben, weil es so viele Fälschungen gibt. Könnten Sie uns in Prozenten sagen, wie viele Kornkreise echt und wie viele Fälschungen sind? Und warum tun die Leute das? (Juli/August 2004)
Es gibt natürlich einige Fälschungen, aber das ist eine kleine Minderheit, vielleicht vier Prozent aller Kornkreise weltweit. Der Prozentsatz der Fälschungen im Verhältnis zu den authentischen Kreisen variiert von Land zu Land. Hier in Großbritannien ist der Prozentsatz wohl höher

als anderswo – weil wir hier schon sehr lange sehr viele Kornkreise haben. Und in anderen Teilen der Welt ist vielleicht das Interesse der Menschen an den Kornkreisen nicht so groß, sodass sie sich auch nicht die Mühe machen, sie selbst zu produzieren. Kornkreise herzustellen ist harte Arbeit, und meistens sind die Fälschungen sehr augenfällig, sehr plump und schlecht gemacht. Wie jemand eine Fälschung für einen echten Kornkreis halten kann – nachdem er echte Kornkreise gesehen hat –, ist mir ein Rätsel, weil sie, wenn sie authentisch sind, so vollkommen sind.

Sie sind riesig und werden von den Menschen, die das Raumschiff steuern, in Sekundenschnelle erzeugt. Als Erstes beschließen sie, wie das Muster aussehen soll. Das kann auch sehr einfach sein, aber wenn man die Kornkreis-Erscheinungen verfolgt, kann man sehen, dass sie im Lauf der Jahre immer kunstvoller und komplexer werden. Erstens, um der Vielfalt und Abwechslung willen, und zweitens, um eine Komplexität, einen Einfallsreichtum und eine Formgebung zu demonstrieren, deren Niveau für jeden Fälscher unerreichbar bleibt.

Die Fälschungen sind gewöhnlich sehr rudimentär, ziemlich schlecht gemacht. Warum werden sie gemacht? Aus zwei Gründen, würde ich sagen. Zum einen werden sie von Leuten gemacht, die dafür bezahlt werden. Einige Zeitungen beispielsweise stellen hin und wieder Geld bereit und beschäftigen, sagen wir, eine Gruppe von Universitätsstudenten, die eine Methode ausgearbeitet haben, mit der man eine Art Kornkreis herstellen kann, der zwar sehr vereinfacht ist, aber einen Journalisten beeindrucken kann. Journalisten wissen auch nicht mehr über Kornkreise als andere Durchschnittsbürger, aber sie kommen mit ihren Kameras, sehen sich das an und sagen: „Ja, das ist ein wirklich authentischer Kornkreis, wie wundervoll!" Und dann tauchen Jeff und Peter oder Willy und Robert auf und behaupten: „Nein, wir haben ihn gemacht – gestern, wir waren es! Die *Daily Mail* hat uns 2000 Pfund gezahlt, um diesen Kornkreis herzustellen, das können wir beweisen. Er ist eine komplette Fälschung, alle sind Fälschungen." Auf diese Weise soll der Wert und die Realität der Kornkreise herabgewürdigt werden.

Außerdem habe ich zweifelsfrei herausgefunden, dass das Verteidigungsministerium dieses Landes den Bauern Geld zahlt, damit sie die Kornkreise abmähen, sobald sie in ihrem Getreidefeld auftauchen. Einige von ihnen machen natürlich mit und mähen jeden Kornkreis sofort ab. Selbst wenn das Getreide noch nicht reif ist und dieser Teil des Feldes normalerweise erst in einer Woche oder einem Monat gemäht würde.

Und so gibt es Getreidefelder mit einem großen Loch in der Mitte – dort, wo ein Kornkreis absichtlich vom Bauern zerstört wurde – den das Verteidigungsministerium dafür bezahlt.

Vor einer Woche erschien in Winchester ein Kornkreis, der sehr kunstvoll gearbeitet ist – ein dreidimensionales Bild vom Kopf eines Außerirdischen im Hollywoodstil. Sie sagten, dass er von Menschen gemacht sei, was mich sehr erstaunt, da man das vom Boden aus kaum erkennen kann. Wie kann ein normaler Mensch unterscheiden, was echt ist und was nicht? (Juli/August 2004)

Wenn man sich mit dem Thema noch nicht beschäftigt hat und nicht schon einigermaßen vertraut damit ist, kann man den Unterschied zwischen einem wirklich authentischen Kornkreis, der von einem Raumschiff von Mars oder Venus erzeugt wurde, und einer Fälschung nur schwer feststellen. Aber wenn Sie die Kornkreise über einen längeren Zeitraum beobachtet und die Unterschiede festgestellt haben, können Sie sofort erkennen, was Fälschung und was echt ist, das ist sehr eindeutig. Ich habe das Foto aus Winchester gesehen: Man sieht einen Kreis, in dem Zwischenräume in beide Richtungen in Vierecke unterteilt sind, es sieht wie eine Art Kuchen aus, der mit Vierecken verziert ist. Daneben ist ein Kopf zu sehen, ein Fantasiegebilde des Kopfes eines Außerirdischen, wie ihn Cartoonisten gerne zeichnen – ein bisschen wie E.T. Das ist für mich eine totale Fälschung und hat nichts mit dem Kornkreis daneben zu tun, der echt ist.

Manche machen so etwas aus den erwähnten Gründen auch einfach deshalb, weil sie andere gerne reinlegen, weil sie Beweise zerstören und klüger sein wollen als jene, die die Kornkreise erzeugen – bis das Publikum oder die Medien schließlich nicht mehr wissen, was sie von der ganzen Sache halten sollen. Es zerstört die Glaubwürdigkeit des ganzen Kornkreisphänomens. Wenn man den Unterschied zwischen einer Fälschung und einem authentischen Kornkreis nicht mehr erkennen kann, dann verliert der echte Kreis an Gültigkeit. Nicht für immer und ewig, aber für eine Weile. Bis der Beweis erbracht ist, dass Kornkreise tatsächlich von Ufos von Mars und Venus kreiert werden. Die Anzahl der Fälschungen ist sehr gering, weil sie schwer zu bewerkstelligen sind. Sie erfordern viel Zeit und Kraft, und diejenigen, die diese Zeit und Kraft aufbringen, haben entweder einen eigenartigen Sinn für Humor oder sie werden dafür bezahlt. Beides kommt vor.

Nur um der Klarheit willen, was den Kornkreis in Winchester betrifft: Der Kreis ist echt? (Juli/August 2004)
Was das Foto betrifft, das ich in der Zeitung sah: Der eigentliche Kreis ist echt, der Kopf des „E.T." aber nicht, der wurde von Menschen gemacht, um die Gültigkeit des Kreises zunichtezumachen.

Das Phänomen der Kornkreise tauchte erstmals Ende der siebziger Jahre auf, aber die Menschen wussten schon früher, schon im 15. oder 16. Jahrhundert davon. Warum tauchen jetzt so viele auf und warum vor allem, wie es scheint, in Großbritannien? (Juli/August 2004)
Die Zahl der Kornkreise nimmt überall auf der Welt zu. Es hat sie zwar schon immer gegeben, aber nur wenige. Sie nehmen zu, weil es der Plan der Weltraumbrüder – in Verbindung mit der Geistigen Hierarchie unseres Planeten – ist, die Reproduktion dieses magnetischen Energiefeldes auf der irdischen Ebene im Zusammenhang mit der kommenden Technologie zu beschleunigen. Warum jetzt? Weil sich der ganze Prozess beschleunigt. Weil unsere Geistige Hierarchie, die Meister und hohen Eingeweihten unseres Planeten, in die Alltagswelt zurückkehren.

Könnten Sie ein paar Worte zur Energie in den Kornkreisen sagen? Ist es zum Beispiel empfehlenswert, sich in einem Kornkreis länger aufzuhalten, um geheilt zu werden?
Die Kornkreise werden mit Energien erzeugt. Die Menschen in den Raumschiffen entwickeln in Gedanken ein – einfaches oder komplexes – Muster, das dann mit einer Kombination aus Technologie und Gedankenkraft im Getreidefeld ausgeführt wird.

Sie benutzen stets ein universelles System, das auf der Zahl „9", statt auf der „10" basiert und das wir in der Zukunft auch übernehmen werden. Wenn wir das Wesen der mathematischen Relationen in ihrer eigentlichen Bedeutung begreifen, werden wir die Kornkreise besser verstehen. Viele Menschen glauben, die Kornkreise seien Ideogramme – aber das sind sie nicht. Sie vermitteln uns keine Ideen, keine verschlüsselten Ideen. Sie sind Konstruktionen, die nach einer bestimmten Formel ausgeführt werden, und diese Formel ist universell und kehrt in diesen Formen immer wieder.

Mit jedem Kornkreis wird eine Energie im Boden, im Wasser und wo immer der Kornkreis erzeugt wird, verankert. Man muss verstehen, dass die Kornkreise lediglich sichtbar machen, wo sich Energiewirbel befinden, doch Energiewirbel gibt es überall auf der Welt, selbst da, wo es kein Getreide gibt. Es gibt also Abertausende dieser Energiepunkte, dieser Wirbel, die von den Weltraumbrüdern geschaffen werden. Wenn sie einen Kreis in einem Kornfeld erzeugen, sieht man ihn; wenn sie ihn im Ozean erzeugen, sieht man ihn nicht, aber er ist trotzdem vorhanden. Auf diese Weise schaffen sie ein magnetisches Gitter, das zu einer Energiequelle auf der physischen Ebene, einem Energiereservoir wird. Es soll Energie von unserer eigenen magnetischen Ebene anziehen, sie aber mithilfe der kommenden Technologie auf der physischen Ebene nutzen. Durch den Einsatz von Sonnenenergie in Verbindung mit dieser magnetischen Energie werden wir Wunderwerke auf dem Gebiet des Heilens, im Transportwesen und in vielen anderen Bereichen vollbringen; damit werden wir unseren gesamten Energiebedarf decken können.

Wenn Sie einen Kornkreis betreten und für diese Energie sensitiv sind, werden Sie feststellen, dass ein deutlicher Unterschied besteht, ob Sie sich in einem von einem venusischen oder von einem marsianischen Raumschiff erzeugten Kornkreis aufhalten. Wenn er von einem Raumschiff von Merkur oder Jupiter erzeugt wurde, sind es wieder ganz andere Energien.

Diese Energien kann man spüren und als heilsam empfinden, aber sie haben keine spezifisch heilenden Eigenschaften. Ich würde nicht empfehlen, zu viel Zeit in einem Kornkreis zu verbringen, weil man zu stark aufgeladen werden kann. Besonders im Falle von venusischer Energie, die eine sehr hohe Schwingung besitzt. Ich rate also zur Vorsicht, falls Sie sich länger in einem Kornkreis aufhalten wollen. Verbringen Sie möglichst nicht mehr als fünf bis zehn Minuten darin, aber bleiben Sie nicht stundenlang, in Gespräche vertieft, darin sitzen. Das machen viele und wundern sich dann, warum sie so übermäßig aufgeladen sind.

Manche vermuten, dass die Kornkreise in England alle nach dem „goldenen Schnitt" angelegt seien. Stimmt diese Theorie? (Oktober 2001) Damit hat die Gestaltung der Kornkreise nichts zu tun, die viel willkürlicher – aber spontan und kreativ – erfolgt, als Sie sich vorstellen können.

Gibt es einen Zusammenhang zwischen dem magnetischen Gitternetz, das die Weltraumbrüder zur Vorbereitung für die Technologie des Lichts nutzen, und dem planetarisch-ätherischen Netz, in das Shamballa, die Hierarchie und die Menschheit eingebunden sind? (September 2008) Kein realer Zusammenhang, außer nach dem Gesetz der Entsprechung.

Lichtmuster

(1) Kann man davon ausgehen, dass die meisten der Lichtkreise, die zunehmend in der ganzen Welt erscheinen, entweder von Maitreya und den Weltraumbrüdern oder nur von Maitreya geschaffen wurden? (2) Kann man die Energie spüren, wenn man sich genau dorthin stellt, wo das reflektierte Sonnenlicht einen Lichtkreis bildet? (3) Geht von diesen Lichtgebilden Energie aus? (4) Sind es Heilenergien? (März 2002)
(1) Sie werden von den Weltraumbrüdern in Zusammenarbeit mit Maitreya erzeugt. (2) Nein. (3) Ja, Lichtenergie. (4) Nein, nicht unbedingt auf individueller physischer Ebene, doch im planetaren Sinne haben sie eine „heilende Dimension".

(1) Seit wann gibt es diese Kreise? (2) Muss eine Reflexion da sein – beispielsweise von einem Fenster –, damit ein Lichtkreis entstehen kann? (3) Muss dafür die Sonne scheinen? (4) Welchen Zweck haben die Lichtkreise? (5) Man hat unterschiedliche Formen von Lichtkreisen entdeckt – haben sie eine symbolische Bedeutung? (6) Wird es zukünftig noch mehr Formen geben? (März 2002)
(1) Seit vier, fünf Jahren. (2) Ja. (3) Ja. (4) Es sind Zeichen – Wunder ohne religiöse Bedeutung. (5) Nein. (6) Ja.

(1) Werden die Lichtzeichen von Maitreya oder den Weltraumbrüdern mit irgendwelchen Energien aufgeladen, und wenn ja, mit welchen? (2) Können sie heilen? (Oktober 2001)
(1) Ja, mit verschiedenen. (2) Ja.

Berichte über Lichtkreise kommen aus vielen Gegenden der Welt. Sind diese Lichtkreise oder Lichtmuster überall dieselben? (März 2002)
Bis jetzt mehr oder weniger.

Sind die Lichtkreise ein neues, mit den Kornkreisen vergleichbares Phänomen? (März 2002)
Für uns, ja. Für die Weltraumbrüder sind sie damit nicht vergleichbar.

Könnten Sie mir bitte mehr über die technische Entstehung der Lichtkreise sagen? (1) Sind sie Teil der Wissenschaft des Lichts? (2) Besteht eine Ähnlichkeit mit der Lasertechnologie? (Juli/August 2004)
(1) Nein. (2) Nein.

Sie sprachen über die Rolle der Kornkreise und Energiewirbel auf der Erde. Ist es richtig, dass auch das Lichtkreisphänomen Teil dieser Vorbereitungen für die Technologie des Lichts sind? Mit anderen Worten, sind Lichtkreise urbane Kornkreise? (März 2009)
Ja, man kann sagen, dass das Lichtkreisphänomen Teil der Vorbereitungen für die Technologie des Lichts ist. Es stimmt jedoch nicht, dass sie urbane Kornkreise sind. Sie haben eine ganz andere Funktion.

Welche Funktion haben sie? (März 2009)
Wenn ich Ihnen sagen könnte, was ihre Funktion ist, würde ich nicht hier sitzen. Alle Wissenschaftler der Welt säßen mir zu Füßen, um das zu erfahren. Und wenn ich es wüsste, wäre es mir unmöglich, Ihnen das zu vermitteln. Die Antwort ist, ich weiß es nicht. Was ich aber weiß, ist: Wenn wir die Technologie verstehen könnten, mit der das Lichtkreisphänomen hervorgerufen wird, könnten wir das Problem der Erderwärmung in kürzester Zeit bewältigen.

Wenn die Sonne auf die Fenster an der Vorderseite unserer Wohnung in Amsterdam (in der Nähe des Share Nederland/Share-International-Informationszentrums) scheint, sehen wir Lichtmuster auf den Gebäuden gegenüber sowie auf der Straße und dem Bürgersteig. Jahrelang waren es dieselben Muster, aber auf einmal gab es einige Tage lang keine Muster mehr. Dann kehrten sie unerwartet wieder zurück, allerdings in anderer Form. (1) Kann das sein? (2) Verändert sich hin und wieder ihre Form und wenn ja, (3) warum? (November 2006)
(1) Ja, Sie haben es doch gesehen! (2) Ja. (3) Um unser Interesse aufrechtzuerhalten.

In Pueblo im amerikanischen Bundesstaat Colorado, wo ich lebe, gibt es an einem alten Gebäude Lichtmuster. Sie kommen und gehen, werden aber von den Passanten kaum beachtet. In einem Esoterikladen in der Nähe hatte man mich darauf aufmerksam gemacht. Als ich sie mir das erste Mal ansah, verschwanden sie nach kurzer Zeit wieder. Ich habe dann dieses Gebäude seitdem immer wieder beobachtet und das ständige Kommen und Gehen dieser Lichtmuster verfolgt. Bedeutet das, dass Gott in die Welt kommt und die Menschen das erfahren sollten, oder ist das ein von Gott gesandter Segen? (März 2007)
Nicht Gott, aber sein Stellvertreter, Lord Maitreya. Das ist ein Segen von Maitreya.

Ich lese gern Ihre Internetseiten. Zu den fotografierten Lichtmustern möchte ich jedoch eine Anmerkung machen. Immer wenn in meiner Stadt Bergen in Norwegen die Sonne scheint, sehe ich an Hauswänden und Mauern zwischen den Gebäuden solche Muster. Nie jedoch, wenn der Himmel bedeckt ist. Die Sonne bringt sie hervor, indem ihr Licht von einem Fenster auf die andere Straßenseite reflektiert wird. Das ist eine Tatsache. Ich glaube, dass das göttlich ist. Alles ist göttlich, weil es vom Schöpfer erschaffen wurde. Aber zu behaupten, es sei Maitreya, der das Licht auf der Wand hier in Bergen erzeuge, geht zu weit. (September 2007)
Natürlich ermöglicht die Sonne die Reflexion. Die Sonne gab es immer, aber dieses Phänomen ist relativ neu. Diese Muster sind das Ergebnis einer Zusammenarbeit der Weltraumbrüder mit Maitreya, der ihnen vorschlägt, wo, auf welchen Wänden sie platziert werden sollen.

Was ist die Aurora Borealis – das Nordlicht? Ist es die sichtbare Form von Energien, die auf unseren Planeten einströmen? (September 2007)
Es ist das Licht der ätherischen Hülle der Erde, die in der nördlichen Hemisphäre unter gewissen Bedingungen sichtbar wird.

(1) Gibt es in großen Städten weniger Prana und ätherische Energie als auf dem Land? (2) Gibt es in manchen Klimaregionen mehr Prana? (September 2007)
(1) Nein, gewöhnlich ist das Gegenteil der Fall. Deshalb entwickeln sich große Städte zu Chakren – Kraftzentren – des Planeten. (2) Ja. Generell in trockenen, sonnigen Regionen.

Erziehung im neuen Zeitalter

Dieser Artikel, ein Interview mit Benjamin Creme von George Catlin, wurde zum ersten Mal in **Share International***, in der Juli/August-Ausgabe 1997, und anschließend auch in* **Maitreyas Mission***, Band drei, veröffentlicht. Wir präsentieren ihn hier im Interesse des Lesers noch einmal, da er das Thema aus einer etwas anderen Perspektive behandelt.*

Unser Thema ist die Erziehung im neuen Zeitalter, daher wäre es vielleicht am besten, wenn Sie zunächst erklären könnten, was genau Sie darunter verstehen. Was bedeutet Erziehung für Sie?

Unter Erziehung verstehe ich jede Aktivität, die einem Mann, einer Frau oder einem Kind dazu verhilft, ihr ganzes Potenzial zu entfalten. Wenn wir uns inkarnieren, bringen wir Qualitäten der jeweiligen Entwicklungsstufe mit, die wir in unserem vorherigen Leben erreicht haben, das heißt, ein bestimmtes Potenzial an Seelenausdruck, Intelligenz und physischer Ausstattung, das sich in irgendeiner Weise auf dieses Leben auswirkt. Erziehung ist die Vorbereitung eines Mannes, einer Frau oder eines Kindes auf der physischen, emotionalen, mentalen und spirituellen Ebene, damit sie ihr Potenzial im Leben nutzen können.

Sie fassen also den Erziehungsbegriff ziemlich weit. Würden Sie sagen, dass Eltern Erzieher sind?
In dem Sinne, dass jedes Kind seine Eltern von Anfang an nachahmt, sind alle Eltern tatsächlich Erzieher, im guten wie im schlechten Sinne. Verhalten sich die Eltern restriktiv und autoritär, ist die Erziehung schlecht. Wenn Eltern ihre Kinder mit Liebe und Geduld umgeben und versuchen, deren Ausdrucksmöglichkeiten auf jedem Gebiet zu fördern, dann leisten sie einen wesentlichen Beitrag zu deren Erziehung. Aber meistens geben wir das, was wir von unseren Eltern bekommen haben, an unsere Kinder weiter. Wir haben meistens sehr viel schädlichen „Müll" mitbekommen und statten dann auch unsere Kinder damit aus. Das nenne ich nicht Erziehung, sondern Konditionierung.

Haben für Sie neben dem Zuhause und der Schule auch andere Bereiche erzieherisches Potenzial, etwa der Arbeitsplatz?
Sehr viel sogar. Ich denke, dass es in der Erziehung künftig eine viel engere Verbindung zwischen dem formalen Schulunterricht, dem Arbeitsplatz und der Gesellschaft insgesamt geben wird. Und ich sehe auch, dass es im Hinblick auf Erziehung immer wichtiger wird, Kinder schon in jungen Jahren in ausgesprochene Gemeinschaftsaktivitäten miteinzubeziehen, damit sie sich gleich von Anfang an als Teil einer Gemeinschaft sehen, die größer als die Familie und anders als die Schule ist. Damit soll die Schule nicht ersetzt werden, sondern durch das erweitert werden, was sie für das Leben bringen kann.

Nach dem, was Sie eben über die Zukunft und über das Potenzial der Gemeinschaft für die Bewusstseinsbildung des Kindes gesagt haben, ist dies vielleicht ein guter Moment, uns der Frage zuzuwenden, was das neue Zeitalter eigentlich ist. Könnten Sie das erklären?

Das neue Zeitalter ist die Folge der zyklischen Aktivität bestimmter großer kosmischer Energien, die das Leben unseres Sonnensystems bestimmen. Auf seiner Bahn durch den Weltraum geht unser System der Reihe nach mit jeder Tierkreiskonstellation eine direkte energetische Beziehung ein. Diese Konstellationen verkörpern mächtige kosmische Energien mit spezifischen Qualitäten, die das Leben über die gesamte Dauer eines Zyklus – ungefähr 2150 Jahre pro Zyklus – beherrschen. Wir bewegen uns nun aus der Einflusssphäre der Fische-Qualität heraus und in das neue Zeitalter hinein, in dem wir dem Einfluss der Wassermann-Energien, die sich von den Fische-Energien sehr unterscheiden, ausgesetzt sind und eine neue Kultur und Zivilisation erschaffen werden, weil wir auf diese Wassermann-Energien reagieren. Diese Energien verkörpern bestimmte große Ideen, die zu unseren Idealen werden. Wenn wir diese Ideale in die Tat umsetzen, entwickeln sich unsere Kultur und unsere Zivilisation weiter.

Endet ein Zeitalter in einem bestimmten Moment, und ab da beginnt dann ein neues?
Das eine endet, das nächste beginnt, aber nicht gleichzeitig. Es gibt eine Übergangsphase von ungefähr 200 bis 300 Jahren. Die Fische-Energien zum Beispiel gingen ab 1625, als sich unsere Sonne aus ihrer Einflusssphäre entfernte, langsam zurück. Fünfzig Jahre später, etwa 1675, begannen die des Wassermann-Energien hereinzuströmen. Seit diesem Jahr werden diese Energien tagtäglich stärker. Das wird so weitergehen, bis sie ihren Zenit erreicht haben; dann werden sie allmählich wieder abnehmen, da die Sonne sich wieder aus ihrem Einflussbereich hinausbewegt und in den des Steinbocks eintritt. Das Ganze dauert ungefähr 2350 Jahre.

Um sich eine Vorstellung von den künftigen Anforderungen an Erziehung machen zu können, da wir nun auf dem Weg in das Wassermannzeitalter sind, würde ich von Ihnen gerne etwas über den Stand des menschlichen Bewusstseins zu Beginn des Fischezeitalters vor 2000 Jahren erfahren.
Es war dunkel. Dafür gibt es ein sehr deutliches Beispiel. In einem kleinen Land namens Palästina lebte, arbeitete und erfüllte ein großer Mensch namens Jesus, eines der großartigsten Wesen, das jemals unsere Erde beehrt hat, eine dreijährige Mission. Es ist eigentlich unvorstellbar, dass dieser Mann, der beispielhaft die Qualität der Liebe in sich entwi-

ckelt hatte – und das in einem Maße wie noch kein Mensch vor ihm – in den Tod geschickt, gekreuzigt wurde.

Das geschah, weil es Erziehung und Bildung nicht gab. Die Menschen tappten sozusagen noch im Dunkeln. Es gab nur wenige Menschen – in diesem Falle die Priester –, die lesen und wahrscheinlich auch schreiben konnten. Sie waren die Lehrer, die Rabbiner und beherrschten die anderen. So war es fast überall in der Welt. Einige wenige Leute konnten lesen und der Rest war vollkommen ungebildet. Es waren Bauern, Schäfer, Fischer, Werkzeugmacher und dergleichen – ohne jede Bildung. Sie taten bloß das, was man ihnen sagte. Diese Verhältnisse existierten schon seit frühester Zeit.

In den atlantischen Zivilisationen, die, wie es heißt, vor rund 95.000 Jahren zu Ende gegangen sein sollen, gab es nur einige wenige Menschen – Priester und Könige –, die lesen konnten und gebildet waren. Die übrigen Menschen gehorchten bloß und taten, was man ihnen aufgab. Meister Djwhal Khul schrieb, wie von Alice Bailey aufgezeichnet, dass ein Gebildeter im Mittelalter auf der gleichen Bewusstseinsstufe stand wie heute 14-Jährige.

In jedem Zeitalter, jedem Jahrhundert gab es Persönlichkeiten, die andere überragten – bei den Griechen beispielsweise Aristoteles, Pythagoras, Plato, Sokrates, Euklid und all die anderen Geistesgrößen, die den Keim zu unserer heutigen Wissenschaft und Philosophie legten. Aber sie waren die Ausnahme. Wir sollten dabei auch bedenken, dass „der Ruhm des alten Griechenland" sich auf Sklavenarbeit gründete.

Sicherlich bestimmen die Ausnahmeerscheinungen unser Geschichtsverständnis – aber inwieweit war zur Zeit Jesu der Durchschnittsmensch, der Mann oder die Frau auf der Straße, in der Lage, zu handeln und zu denken? Könnten Sie das Bewusstsein der Menschen damals beschreiben?
Sie konnten nicht denken. Sie konnten natürlich dazu angeregt werden, etwas Bestimmtes zu tun. Aber das waren rein emotionale Reaktionen auf eine Stimulierung. Das war in keiner Weise eigenständiges Denken. Sonst hätte man beispielsweise auch Jesus nicht umgebracht. Die Bevölkerung wurde von den Priestern aufgehetzt, um ihn loszuwerden,

Würden Sie sagen, dass wir heute denken können?
Wie fangen gerade an, zu denken.

Ist das das Ergebnis der Fische-Energien?
Durch die Fische-Energien hat sich die Individualität der Menschen

entwickelt. Das ist in der Evolution der Menschheit ein großer Schritt vorwärts. Wir sind aus unserem Herdendasein herausgetreten, denn bis dahin waren wir eigentlich bloß intelligente Tiere in der Menschenherde. Allgemein gesagt, sind die heutigen Menschen im wirklichen Sinne individuell und unterscheiden sich darin sehr von ihren Vorfahren vor 2000 Jahren. Das ist das Resultat der Fische-Energie. Hinzu kommt noch die Qualität des Idealismus – die heute so stark ausgeprägte Aspiration und Vision –, die für die Entstehung von Ideologien und Religionen verantwortlich ist. Man ist heute sogar bereit, für seinen Glauben zu sterben. Vor 2000 Jahren wäre das undenkbar gewesen. Das ist eine außergewöhnliche, aufopfernde, visionäre und zutiefst spirituelle Lebenseinstellung.

Entwickeln wir uns durch die spezifischen Energien eines Zeitalters zwangsläufig in einer bestimmten Weise weiter?
Wenn wir mit den Energien richtig umgehen, entwickeln wir uns weiter. Jede Energie verleiht der Menschheit eine Fähigkeit, einen weiteren Aspekt ihrer potenziell göttlichen Natur zu entfalten. Natürlich kann es im Einzelnen auch Rückfälle geben, der gesamten Menschheit jedoch ermöglicht jedes Zeitalter eine Verbesserung ihrer Bewusstseinsqualität – in einer Spiralbewegung aufwärts. Die Menschen reagieren darauf nicht alle gleich, weil wir nicht alle auf der gleichen Entwicklungsstufe stehen. Wir reagieren unserem Entwicklungsstand entsprechend auf diese Energien, die unsere Fähigkeit steigern, mit jedem Zeitalter unser Potenzial immer weiter zu entwickeln.

Gibt es da eine Wahlmöglichkeit? Haben wir die Gelegenheiten, die uns die Fische-Qualitäten boten, voll genutzt? Hätten sich die Dinge auch anders entwickeln können? Haben wir alles getan, was wir durch die Fische-Energien erreichen konnten?
Das bezweifle ich. Der Separatismus, der auch ein Ergebnis der Fische-Energien ist, hat die Menschheit in ihrer Entwicklung behindert und großes negatives Karma aufgebaut – individuell als auch im Ganzen. Wir haben uns selbst extrem behindert. Separatismus ist natürlich das Hindernis der Evolution schlechthin. Es gibt kein voneinander getrenntes Dasein – das ist die große Irrlehre. Wir sind Seelen in Inkarnation, es gibt keine isolierte Seele.

Jeder neue Erziehungsansatz muss das Verständnis für die Seele, für ihre Existenz miteinbeziehen.

Wenn ich davon ausgehe, dass Seelenverwirklichung das Gesamtziel der Evolution ist, welche Aspekte fördert nun die Wassermann-Qualität, welche Energien bringt sie mit sich?
Vor allem die Energie der Synthese. Ihre Auswirkungen sind bereits in fast allen Lebensbereichen zu erkennen, und zweifellos auch schon in der Erziehung.

Synthese hat mit Zusammenhängen zu tun – zum Beispiel von Ideen. Durch philosophisches Forschen kann man sein Bewusstsein so weit ausdehnen, dass man Dinge, die zunächst völlig unvereinbar erschienen, als nahe beieinanderliegend erkennt. Man sieht, dass sie sich nicht nur gegenseitig ergänzen und vervollständigen, sondern auch gegenseitig erhellen. Diese Synthesefähigkeit des Menschen erweitert zwangsläufig das Bewusstsein der Menschheit und ermöglicht dadurch richtige zwischenmenschliche Beziehungen.

Die Wassermann-Energien werden mit ihrer Synthesequalität, das individualistische Bewusstsein derart erweitern, dass es schließlich die gesamte Menschheit miteinbeziehen kann, sodass wir als vollkommen individuelle und einzigartige Wesen gleichzeitig auch Teil der großen Gruppe sein können, die wir Menschheit nennen.

Allein theoretisch klingt das schon nach einem gewaltigen Schritt für das menschliche Bewusstsein. Wie wird sich das Ihrer Meinung nach konkret in Institutionen und im täglichen Leben auswirken?
Das ist eine schwierige Frage, weil es die entsprechenden Formen bis jetzt noch nicht gibt. Damit wird bereits überall auf der Welt experimentiert, in manchen Ländern mehr, in manchen weniger. Das trägt zu dem wachsenden Gruppenbewusstsein bei. Die Menschen werden sich zunehmend als Teil einer Gruppe verstehen.

In Bildungseinrichtungen, im Geschäftsleben, in jedem Lebensbereich bilden sich Gruppen. Wer sich beispielsweise in der Politik Gehör verschaffen will, bildet eine Partei oder schließt sich einer an. Eine Partei ist bloß eine große Gruppe. Sie kann ihre Grundideologie, ihre Überzeugungen, ihre Absichten, Hoffnungen und Bestrebungen wirksamer verbreiten als eine einzelne Person.

Auf diese Weise kommt allmählich eine Vereinigung der Menschheit zustande, weil die Menschen feststellen, dass sie zwar individuell sind, aber dennoch alle die gleichen Bedürfnisse haben. Jeder Mensch braucht Nahrung, Schutz, Wohnung, Kleidung, Gesundheitsversorgung und Bildung. Diese Notwendigkeiten, die allen Menschen unseres Planeten gemeinsam sind, werden zunehmend zur anerkannten Norm werden. Sobald sie als Grundvoraussetzungen für das Leben aller Menschen gelten, wird auch ein globales Bewusstsein die Regel sein.

Leider sind Erziehung und Bildung bis heute in den meisten Ländern sehr nationalistisch geprägt. Den Menschen wird die Geschichte der eigenen Nation beigebracht, und gewöhnlich ziemlich verbogen – alles, was unsere Nation gemacht hat, war gut und alles, was andere Nationen gemacht haben, schlecht. Dadurch bekommt ein Kind, das noch in der Entwicklung steckt, eine ziemlich voreingenommene und falsche Sicht von der Welt.

Erziehung, würde ich sagen, muss einem Kind zunächst einmal vermitteln, dass es Mitglied einer Weltfamilie ist. Die Synthese bewirkende Wassermann-Energie muss dazu benutzt werden, dieses globale Bewusstsein zu schaffen. Den Kindern muss beigebracht werden, dass wir nicht vereinzelt in einem großen oder kleinen Land, sondern in einer Welt mit 5,7 Milliarden Menschen [heute 7,5 Milliarden] zusammenleben. Jedem Kind sollte vor allem die Grundposition seines Erdenlebens beigebracht werden: dass es Teil einer Gruppe, einer Familie ist. So wie eine Familie alle notwendigen Dinge, die in den Haushalt kommen, miteinander teilt, sollte auch die Menschheitsfamilie die Ressourcen teilen, die ihr durch göttliche Vorsehung zu diesem Zwecke zur Verfügung gestellt wurden.

Es fällt mir schwer zu erkennen, dass Bewusstsein, Individuum und Erziehung schon diese Richtung einschlagen. Mir scheint, dass die Menschen angesichts der Not in der Welt sogar noch individualistischer werden.

Wir haben heute die wohl ausgeprägteste Form von Habgier, die man sich vorstellen kann, obwohl wir wahrscheinlich verglichen mit dem, was man über Atlantis weiß, gar nicht ahnen können, was Habgier ist. Ihre Gier war unvorstellbar: Reiche Leute badeten in Milch, Könige horteten Gold tonnenweise und manche Schlösser wurden sogar mit Gold gebaut. Alle anderen lebten kaum besser als Tiere: Sie dachten wie Tiere (sofern man das Denken nennen kann), sie gaben ihren Gefühlen Ausdruck wie Tiere, sie gehorchten wie Tiere. Diejenigen, die über ihnen standen, die Könige und Führer, die denken konnten, beherrschten das gesamte Leben. Für die meisten Menschen war das Leben wirklich viehisch.

Heute werden der Wohlstand und die Habgier weltweit immer größer, weil der Mechanismus des Geldverdienens immer raffinierter wird. Die Methoden, um zu Geld zu kommen, sind heute so ausgeklügelt, dass man ausschließlich von ihnen leben kann. Doch gleichzeitig erkennen immer mehr Menschen die Not der Menschheit als Ganzes. Sie wissen, dass Millionen Menschen verhungern und weitere unzählige Millionen in völliger Armut, Erniedrigung, Not und Elend leben. Diese Kluft, die Diskrepanz zwischen den Reichen und den Armen, ist das eigentliche Problem.

Das kann so nicht weitergehen. Das Bewusstsein wächst, dass sich etwas ändern muss. Das unglaubliche Tempo, mit dem die Habgier durch die Marktkräfte und den Wettbewerb auf dem Vormarsch ist, treibt uns auf den Abgrund zu. Das wird uns auf einmal mit der Realität konfrontieren. Es gibt bereits verschiedene Anzeichen eines Zusammenbruchs unserer Wirtschaftsstruktur und der Weltbörse. Wenn das geschieht, wird sich das heutige Wirtschaftssystem transformieren, wahrscheinlich für immer.

Sie haben bis heute die meiste Zeit Ihres Lebens darauf verwendet, hervorzuheben, dass die Geistige Hierarchie bald und wahrscheinlich schon kurz nach dieser wirtschaftlichen Neuorientierung endgültig erscheinen wird und die Meister, angeführt von Christus, an die Öffentlichkeit treten werden. Wie wird sich das auf die Erziehung auswirken?
Der eigentliche Sinn von Erziehung und Bildung besteht meiner Meinung nach darin, Menschen das Rüstzeug zu geben, mit dem sie ihr göttliches Potenzial als inkarnierte Seelen entfalten können. Wenn die Meister in der Außenwelt tätig sind, wird das große physische, emotionale, mentale und psychologische Auswirkungen auf die Menschheit haben. Wir werden zu der Erkenntnis kommen, dass die Seele tatsächlich existiert. Sie, die Meister, bilden das Reich der Seelen. Menschen wie Jesus werden tagtäglich mit den Leuten sprechen. Er ist gesund und munter und lebt, falls Sie mir das glauben können, seit sieben Jahren in Rom. Der Meister aller Meister, Lord Maitreya, lebt seit 1977 in London – und kann sich willentlich an jeden beliebigen Ort der Welt versetzen. Wenn dies allgemein anerkannt wird, wird die Existenz der Hierarchie auch die Existenz der Seele beweisen. Die Leute werden sagen: „Das war der heilige Johannes", oder: „Das war der Apostel Petrus". Aber heute ist Ersterer der Meister Koot Hoomi und der andere der Meister Morya.

Es wird offensichtlich werden, dass Reinkarnation zum Leben gehört. Das wird die Vorstellung vom Sinn und Zweck unseres Daseins auf der

Erde verändern. Wir werden Antwort auf die uralten Fragen bekommen: Warum sind wir hier? Wer sind wir? Was ist der Sinn des Lebens? Wohin gehen wir? Wir werden begreifen, dass wir zu einem bestimmten Zweck hier sind: zur Entwicklung der Seele in Inkarnation, die damit den Evolutionsprozess verfolgt.

Jede Seele inkarniert sich mit einer Reihe von bestimmten Absichten. Die Erziehung jedes Menschen sollte darauf ausgerichtet sein, diesen Prozess zu fördern, damit die Lebensabsicht der Seele wirksam werden kann. Das bedeutet, dass Lehrer und Erzieher, ob in der Schule oder außerhalb, den Entwicklungsstand jedes Kindes kennen sollten. Sie müssen wissen, wo sein Bewusstsein zentriert ist, was seine Aufmerksamkeit am meisten bestimmt: die sogenannte Polarisierung seines Bewusstseins. Liegt sie auf der physischen Ebene? (Ich denke, dass heute kein menschliches Wesen noch auf der physischen Ebene polarisiert ist.) Liegt sie also auf der astralen, der mentalen oder der geistigen Ebene?

Man wird feststellen, dass die große Mehrheit der Menschen den Sitz ihres Bewusstseins auf der Astral-/Emotionalebene hat. Es wird daher bei der Erziehung dieser Menschen darum gehen, deren Bewusstsein zu steigern und auf die Mentalebene anzuheben. Ist jemand bereits mental ausgerichtet, wird das Ziel seiner Erziehung darin liegen, sein Bewusstsein von der mentalen auf die geistige Ebene zu befördern, damit er die geistige Polarisierung erreicht.

Wie wird ein Lehrer das feststellen können? Kann man sich darin ausbilden lassen?
Wenn die Meister öffentlich in der Welt tätig sind, werden sie ihre Jünger darin schulen. Heute haben wir Schullehrer, die darin ausgebildet sind, Kindern Lesen, Schreiben, Rechnen und so weiter beizubringen. Die Ideen, die Lehrer in ihren Schülern wecken sollen, haben eine sehr beschränkte Bandbreite. Und meistens geschieht noch nicht einmal das, weil die Lehrer nur den Auftrag haben, den Kindern beizubringen, durch Auswendiglernen eine begrenzte Anzahl von Vorstellungen zu vertreten und zu befolgen. Das hat meiner Meinung nach überhaupt nichts mit Erziehung zu tun.

Erziehung sollte das Potenzial eines jeden Kindes wachrufen, sei es auf der emotionalen, mentalen oder geistigen Ebene. Lehrer sollten in der neuen Psychologie – der Psychologie der Seele – ausgebildet werden. Sie müssen den Entwicklungsstand der Kinder kennen. Sie müssen den Sitz ihres Bewusstseins kennen, sie müssen wissen, wo ein Kind polarisiert ist. Und sie müssen wissen, welche Energien oder Strahlen bei einem Kind vorherrschen. Jeder Mensch wird auf allen Ebenen – seelisch, persönlich, mental, emotional und physisch – von bestimmten Strahlen oder Energieströmen, sieben an der Zahl, regiert. Man kann jeden dieser Strahlen oder auch nur einige davon in seiner Ausrüstung haben. Der Persönlichkeits-, der Mental-, der Astral-/Emotional- und der Körperstrahl können sich von Leben zu Leben ändern, während der Seelenstrahl einen ganzen Weltzyklus über derselbe bleibt, das heißt einen unermesslichen Zeitraum lang. Wenn man die Strahlen eines Kindes kennt, dann kennt man auch seine Neigungen, seine Wege des größeren oder des geringeren Widerstands. Das hilft dem Erzieher, ein Kind auf die bestmögliche Weise zu unterrichten, damit seine Talente zum Vorschein kommen können – entweder indem es den Weg des geringsten Widerstands geht, wenn das der richtige ist, oder sich auf einem Weg des größeren Widerstands versucht, wenn das eine Eigenschaft wachrufen könnte, die eher mühsam zum Zuge kommt.

Die Strahlen theoretisch zu verstehen, ist eine Sache, aber die Strahlenstruktur eines Menschen zu erkennen, ist doch noch etwas anderes. Wird das durch eine spezielle Schulung der Lehrer möglich werden?
Ja. Dafür wird es eine besondere Schulung geben. Es ist nicht besonders schwierig, die Strahlen zu erkennen. Wenn man sie wirklich studiert und es sich zur mentalen Gewohnheit macht, Menschen anzuschauen und sie durch die „Strahlenbrille" zu sehen, dann ist es für einen intelligenten Menschen, der sich für dieses Thema interessiert, relativ leicht, bei der Bestimmung der Strahlenstruktur eines anderen ziemlich treffsicher zu werden.

Dadurch wird sich Erziehung aus dem Klassenzimmer herausbewegen. Bei Lehrern denken wir gewöhnlich an Schullehrer. Ich sehe überhaupt keinen Grund, warum es nicht eine viel umfassendere Erziehung geben sollte. Statt Schullehrer könnte es noch eine ganze Reihe anderer Erzieher von außerhalb geben. Das können Künstler, Wissenschaftler, Esoteriker, Polizisten oder Ärzte sein, die den Schülern ihre Lebenserfahrung zugutekommen lassen, denn das brauchen die Schüler.

Kinder brauchen nicht bloß einen fachspezifischen Unterricht, wie er heute erteilt wird. Den brauchen sie natürlich auch, aber man kann auch ihr Bewusstsein erweitern. Die meisten erinnern sich später daran, dass die beste Erziehung in ihrer Kindheit von inspirierenden Eltern,

Onkeln, Lehrern und Freunden kam, von Menschen, die ihre Fantasie angeregt haben.

Wenn die Gesellschaft Erziehung wirklich ernst nimmt – und ich bin sicher, dass sie das schließlich tun wird –, könnten beispielsweise Tage der Begegnung mit Philosophen, Wissenschaftlern und so weiter eingeführt werden, die einen Tag, eine Woche oder mehr zur Verfügung stellen, um in Hochschulen und Schulen die Früchte ihrer Erfahrungen auf ihrem Arbeitsgebiet weiterzugeben. Auf diese Weise können die Talente ungewöhnlicher und ungewöhnlich begabter Menschen besser in den Dienst einer größeren Allgemeinheit gestellt werden.

Sie erwähnten soeben „den Weg des geringsten beziehungsweise des größeren Widerstands". Könnten Sie das etwas weiter ausführen? Was ist der Weg des geringsten Widerstands, und warum sollte man ihm nicht einfach so folgen?

Manchmal ist es besser, das zu tun, was für einen am schwierigsten ist. Das bringt Qualitäten der Selbstdisziplin hervor, die sehr notwendig sind. Damit meine ich nicht eine Zwangsdisziplinierung, sondern Selbstdisziplin, und das ist wahrscheinlich das Wichtigste, was man tun kann, solange man es sinnvoll handhabt. Sich grundlos zu disziplinieren wie viele Asketen, insbesondere religiöse Asketen, die sich selbst schlagen, bewirkt nur, dass man sich verhärtet und gegen die Welt und das Leben wendet.

Wenn Ihr Weg des geringsten Widerstands sich darin äußert, ziemlich faul zu sein, das Leben leicht zu nehmen und sich nicht allzu sehr anzustrengen, könnte das vom Standpunkt der Seele aus durchaus ein Hindernis für die Weiterentwicklung in diesem Leben sein. Vielleicht sollten Sie gerade das anpacken, was Sie nicht gerne tun, Dinge, die für Sie schwierig sind. Wenn Sie das können, sich da disziplinieren, dann können Sie auch in größeren Dingen disziplinierter werden, auf die es wirklich darauf ankommt.

Ich denke, bei Erziehung geht es auch darum, sich darin zu disziplinieren, sein Leben und sein von den Strahlen bestimmtes Potenzial handhaben zu können. Zum Beispiel ist jeder, dessen Verstand vom 3. Strahl bestimmt wird, darin sehr aktiv, kreativ, quirlig, voller Ideen. Er kann aber auch überaktiv und manipulativ sein und lernt so nie, stillzusitzen, um nach innen zu schauen und den Sinn des Lebens herauszufinden. Anders der 6. Strahl, der sehr idealistisch ist und sich nach der höheren Vision und dem höheren Innenleben sehnt. Menschen mit einer starken

Strahl-6-Betonung können oft sehr unpraktisch auf der äußeren, irdischen Ebene sein. Das Gleiche gilt auch für den 2. Strahl, der sehr nach innen gewandt ist. Er empfindet den Weg zur Seele als sehr leicht, er ist für ihn der Weg des geringsten Widerstands. Der Weg nach außen hingegen, der Bezug zur äußeren Welt und allen ihren Anforderungen ist häufig sehr schwierig für eine Strahl-2-Persönlichkeit.

Wenn man sich disziplinieren und seine Qualitäten intelligent einsetzen kann – was nicht einfach ist –, kann man auch seine Schwachpunkte verbessern und seine starken Seiten so modifizieren, dass sie, auch wenn sie weiterhin dominant sein werden, die anderen Aspekte nicht überdecken. Man fängt damit an, indem man seine Schwachpunkte zunächst mit kleinen Disziplinierungen verbessert, bis diese sich schließlich zu einem starken, disziplinierenden Willen verdichten. Das ist Erziehung – Selbsterziehung – im Umgang mit der eigenen Strahlenstruktur, das heißt: mit dem Leben.

All das, was Sie eben gesagt haben, läuft darauf hinaus, dass die Schwierigkeiten im Wesentlichen aus zwei Richtungen kommen. Einmal geht es darum, mit dem Leben auf der äußeren Ebene zurechtzukommen und zu wissen, wie man mit der Außenwelt umgeht, und zum anderen um die innere Bewegung zur Seele hin.
Das ist die Crux an der Sache. Bis zu einem bestimmten Evolutionsgrad ist man entweder das eine oder das andere in einem Leben: entweder introvertiert oder extrovertiert. Das ist der Pfad der Jüngerschaft, auf dem man lernt, diese Energien zu handhaben, die uns konsequent nach innen zum Seelenleben und auch nach außen zum Persönlichkeitsleben lenken. So kann ein ganzes Leben nach innen auf die Seele oder nach außen auf die Außenwelt ausgerichtet sein. In beiden Fällen ist man innerlich unglücklich, weil man das merkt, aber man kann eigentlich kaum etwas dagegen tun. Wenn man ein gewisses Gleichgewicht erreicht und den physischen, den emotionalen und den mentalen Träger integriert hat, wird man eingeweiht. Ein Eingeweihter zeichnet sich dadurch aus, dass er nach Belieben nach innen gehen, introvertiert sein kann und ebenso nach außen gehen und sich vollkommen leicht auf die Außenwelt beziehen kann.

Wie es scheint, zielt unsere heutige Erziehung hauptsächlich darauf ab, sich auf die Außenwelt zu beziehen. Uns werden in erster Linie Fähigkeiten beigebracht, die einem helfen sollen, sich in die Gesellschaft einzufügen. Wie kann sich eine Orientierung zur Innenwelt entwickeln, ist hier schon etwas in Aussicht?

Die heutige Erziehung ist hauptsächlich eine Erziehung zum Job. Man wird einfach nur dafür ausgebildet, draußen in der Geschäftswelt unter großem Konkurrenzdruck seinen Lebensunterhalt zu verdienen. Das wird sich ändern. Die Konkurrenz muss der Zusammenarbeit weichen. Es ist vor allem die Konkurrenz – die auf Gier und Furcht basiert –, die die wichtigste Entwicklung der Menschheit behindert, die Demonstration ihres Einssein, ihres Gefühls, Teil einer gemeinsamen Gruppe zu sein. Das muss sich ändern. Sobald das geschieht, werden die Menschen erkennen – und die Meister werden das beispielhaft belegen –, dass die Seele existiert. Die Menschen werden erkennen, dass sie Seelen sind, und sich der Seele zuwenden. Die Erziehung für das Leben der Seele und die Psychologie der Seele werden dann immer mehr die Norm unseres Erziehungswesens sein.

Das heißt nicht, dass es nur noch religiöse Erziehung geben wird. Hier geht es überhaupt nicht um Religion. Der religiöse Weg ist aus der Sicht der Meister nur einer von vielen, die uns alle dahin führen, unsere uns innewohnende Göttlichkeit zu offenbaren. Gott lebt nicht in Religionen, auch wenn Religionen einem dabei helfen können, dieses Göttliche zu erkennen. Jeder Aspekt des Lebens – Politik, Wirtschaft, Religion, Kunst, Kultur, Wissenschaft, Erziehung – kann so gelebt werden, dass darin das, was wir Gott nennen, erkannt und zum Ausdruck gebracht werden kann.

Auf diese Weise wird das Göttliche zu einer fortwährenden Erfahrung – zu dem, was es tatsächlich ist. Es ist nicht ein Mann mit Bart, der oben im Himmel sitzt und aufpasst, dass Sie nicht stehlen, lügen oder betrügen – sondern Sie tragen es in sich. Es ist dieses Gefühl des Göttlichen in Ihrem Inneren, dass Sie nach und nach so verändert, dass Sie nicht mehr lügen, betrügen und stehlen – nicht weil Ihnen irgendjemand sagt, dass das schlecht ist, sondern weil Sie instinktiv wissen, dass das nicht die richtige Art ist, mit Ihren Mitmenschen umzugehen.

Alles, was einen anderen Menschen verletzt oder ihm schadet, empfindet man intuitiv, instinktiv als falsch. Eine Änderung des Verhaltens entsteht durch Selbstbeobachtung und Selbstbestimmung. Das fällt weg, wenn man sich der Qualität der Seele bewusst und von dieser durchdrungen wird. Das wird immer weiter um sich greifen, wenn die Menschen aufhören, zu konkurrieren, und lernen, zu kooperieren – in der Familie, der Gemeinschaft, national und international.

Damit wir besser zusammenarbeiten und allmählich ein Gefühl für die Seele, ihre Werte und ihre Aufgabe entwickeln können, brauchen wir Selbstachtung, sagt Maitreya. Ohne Selbstachtung könne nichts erreicht werden. Ist das ein erster Schritt in diese Richtung? Sollten Eltern, Lehrer und Schulen darüber nachdenken?

Ein trauriger Aspekt unserer Erziehung heute ist, dass Kinder gedemütigt werden, dass man ihnen sagt, dass dieses nicht richtig ist und sie jenes nicht tun sollen, weil es ungezogen sei. Kinder ständig zu bremsen, kann man nicht mit Ungezogenheit begründen. Ein Kind hat selbst keine Vorstellung davon, was ungezogen ist. Kinder haben nur Wünsche, Instinkte und suchen nach Abenteuern. Wenn sie dem nachgehen dürften, ohne ständig zu hören zu bekommen, sie seien unartig und machten dieses oder jenes nicht richtig, könnten sie ohne Behinderungen, ohne Verlust des Selbstwertgefühls aufwachsen. Sie hätten das Gefühl, dass sie geliebt werden, ihre Eltern sich wirklich um sie kümmern, geduldig mit ihnen sind und bereit, ihnen zuzuhören, mit ihnen zu sprechen und so weiter. Das würde ihnen ein inneres Vertrauen geben, das sich in der Fähigkeit widerspiegelt, aus jeder Gelegenheit, die das Leben bietet, das Beste zu machen.

Was die meisten Menschen behindert, ist ein Mangel an Vertrauen. Das kommt größtenteils daher, dass die Eltern fortwährend an ihren Kindern herumnörgeln und sie herabsetzen – „du bist doch nur ein Kind", oder „das weißt du doch noch gar nicht". Alles, was ein Kind sagt, wird belächelt oder bagatellisiert. Ich will nicht sagen, dass das in jeder Familie so ist, aber in vielen. Sogar bei eigentlich intelligenten und gebildeten Leuten können Sie dieses herabwürdigende Verhalten gegenüber den Kindern erleben.

Kinder sollten niemals ausgelacht werden. Die Eltern engen ihre Kinder aus reiner Bequemlichkeit ein, um sie einigermaßen unter Kontrolle halten zu können. Die Menschen sind so überarbeitet und müde und nervlich derart angespannt, dass sie die Anwesenheit und Wünsche ihrer Kinder nicht ertragen können. Das ist die Tragödie der Eltern, der Kinder und der ganzen Gesellschaft.

Für jeden Menschen ist Selbstachtung ein grundlegendes Bedürfnis. Mangelnde Selbstachtung treibt Menschen in die Kriminalität, in den Drogenkonsum, zu Missbrauch jeder Art und sogar in den Selbstmord. Das sind alles Folgeerscheinungen der Unfähigkeit vieler Eltern, ihren Kindern Liebe und Verständnis entgegenzubringen, ihnen warmherzig, geduldig und hilfsbereit zur Seite zu stehen, ihnen zuzuhören, sich ihnen zuzuwenden und dieses lebenswichtige Vertrauen zu vermitteln.

Die meisten Lehrer scheinen heute in der Schule fünfzig Prozent ihrer Zeit und Kraft dafür zu verwenden, die Disziplin in den Griff zu kriegen und die Kinder in Zaum zu halten. Meinen Sie, dass es dieses Problem nicht gäbe, wenn die Eltern sich um ihre Kinder wirklich kümmern und ihnen diese Liebe geben würden?
Unbedingt. Mein Meister hat in *Share International* geschrieben, dass es sich hier in Wirklichkeit nicht um ein Problem der Disziplin handelt. Es geht vielmehr um Freiheit. Es geht darum, die Einzigartigkeit der Kinder und ihr Bedürfnis nach Selbstausdruck zu erkennen.

Jedes Kind, gleichgültig auf welcher Inkarnationsstufe, kommt mit seinen eigenen Zielsetzungen in die Welt. Eines der Hauptziele ist, zu lernen, mit den anderen in Frieden und Harmonie zu leben, mit all den Menschen, zu denen es in Beziehung tritt. Die realen Möglichkeiten, das tun zu können, sind heutzutage selten. Wenn man in eine Familie hineingeboren wird, auf Schulen gehen, in einem Land leben kann, wo einem alles zur Verfügung steht, was man braucht, um als Seele seine Lebensabsichten zu verwirklichen, dann ist das eine große Ausnahme.

Wir müssen erkennen, dass jeder junge Mensch einzigartig ist. Alle sind Gottessöhne, die sich entwickeln, um dieses Göttliche und diese Sohnschaft zu manifestieren. Wie viele Menschen sehen ein Kind auf diese Weise?

Viele Eltern lieben ihre Kinder, aber man kann ein Kind lieben, ohne es zu respektieren. Es wäre eine enorme Behauptung, denke ich, wenn man sagen würde, dass man die Einzigartigkeit seines Kindes und dessen berechtigte Ansprüche tatsächlich immer respektiert. Nicht viele Menschen werden den Bedürfnissen der Kinder gerecht.

Wir haben das Jahr des Kindes, doch es wird nur so getan, als würde man das Kind respektieren. Die Tatsache jedoch, dass wir dieses Jahr des Kindes haben, auch wenn sein Motto allein nichts bewirkt, zeigt aber auch, dass wir anfangen, die berechtigten Ansprüche des Kindes und die Notwendigkeit, es zu respektieren, zu erkennen.

Jedes Kind, gleichgültig welchen Evolutionsgrades, inkarniert sich mit all seinen bisherigen Errungenschaften. Es gibt beispielsweise ein großartiges elfjähriges Mädchen, das wie Picasso, Matisse oder Chagall malt – offensichtlich ein enorm begabtes Kind. Sie ist Rumänin, lebt in Amerika und hat bereits immensen Erfolg. Dieses Kind darf malen. Es ist ein Genie und darf es sein. Und das tut es auch. Statt draußen zu spielen, malt das Mädchen auf großen Leinwänden und überzieht sie mit den interessantesten und schönsten Ideen.

Kinder sollten mit allem, was sie zur Förderung ihrer Talente brauchen, in Kontakt gebracht werden. Es geht darum, ein Kind als Seele zu respektieren. Wenn man Kinder als Seelen respektiert und sieht, was sie alles mitbringen, und ihnen die Möglichkeit gibt, das zum Ausdruck zu bringen, dann werden wir Wunder der Kreativität erleben.

Können Sie sich spezielle Schulen für spezielle Entwicklungsmöglichkeiten vorstellen?
Was ich sehe, sind spezielle Entwicklungsmöglichkeiten für Kinder mit besonderen Begabungen – nicht unbedingt spezielle Schulen. Das kann alles in einer Schule stattfinden. Aber es muss dort verschiedene Zweige geben, die den speziellen Begabungen der Kinder Raum geben, sie fördern und sich entwickeln lassen. Geschieht das nicht, wird es zum Nachteil der Menschheit sein.

Wenn man heute ein besonders begabtes Kind ist, werden sich diese Begabungen früher oder später von selbst zeigen, egal, wie die Umstände sind. Doch bis dahin kann enorm viel Zeit verloren gehen. Bei manchen Menschen kommt nur ein Fragment ihres Potenzials zum Vorschein, weil es nicht beachtet wurde, als sie es am meisten hätten brauchen können. Das erfordert eine Schulung der Lehrer auf einem immer höheren Niveau. Erziehung wird immer nur so gut sein wie die Qualität der Lehrer. Die Lehrerausbildung ist der wichtigste, erste Schritt bei allen neuen Erziehungsaufgaben, würde ich sagen.

Es wurde schon einiges darüber geschrieben, besonders von Meister D.K., dass Schulen sich möglicherweise mit der Zeit auf die Aufgabe konzentrieren, über den Verstand hinaus mit der Seele in Verbindung zu kommen. Sehen Sie das kommen?
Ja, absolut. Es ist offensichtlich, dass man die Instinkte disziplinieren muss. Der Intellekt, der Verstand und das Gehirn müssen gefördert und entwickelt werden. Und es muss die Intuition geweckt werden. Das sind aufeinanderfolgende Stufen. Je weiter jemand entwickelt ist, desto mehr wird die Intuition eine Rolle spielen. Die Brücke dahin, die Antahkarana, die durch Meditation und Dienst erbaut wird, wird zu einem wesentlichen Element des Erziehungsplans werden. Man muss diese Brücke bauen. Daher wird zu gegebener Zeit die Meditation – als die Methode schlechthin für den Bau der Brücke zur Seele – in das Erziehungs- und Bildungssystem eingehen.

Es ist interessant, dass Sie Meditation und Dienst erwähnen. An vielen Schulen sind Dienste bereits eine feste Komponente der Erziehung. Viele Colleges verlangen das für einen Abschluss. Es ist schön, zu wissen, dass es das schon gibt.
Ja. Je stärker in jungen Jahren eine Beziehung zur Gemeinschaft entwickelt wird, desto normaler und natürlicher wird Dienst später sein.

Würden Sie im Zuge dessen vorschlagen, auch in Schulen und Hochschulen Meditation zu unterrichten?
Ja. Das sollte aber nie in einem frühen Kindheitsstadium gefordert werden. Ich halte nichts davon, kleine Kinder zum Meditieren anzuhalten, doch kleine Ansätze in dieser Richtung tun ihnen gut. Wir sprachen über Probleme der Disziplin. Wenn Kinder den Tag damit beginnen würden, fünf Minuten lang stillzusitzen, ein paar tiefe Atemzüge zu machen und nur still über sich und vielleicht auch darüber nachzudenken, was sie den Tag über machen werden, und sich dabei bloß durch ihren Atem zur Ruhe kommen zu lassen, wäre die Atmosphäre in der Schule vollkommen anders.

Und für die älteren Kinder dann mehr eine Schulung in Meditationstechnik?
Genau, die Anfänge der Meditation, oder die Lichtmeditation, in der Konzentration geübt wird. Man muss lernen, sich zu konzentrieren, den Verstand zu benutzen und zu meditieren, um die Brücke zur Seele zu bauen. Aber alles zu seiner Zeit. Ich lege mich nicht auf Altersstufen fest, da Kinder sich in ihrem Entwicklungsgrad enorm voneinander unterscheiden. Weiter entwickelte Kinder können früher damit anfangen als weniger weit entwickelte.

Vielleicht könnten Sie noch auf ein letztes Thema eingehen: das Fernsehen und seine Auswirkungen auf Kinder.
Ich würde sagen, dass das Fernsehen eine der negativsten Auswirkungen auf Kinder hat. Das liegt nicht an den Kindern, sondern an der Gestaltung des Fernsehens. Ich habe festgestellt, dass beispielsweise Meditierende in den USA nur eine geringe Konzentrationsfähigkeit haben. Ihre Aufmerksamkeitsspanne ist sehr begrenzt. Ich denke, dass das größtenteils auf die Unterbrechung der Aufmerksamkeit durch Fernsehwerbung zurückzuführen ist, die Kinder dort schon von klein auf erleben. Werbung ist zwar praktisch, um sich eine Tasse Kaffee oder Ähnliches zu holen,

aber sie unterbricht die Aufmerksamkeit mitten in der Sendung. Ihr Interesse wird für eine Weile auf etwas gerichtet, und dann kommt plötzlich eine Unterbrechung, die fast länger dauert als die vorangegangene Episode der Sendung. Das ist für das Konzentrationsvermögen verheerend.
    Das ist schon für Erwachsene schlecht und für Kinder erst recht. Das Kinderfernsehen ist in dieser Hinsicht auch nicht besser. Es hat seine eigenen üblen Werbespots, um Kinder dazu zu animieren, ihre Eltern zum Kauf von diesem und jenem zu überreden. Hier geht es um ein gesellschaftliches Phänomen, das mit Wettbewerb und Gier, mit den falschen Wirtschaftssystemen in der Welt zu tun hat – die sich ändern werden, wenn Zusammenarbeit und Teilen an die Stelle des gegenwärtigen Konkurrenzsystems treten.
    Kindern muss Konzentration beigebracht werden. Das kommt nicht immer von selbst. Bei einigen schon – weiter entwickelte Kinder können sich natürlich meistens auch konzentrieren. Aber es gibt auch viele begabte Kinder, die sich überhaupt nicht konzentrieren können.

Können Sie sich vorstellen, dass das Fernsehen einmal eine positivere Rolle spielen wird?
Allerdings. Das Fernsehen wird zum großen Lehrer in der Welt werden, aber es wird sich inhaltlich und substanziell dramatisch ändern müssen. Stellen Sie sich vor, dass es in jeder Wohnung Bildschirme gibt, die auch dazu dienen, dass Kinder in Geschichte im wirklichen Sinne unterrichtet werden – in globaler und nicht in nationalistischer, chauvinistischer Geschichte, in der Menschheitsgeschichte vom Anbeginn der Zeit – und sich dann wirklich darin wiederfinden können. Die Meister können auf die Bildschirme Bilder vom Leben in fernster Vergangenheit projizieren, Bilder aus den Tagen von Atlantis und auch Bilder der Zukunft, die Ausblicke auf das zeigen, was einmal sein wird. Es wird für Kinder wunderbare Sendungen geben, die von den Meistern auf die Bildschirme projiziert werden. Das Fernsehen wird das zentrale Medium sein, mit dem Maitreya und die Meister die Menschheit unterrichten werden.

Gebet für das neue Zeitalter

Ich bin der Schöpfer des Universums.
Ich bin Vater und Mutter des Universums.
Alles kommt von mir.
Alles kehrt zurück zu mir.
Verstand, Gemüt und Körper sind meine Tempel,
worin das Selbst verwirklicht
mein höchstes Sein und Werden.

Das Gebet für das neue Zeitalter wurde von Maitreya eingeführt. Es ist ein bedeutsames Mantram, eine sogenannte Affirmation, und hat invokative Wirkung. Mit der Anwendung dieses Gebets wird einem bewusst, dass Mensch und Gott eins und unteilbar sind. Das Ich ist das göttliche Prinzip, das hinter der ganzen Schöpfung steht. Das Selbst ist eine Emanation des göttlichen Prinzips und mit ihm identisch.

Dieses Gebet erweist sich als besonders wirksam, wenn man es mit konzentriertem Willen spricht oder „denkt" und dabei die Aufmerksamkeit im Ajnazentrum zwischen den Augenbrauen hält. Wenn sein Sinn erkannt und gleichzeitig der Wille eingesetzt wird, dann werden die formulierten Ideen aktiviert und das Mantram entfaltet seine Wirkung. Wenn man es jeden Tag ernsthaft spricht, wächst in einem allmählich das Bewusstsein für das eigentliche, wahre Selbst.

Bücher von Benjamin Creme

Im Buchhandel erhältlich

Maitreyas Lehren – Die Gesetze des Lebens
Eine außergewöhnliche Sammlung von einfachen, undogmatischen Einsichten, die zeigen, wie sich die Lebensgesetze, insbesondere die Gesetze von Ursache und Wirkung, individuell wie auch weltweit auswirken. Von 1988 bis 1993 übermittelt und in *Share International* veröffentlicht.
ISBN 978-3-932400-14-8, 256 S., 2 Farbabb., 16,– €

Der Lehrer der Menschheit
Maitreya, der Lehrer der Menschheit für diese Zeit, wird sich der Welt bald offiziell vorstellen. Dieses Buch gibt einen Überblick über die Hintergründe dieses bedeutsamen Ereignisses.
ISBN 978-3-932400-12-4, 128 S., 7,– €

Die Kunst zu leben
Die Kunst zu leben besteht darin, dass wir die großen geistigen Gesetze verstehen lernen und dadurch eine friedfertige Grundhaltung entwickeln, die die Voraussetzung für ein glückliches, erfülltes persönliches Leben und für richtige zwischenmenschliche Beziehungen ist.
ISBN 978-3-932400-11-7, 192 S., 10,– €

Die Kunst der Zusammenarbeit
Dieses Buch zeigt, dass Zusammenarbeit zwischen Menschen und Nationen nicht nur unverzichtbar ist, wenn die Menschheit überleben will, sondern auch die Basis einer glanzvollen, neuen Zivilisation sein wird.
ISBN 978-3-932400-10-0, 240 S., 8 Farbabb., 14,– €

Die große Annäherung
Das Buch behandelt Maitreyas Weg in die Öffentlichkeit, den Evolutionsplan, die neue Technologie des Lichts, den Plan der Meister für eine gerechte Wirtschaftsordnung, eine Welt ohne Armut und Krieg, künftige wissenschaftliche Fortschritte, die unsere Welt revolutionieren werden, und die allmähliche Entfaltung unseres Bewusstseins.
ISBN 978-3-932400-09-4, 300 S., 12 Farbabb., 14,– €

Maitreyas Mission, Band eins
Themen des Buches sind: Aufgabe und Lehren des Weltlehrers Maitreya, Leben im neuen Zeitalter, Evolution und Einweihung, Meditation und Dienst, Heilen und gesellschaftliche Veränderungen, die Meister der Weisheit und ihr Weg in die Öffentlichkeit, die Sieben Strahlen sowie Strahlenstrukturen von über 600 bedeutenden historischen Persönlichkeiten.
ISBN 978-3-932400-02-5, 396 S., 16,– €

Maitreyas Mission, Band zwei
Der zweite Band enthält Benjamin Cremes Beiträge für die Zeitschrift *Share International* von 1986 bis 1993, Lehren Maitreyas und Interviews mit Cremes Meister zum Zeitgeschehen. Weitere Themen: Meditation, Bewusstseinserweiterung, Psychologie, Gesundheit, Umwelt, Dienst an der Welt, Wissenschaft und Technologie im neuen Zeitalter.
ISBN 978-3-932400-03-2, 710 S., 8 Farbabb., 20,– €

Maitreyas Mission, Band drei
Der dritte Band enthält Benjamin Cremes Beiträge für die Zeitschrift *Share International* von 1993 bis 1996. Er behandelt Themen wie: Maitreyas Prioritäten für die Zukunft, die zeitlosen Weisheitslehren, Ursprung der Menschheit, Leben in unserem Sonnensystem, Evolutionsplan, Karma und Wiedergeburt, Meditation, Kreativität und Dienst.
ISBN 978-3-932400-08-7, 643 S., 20,– €

Maitreya – Christus und die Meister der Weisheit
Benjamin Cremes erstes Buch liefert die Grundinformationen über die Wiederkehr des Christus und deren Auswirkung auf die bestehenden Institutionen. Weitere Themen sind: der Antichrist und die Kräfte des Bösen, Seele und Reinkarnation, Meditation, Telepathie, Atomenergie, UFOs und alte Zivilisationen, die Probleme der Dritten Welt, die Notwendigkeit einer neuen Wirtschaftsordnung.
ISBN 978-3-932400-00-1, 273 S., 13,– €

Botschaften von Maitreya – dem Christus
In den Jahren der Vorbereitung auf seine Wiederkehr übermittelte Maitreya Benjamin Creme 140 Botschaften. Sie wollen den Leser dazu inspirieren, die Nachricht seiner Wiederkehr zu verbreiten und sich für die Rettung der Millionen Menschen einzusetzen, die in einer Welt des

Überflusses unter Armut und Hunger leiden.
ISBN 978-3-932400-06-3, 287 S., 12,– €

Worte eines Meisters
Dieses Buch enthält 223 Artikel von Benjamin Cremes Meister, die zwischen 1982 und 2003 erstmals in der Zeitschrift *Share International* veröffentlicht wurden.
ISBN 978-3-932400-04-9, 464 S., 17,– €

Transmission – eine Meditation für das neue Zeitalter
Transmissionsmeditation ist eine einfach zu praktizierende Form der Gruppenmeditation. Mit dieser Meditation werden die Energien heruntergestuft, das heißt transformiert, damit sie der Allgemeinheit zugänglich gemacht und von ihr genutzt werden können.
ISBN 978-3-932400-07-0, 188 S., 9,– €

Lehren der zeitlosen Weisheit
Eine leicht verständliche Einführung in die zeitlosen Weisheitslehren. Der Hauptteil beschäftigt sich mit den Grundsätzen der Esoterik. Im Anhang ein Glossar esoterischer Grundbegriffe sowie weiterführende Literaturempfehlungen.
ISBN 978-3-932400-05-6, 74 S., 5,– €

Über den Autor

Der britische Künstler und Autor Benjamin Creme (1922–2016) hat mit der Herausgabe der Zeitschrift *Share International*, der Veröffentlichung zahlreicher Bücher, die in elf Sprachen übersetzt wurden, und als internationaler Redner über den Weltlehrer Maitreya und die Meister der Weisheit und deren Rückkehr in unsere Alltagswelt weltweit Hoffnung geweckt. Ausgehend von den Lehren der zeitlosen Weisheit, die von Helena Blavatsky, der Mitbegründerin der Theosophischen Gesellschaft, der Welt vorgestellt wurden, und den esoterischen Lehren von Alice Bailey, hat er dieses uralte Wissen weiter ausgeführt und aktualisiert.

Benjamin Creme hat dieser Arbeit, unter Anleitung eines Meisters der Weisheit, die letzten vierzig Jahre seines Lebens gewidmet. Er begann seine öffentliche Tätigkeit 1975, seit 1979 hielt er weltweit Vorträge und hörte erst im Alter von neunzig Jahren damit auf.

1974 führte er die Transmissionsmeditation ein – eine neue Gruppenmeditation, die sowohl der persönlichen Entwicklung dient, als auch eine Möglichkeit für den Dienst an der Welt darstellt.

Mit seinen Informationen über die bevorstehende Rückkehr des Weltlehrers und der damit verbundenen Transformation der Welt – indem durch das Teilen der Weltressourcen Gerechtigkeit und Frieden geschaffen werden – hat er Millionen Menschen angesprochen und Mut gemacht.

Share International Deutschland e.V.
Postfach 20 07 01 D-80007 München
www.shareinternational-de.org